微表情与心理学

全集

李志翔　编著

U0747458

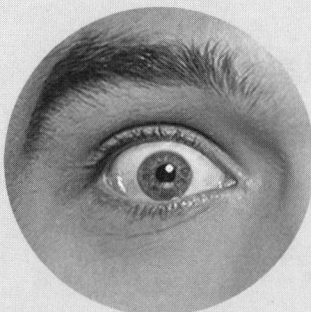

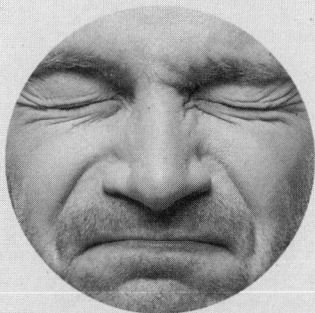

中国纺织出版社有限公司

内 容 提 要

微表情大多是一种本能的反应，是真实想法一闪即逝的流露，读懂微表情，你就掌握了辨识人心的法宝。

本书从破解他人微表情和微反应的一般准则和方法入手，结合心理学的定律、效应和实用策略等，让你轻松地通过对方的言谈举止，观人于细微、察人于无形，轻松地看破对方的心理，从容地为人处世。

图书在版编目（CIP）数据

微表情与心理学全集 / 李志翔编著. —北京：中国纺织出版社，2013.4（2023.10重印）
ISBN 978-7-5064-9453-3

Ⅰ.①微… Ⅱ.①李… Ⅲ.①心理交往—通俗读物 Ⅳ.①C912.3-49

中国版本图书馆CIP数据核字（2012）第283649号

策划编辑：厍 科　　责任编辑：赵晓红　　责任印制：储志伟

中国纺织出版社出版发行
地址：北京东直门南大街6号　邮政编码：100027
邮购电话：010—64168110　传真：010—64168231
http：//www.c-textilep.com
E-mail：faxing@c-textilep.com
新乡市龙泉印务有限公司印刷　各地新华书店经销
2013年4月第1版　2023年10月第2次印刷
开本：710×1000　1/16　印张：17.5
字数：230千字　定价：78.00元

前 言

Preface

　　在现实生活中，每一个人都不是单独的个体，而是生活在一定社会关系网中的一员，这就免不了要与各种各样的人打交道。你不断地拓展自己的交际圈子，那就需要结识新的朋友，以诚心换诚心，赢得陌生人的友谊；你要稳固自己的人际关系，就需要加深和老朋友之间的关系，一起吃饭、喝酒、聚会，这都是不可缺少的应酬。但是，人与人之间都存在着一定的心理距离，这样的心理距离造成了各自都有戒备心理、防卫心理。换句话说，没有谁愿意主动向对方敞开心扉。这时候就需要你在对他人详细了解的基础上，有效地洞察他人的心思，进而了解对方，而微表情恰恰是一个攻心的最佳途径。

　　微表情，本身就是一个心理学名词，指的是人们通过做一些表情把内心感受表达给对方看，在这些不同表情之间，或者在某个表情里，脸部会泄露一些信息。通常情况下，微表情持续时间约为1/25秒，尽管一个下意识的表情可能只持续一瞬间，但这样的特性，会很容易暴露一个人内心的真实情绪。因此，当某个人的面部有可能在做某个表情的时候，这些持续时间极短的微表情会一闪即逝，这时所表达的恰恰是与该表情相反的情绪。

　　由于微表情一闪即逝，一般情况下甚至清醒的当事人或身边的观察者都察觉不到，差不多只有10％的人可以感觉到。而相比较那些人们有意识做出的表情，微表情更加体现人们内心真实的感受。或许人们会忽视微表情，但其大脑依然会受到一些影响，从而改变自己对他人情绪的一些判断。

　　每个人的内心都是一座城，因为城门紧闭，所以别人总是怀着浓厚的兴趣想去打开它。在人际交往中，如果我们不能有效识别人心，不懂得与人交往的原则，没有把握好与人交往的分寸，就会在激烈的社会竞争中落于下风，就会在复杂的人际关系中受制于人，随时使自己处于被动局面，进而出现人际关系危机、事业危机，甚至稍有不慎就会掉进别人的陷阱和圈套，使自己的人生遭到重创。

　　本书从破解他人微表情的一般准则和方法入手，教你练就一双识人的慧眼，掌握一把度人的尺子，你可以从一个人不经意之间流露出来的微表情辨认其性格、推断其修养、观察其心机、细微处洞察其真心。本书将微表情与心理学联系起来，让你通过对方的言谈举止，观人于细致、察人于无形，轻松地看破对方的心理，从而从容地融入这个社会，即便面对人际交往中的各种挑战也游刃有余，在交际中充分掌握主动权，成为自己人生的引导者。

编著者

2012年6月

目 录
Contents

😛 **上 篇　微表情与心理活动**

😊 下 篇 微表情与心理策略

上 篇

微表情与心理活动

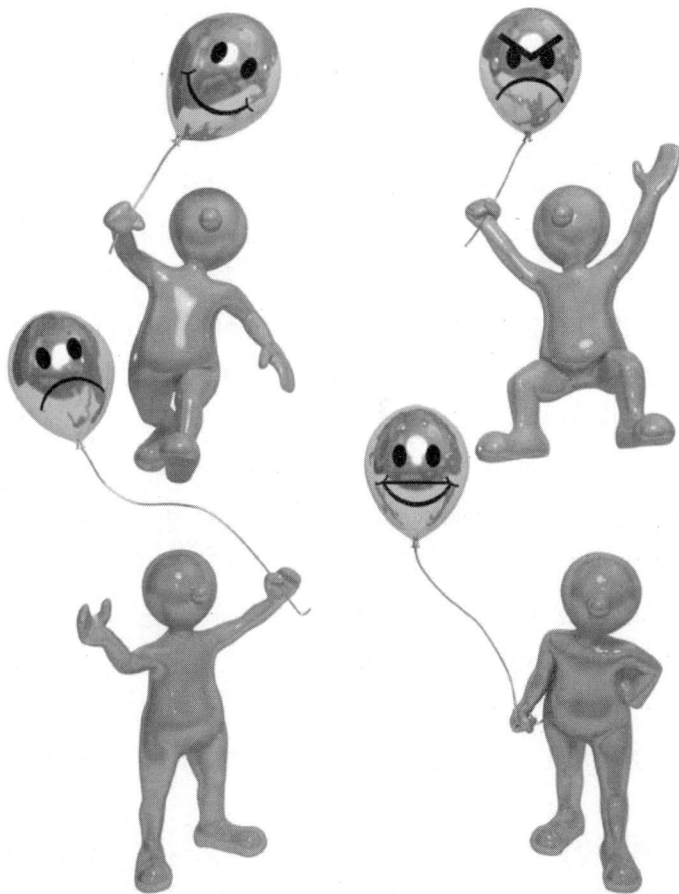

第1章　揭密微表情，测试表情辨识能力

微表情，它是一种心理学名词。在生活中，人们通过做一些表情把内心感受表达给对方看，当人们在做不同的表情之间，或者在某个表情里，其脸部会泄露出别样的信息。这样的表情就称为微表情，它持续的时间大约为1/25秒。

第一节　你能够辨识多少种表情

一个人的表情主要有三种方式：面部表情、语言声调表情和身体姿态表情。在这三种方式之中，面部是最有效的表情器官。面部表情的发展在根本上来源于价值关系的发展，人类面部表情的丰富性来源于人类价值关系的多样性和复杂性。或许我们不知道，每个人的脸部都能够传输信息，它本身就是媒介。一个人的面部表情主要表现为眼、眉、嘴、鼻、面部肌肉的变化。

那么，表情到底是怎么形成的呢？

它通常是指人们通过姿势、态度等表达感情、情意。人们之所以有丰富的表情，那是因为人们有着丰富的表情肌，表情肌是头肌的一类，可以表现出多种表情，通常在口裂和眼裂的周围，比如眼轮匝肌、口轮匝肌都是起自颅骨，止于皮肤，收缩时可改变眼裂和口裂的形状，皮肤出现皱纹，从而表现出喜、怒、哀、乐各种表情，同时还可以加上语言表达。在生活中，由于日常交际的需要，人们拥有了丰富的表情。

下面，我们列举出几种常见的表情器官，这其中的表情，你是否可以辨别呢？

1.眼睛

眼睛是心灵的窗户，可以最直接、最完整、最深刻、最丰富地展现出一个人的精神状态和内心活动，可以冲破习俗的约束，进行心灵之间的交流。无

疑，眼睛是情感的第一个自发表达者，通过眼睛，可以看出一个人是欢乐还是悲伤，是烦闷还是高兴，是讨厌还是欣喜。同时，我们还可以从眼睛中判断出一个人是否在说谎，是诚恳还是虚伪。比如，正视他人，这表示其内心是坦诚的；眼神躲躲闪闪，这表示其很心虚。

眼睛的瞳孔可以反映一个人的心理变化：当人们看到自己喜欢的东西时，瞳孔会不自觉地放大；而看到自己厌恶的东西时，他的瞳孔则会缩小。

2. 眉毛

别看眉毛好像没什么表情，其实它也隐藏着不少的秘密。眉毛之间的肌肉皱纹可以表达人的情感变化。比如，柳眉竖立表示这个人在生气，横眉冷对则表示他对你有敌意，挤眉弄眼这表示戏谑，低眉顺眼则表示顺从，扬眉表示心中的畅快，眉头舒展表示一切问题都解决了，眉梢有喜表示愉悦的心情。

3. 嘴巴

嘴部的表情主要体现在口型变化上。比如，伤心时嘴角会下撇，高兴时嘴角会提升，委屈时会撅起嘴巴，惊讶时会张口结舌，生气时会咬牙切齿，强忍痛苦时会咬住下唇。

4. 鼻子

鼻子也有表情显现的，比如心情烦闷时会耸起鼻子，轻蔑时会嗤之以鼻，生气时鼻孔会扩大且鼻翁抖动，紧张时鼻孔会不自觉地收缩且鼻息也会收敛起来。

5. 面部

面部表情是最为丰富的，我们就简单列举两个。比如肌肉松弛表示心情愉快、轻松，肌肉紧张则表示内心痛苦。

心理启示：

当我们在"阅读"一张脸时，不经意会发现隐藏在表情里的非常多的信息，其中还包括了脸部的基本结构和肌肉特性：你所看见的这张脸是长且棱角分明，还是又圆又胖？一般情况下，当我们在生活中看到一张陌生的面孔之后，往往会翻开自己的名片夹，在之前认识的人中寻找出他们相同的地方。与此同时，我们会根据对方的眼镜、化妆、纹身或身体穿孔等人为装饰做出自己的判断。

第二节　表情背后的秘密藏在人的内心

表情是反映一个人内心活动的一面镜子，所以，我们说表情背后的秘密往往隐藏在人的内心，正因为如此，只要我们剖析了一个人的表情，就可以顺着对方的表情窥测出其内心的活动。即便是不同种族、不同国籍的人，他们有一个共同点：拥有快乐、悲哀、静穆和狂怒等复杂、丰富的表情。而通过这些表情，我们完全可以看出一个人的精神生活和内心变化，所以，我们说人的表情是其灵魂的一面镜子。在这个充满谎言的世界里，人的面部表情比语言、行为显得更加真实、更加直接。在转瞬即逝的微表情里，实际上隐藏着人真实的行为心理感受。

　　这是一场招聘会，面试官问："如果用一种水果来形容自己，你觉得哪种最合适？""请说出矿泉水瓶子的三种用途。""如果让你帮姚明设计他在美国的厨房，你会如何设计？""你觉得专业和兴趣应该怎么样跟社会实践相结合？"

　　面对面试官的步步逼问，场上的几位面试者表情迥异，有的开始挠头，有的开始紧抿嘴唇，有的眼睛盯着天花板。

　　30秒的思考时间过去了，几位面试者开始回答问题。挠头的那位说话支支吾吾，他回答说自己像西瓜，但半天也说不出自己为什么像西瓜："我感觉我的内心不够坚强，就像西瓜，虽然外皮比较硬，但里面其实很柔软。"抿嘴唇的那位反复强调在实践中完善自己的专业知识，却说不清两者是怎么样结合的。

为什么说微表情隐藏着人们最真实的心理呢？

1. 微表情是转瞬即逝的

微表情，几乎是一闪而过，一般情况下甚至清醒的展现表情的人和观察者都察觉不到这细微的变化。在表情实验里，差不多只有10%的人才能察觉到，这将意味着，相比较人们有意识作出的表情，微表情更直接地体现人们真实的感受和心理动机。尽管我们常常会忽略微表情，不过人们的大脑依然会受影响，改变对别人表情的理解。

2.微表情是无法伪装的

微表情作为心理应激微反应的一部分，由人类的本能出发，无法伪装。即便人们平时很努力地掩饰自己的真实感受，强颜欢笑，也只可以在出现的第一瞬间的微表情之后，才能表现出自己想要表达的表情。因此，微表情是了解一个人内心真实想法的最准确的途径。

心理启示：

在美剧Lie to me中，莱特曼博士有这样一句台词："你刚才双手抱胸同时后退，这是一种下意识的退缩和躲闪，你在说谎！"在剧中，他一次次通过"微表情"洞悉他人的心理，从而揭露出罪犯最真实的心理活动。可以说，人可以表现出成千上万、不计其数而十分微妙的表情，而且表情变化非常迅速、敏捷和细致，可以真实、准确地反映一个人的情感以及心理活动。在对方未开口之前，你就可以通过其表情得到一些信息，对其情绪、性格、态度等有所了解。俗话说："看人先看脸。"在这里，脸面不仅仅指的是人的长相，主要是指表情。

第三节　普通神态表情的深入解析

神态表情，大多指一个人面部所呈现出来的具体形态。表情，也就是人通过面部形态变化所表达的内心思想感情；神态，也就是人的面部所表现出来的神情态度。通常情况下，这两者是相通的，神态表情，其实主要是指人在脸上所呈现出来的态度变化。

从心理学上说，每个人的神态表情都反映着其相对的心理状态。比如，一个身体健康、心情愉悦的人，他的神态表情为红光满面、神采奕奕；相反，苦恼忧愁的人通常会愁云密布、眉头紧锁。其实，面相即为心相，一个人所自然表现出来的神态表情就是其心理。

《红楼梦》里，湘云给袭人带来绛纹戒指，黛玉笑她在"前日"没有让人把袭人的一同带来，"是个糊涂人"。湘云作了一番分辩。这时，宝玉、黛玉、宝钗等几个人都笑了。宝玉笑道："还是这么会说话，不让人。"黛玉听了，冷笑道："她不会说话，就配戴'金麒麟'了！"一面说，便起身走了。幸而诸人都不曾听见，只有宝钗抿着嘴儿一笑。宝玉听见了，倒自己后悔又说错了话；忽见宝钗一笑，由不得也一笑。宝钗见宝玉笑了，忙起身走开，找了黛玉说笑去。

虽然大家都在笑，但由于每个人的心理不一样，最后他们所表现出来的"笑"这个神态语言也是千差万别。宝玉笑得很亲热，给人一种亲切的感觉，因为他习惯了与湘云开玩笑；黛玉的笑是妒忌的"笑"，她担心宝玉会因为金麒麟与自己生隙，顿生妒忌之情，而且这样的心理影响到了宝玉，"宝玉听见了，倒后悔自己又说错了话"；宝钗则是幸灾乐祸的"笑"，后来宝玉见宝钗笑了，也自我解嘲地"笑"了。宝钗见宝玉笑了，却又忙着走开，找黛玉"说笑"了，这里的"笑"是为了掩饰自己与宝玉的相视而笑。

下面，我们列举两种常见的神态表情：

1. 目光

泰戈尔曾说："一旦学会了眼睛的语言，表情的变化将是无穷无尽的。"眼睛是心灵之窗，它可以如实地反映出人的喜怒哀乐。而由眼睛所表现出来的目光则是一种直接的神态表情，可以说，目光是富有表现力的一种"语言"，适当的运用能给交往带来好处。

2. 笑容

笑容，也就是人们在微笑时的神态。笑容的核心在于笑，也就是人的面部要呈现出愉快、欢乐的神情。笑主要以愉快、欢乐为首要特征，当然，笑容有很多种，比如微笑、欢笑、狂笑、苦笑、奸笑、傻笑、冷笑，等等。不同的笑容，反映了人们不同的心理状态。

罗兰曾说："面部表情是多少世纪培养成功的语言，是比嘴里讲的要复杂千百倍的语言。"确实，人类是生物界的宠儿，其表情简直可以说是变化多端，不可胜数。即便如此，神态表情却是有共性的，它超越了地域文化的界限，可以成为一种人类的世界性"语言"，在世界上，神态表情是可以通用的。

心理启示：

在生活中，神态表情是作为传情达意的一种重要沟通方式，它指的是通过眼神、动作、面部表情等来表达内心思想的一种非语言形式。神态表情不仅仅彰显着自己的喜恶，更为重要的是，通过自己一颦一蹙的变化展现自己的内心世界。在现实生活中，不同性格、身份、经历的人，他们会有各种不同的神态表情。当然，单纯的神态表情并不能完成一次沟通，它必须根据事件、环境、心境的状态才能恰如其分地表现出来。

第四节　如何透过常见表情认知他人心理

一个人的脸部有43块肌肉，由于人们对"甜"和"苦"的生理反应，形成了"开心"和"不开心"两种最基本的表情。开心时，面部的肌肉自然松弛；不开心时，会伤心落泪。甚至表情比言语更能明显地表达心理的动态。由此可见，我们完全可以通过常见表情认知他人的心理。

人们常说："六月的天，孩子的脸——说变就变。"其实，孩子们的脸看似变化迅速，不过，和成年人的面部表情变化相比起来，那就逊色多了。而且，这两者是不同的：孩子脸上的变化是显著的、简单的；而成年人的面部表情变化却是微妙的、复杂的。一个人的面部表情是十分丰富的，这和一个人的内心世界有着极为丰富且直接的关系。一个人的面部表情，所表现的是一个人内心的真情实感。

小周的同学明天结婚，她打算去找领导请假。进了门之后，小周发现领导正对着一张纸发愣，眉头锁在了一起。小周怯生生地走过去，把同学的大红请柬放到领导桌子上，说明了来意。

没想到，领导看了看，说了句："单位这么忙，哪有时间老掺和这个？"说完，就继续低头看东西去了。

小周一脸郁闷地走出了办公室，以前自己请过几次假，领导都没有这样过啊，怎么回事呢？过了几天，她才知道，因为领导有外遇，老婆找上门来，给领导扔下一张离婚协议书，逼着他签字呢！小周正巧拿着结婚请柬去，不是自找没趣吗？

如果小周能通过领导表情，识别其心理，那她就可以暂且不说自己请假的事情，那自然就给了自己一个伸缩自如的空间，而不是碰一鼻子的灰。

生活中，都有哪些常见的微表情呢？它们到底代表了什么样的心理呢？

1.眼神

每个人的眼睛都能够发出各种信息，而这些神情往往就是他内心情绪的变化。比如，眼睛流露出善意，表明对方心地很善良；眼睛暴突，表明对方性情很凶恶。对方不同的眼神可以透露出不同的信息，而你只需要注意观察对方的眼神，就可以认知对方的心理了。

2.笑容

不同的笑容代表着不同的心理，当一个人在笑的时候，眼角没有出现细纹，那他有可能是在假笑。反之，当他在微笑时，脸部出现了细纹，眼神明净，那表示他是真的在笑。

心理启示：

一个人可以表现出不计其数的复杂而微妙的表情，而且表情的变化是相当迅速的，但即便如此，在生活中，有经验的人还是可以通过观察人的表情和表情变化，探知到他人的内心世界。俗话说："看天要看云，看人要看脸；看云知天气，看脸知人心。"说的就是这个道理。我们在观察他人表情的时候，应该从两个方面入手：一个是固化在人脸上的表情显示的个人性格特点；另一个就是表情细微变化显示的个人心理变化。

第五节　常见情绪下的常见神态表情

一个人只要头脑还保持清醒，那他就会持续接收和处理各种来自外界的信息。比如让人欢喜的事情，让人烦闷的事情。但这些可以刺激到我们内心情绪的事情发生之后，除了引起我们本能的反应之外，还有可能引起不同层次的情绪反应，相应地，遇到欢喜的事情会高兴，遇到烦心的事情会悲伤。与此同时，我们外在的面部以及肢体，就会呈现出各种各样的神态表情和姿态动作。

大量的实验表明，人脸的不同部位具有不同的表达情绪的作用。比如，眼睛对表达忧伤情绪很重要，口部对表达快乐与厌恶情绪很重要，而前额可以提供惊奇的表情，眼睛、嘴巴和前额等对表达愤怒情绪很重要。人们之所以会呈现出不同的表情，那是源于其内心的情绪不同。当一个表情呈现出来之后，我们就可以据此判断出当事人正处于何种情绪。

1973年美国心理学家拜亚曾经做过这样一项实验。他让一些人表现愤怒、恐怖、诱惑、无动于衷、幸福、悲伤等六种情绪表现方式，再将录制后的录像带放映给许多人看，请观众猜何种表情代表何种情绪。其最后结果是，观看录像带的这些人，对这六种表情，猜对者平均不到2种。由此可见，表演者即便有意摆出愤怒的表情，也会让观众误以为是悲伤的情绪。

虽然这个案例表现出人类对表情认识的差异性，但同时也揭示出在人类的心理活动中，表情是最能反映情绪表面化的动作。简单地说，表情是情绪的外在写照，透过表象可以窥探心灵的律动，把握情绪变化的尺度，了解感情互动的根源。表情是传递情绪变化信息的显示器。

大部分的人将常见表情分为七种，这七种表情都表达了不同的情绪。

1. 高兴

人们在高兴时的表情呈现为：嘴角上扬，面颊上抬起皱纹，眼睑收缩，眼睛尾部会形成"鱼尾纹"。

2. 伤心

人们在伤心时的面部表情呈现为：眉毛收紧，嘴角下拉，下巴抬起或收紧。

3. 恐惧

人们在害怕时的表情呈现为：嘴巴和眼睛张开，眉毛上扬，鼻孔张大。

4. 愤怒

人们在愤怒时的表情呈现为：眉毛下垂，前额紧皱，眼睑和嘴唇紧张。

5. 厌恶

人们在厌恶时的表情呈现为：嗤之以鼻，上嘴唇上抬，眉毛下垂，眯眼。

6. 惊讶

人们在惊讶时的表情呈现为：下颚下垂，嘴唇和嘴巴放松，眼睛张大，眼睑和眉毛微抬。

7. 轻蔑

人们在轻蔑时的表情呈现为：嘴角一侧抬起，作讥笑或得意笑状。

心理启示：

当我们在遭受外界刺激的时候，第一反应是惊讶，然后，我们会产生两个方向的情绪：积极方向的情绪是不同程度的愉悦，消极方向的情绪则会依据刺激程度的不同，而衍生出厌恶、愤怒、恐惧、悲伤。作为微表情的前辈学者保罗·埃克曼教授，他提出："人类拥有6种跨种族、跨文明、跨地域的通用情绪和表情：惊讶、厌恶、愤怒、恐惧和愉悦。"虽然，情绪和表情这两者从表面上是不同的，但两者却是互相联系的。情绪用于处理外界带来的不同刺激，表情则是人类的另外一种交流方式。不过，这些情绪和它们所驱动产生的表情之间有着天然的联系。假如我们可以通过外在的表情进行剖析，分析出面部表情背后的情绪，那我们就可以知道他人内心的真实想法。

第六节　神态表情也具有伪装性

一个人所拥有的许多表情，其实是有生物学基础的。比如，大脑中的杏仁核区域控制着人的害怕情绪表情，当一个人受到威胁的时候，杏仁核区就会传递信息，人就会做出恐惧的表情，这就是自然的反应。但在很多时候，人的表情是可以伪装的，也就是说，某些表情是故意装出来的。在这方面，如果你经常看电视就可以见识到演员的演技了。在电视剧中，明明知道他们所扮演的是一个虚拟的角色，这样的角色只存在于大屏幕上，但那些演技颇高的演员却以生动的表情迷惑了观众，当悲情剧上演的时候，台下尽是观众的哭泣声。对此，我们不得不佩服演员的深厚功底，同时，也不得不承认，神态表情是具有伪装性的。

如果我们在百度上搜索微笑的表情，那一定会出现奥黛丽·赫本的经典笑容，那是一张端庄微笑的照片。然而，对于这样的微笑，却有微表情学者说："这就是典型的假笑，是为了摆造型做出来的笑。"同时，他说道："还有当人的脸部表情两边不对称的时候，表现出来的感情可能是装出来的。如果先突然大声说话，然后再用手猛拍桌子，这是对可怕事情反应的手势时间差。假如是真的发火，那这两个动作应该是同时进行。

原来，笑容也是可以伪装的。当我们在识别笑容的真伪时，最重要的是看鱼尾纹肌，不论是小孩还是老人，在真笑时，都会咧开嘴，嘴角向上，鱼尾纹肌是皱在一起的。不管是否有鱼尾纹，鱼尾纹肌都是一样的。而假笑时，嘴部的表情是一样，但鱼尾纹肌是没有什么变化的。

神态表情是如何伪装的呢？

1. 有情绪不一定有表情

生活中，人与人之间的交往会遵循许多社会准则，在这样的情况下，能够随意地呈现自己情绪的场景并不多见。在很多时候，人们情绪的表达会受到一定的约束和限制，在这样的情况下，表情就会显得很隐晦，甚至会出现伪装的表情，就好像每个人都戴了一张面具。

2. 有表情不一定有情绪

一个人随着社会经历的增加，他们会随意做出各种常见的表情，这样的事情对于演员而言会更加容易。通常情况下，优秀的演员可以在两秒钟内精准地控制某一只眼睛默默流出眼泪。因此，如果我们观察到了某种表情，并不能确认这个人内心产生了相应的情绪，因为这个表情有可能是伪装的。

心理启示：

> 人是善于伪装的动物，每个人都生活在一个伪装的世界里。这一点无论你接受与否，都是客观存在的。每个人都扮演着不同的角色，随着地方的不同、面对对象的不同，他所呈现的表情也是不同的。很多人善于通过自己的面部表情来掩盖真实的自己。其实，他的每一个眼神、每一个微笑都有特别的含义，只有读懂那些表情，才有助于你读懂对方。

第七节　捕捉细微表情，判断言语真实性

在美剧《别对我撒谎》中，主人公卡尔用令人意想不到的方法轻松破案。在一个小故事中，没有逼供，没有物证，只是和爆炸案嫌疑人聊了一会儿，捕捉到了对方耸肩、吸鼻子等几个转瞬即逝的表情、动作，他便以此作为线索找出了爆炸物的安置点。这样的识别无疑让人目瞪口呆。

或许，有人会疑惑：他凭什么线索破案呢？其实，答案很简单：微表情。即便表情是可以伪装的，但一闪即逝的微表情却是异常真实的。善于识别人心的人，他们往往是利用脸部细微表情动作分析观察者的肢体语言和微表情，按照这些判断对方言语背后的真正意思，然后判断对方是否在撒谎。

毕加索和勃拉克都是伟大的艺术家，也是形影不离的好朋友。有一天，勃拉克很沮丧，他把一幅画作坏了，有不少人对那幅画的评价都不好。勃拉克自言自语道："真想把这幅画毁掉。""别，别毁了

它。"毕加索眯着眼睛，在那幅画前踱来踱去，并不停地赞叹："这幅画真是太棒了！"勃拉克开始有点将信将疑："真的吗？"毕竟是朋友，又是个行家，毕加索的话让勃拉克动摇了。"当然，你把它送给我，我拿我的作品与你换，如何？"毕加索很肯定地说，最后，毕加索换回了那幅画。

几天后，一些朋友去勃拉克的画室，他们看到了毕加索的那幅画挂在勃拉克画室最显眼的位置。勃拉克满脸微笑，感动地说："这是毕加索的作品。他送我的，真是美极了！"这些朋友也去了毕加索的画室，他们诧异地看见勃拉克的"杰作"与毕加索的名作并排而挂。毕加索嘴角一侧抬起，满脸不屑地介绍："你们看看，这就是勃拉克画的东西。"

在这个案例中，我们来观察毕加索的表情"眯着眼睛，在那幅画面前踱来踱去""嘴角一侧抬起，满脸不屑"，这些都可以看出他的语言是否是真实的内心反映。由于勃拉克没能辨别出毕加索细微的表情，因此才使自己的画遭到了毕加索的嘲笑。

那么，在生活中，如何才能捕捉到细微表情呢？

1. 察言观色

你可以通过察言观色来判断对方说的话是否是真的，有可能是一个细微的动作，有可能是一个眼神，有可能是一个笑容。那些在他脸上、身上表现出来的表情或动作，都在随时地告诉我们他内心究竟在想什么。

2. 观察对方表情是否前后一致

微表情是一种非常快速的表情，持续时间仅仅为1/25秒至1/5秒，正因为这样，大多数人往往不容易察觉到它的存在。但是，如果我们观察够仔细，还是能够从表情的变化中搜索到一些细微的差别的。比如，当一个人咬紧双唇沉默的时候，如果你仔细观察，会发现他紧握拳头，这表示他内心是极其愤怒的，但却强忍住了。如果在这时，他说："我没生气。"其实，这句话也是假的。

心理启示：

> 微表情学者认为，在与人交往中，有90％的非语言信息来自面部，眼、眉、嘴、面部肌肉的细微变化，都会传递出不同的信息。在这其中，眼睛集中了面部表情的大部分信息。从眼神中有时可以判断出一个人是坦诚还是心虚，是诚恳还是伪善；而眼睛的瞳孔扩大，表示其内心的兴奋，瞳孔缩小，则表示内心十分厌恶。

第八节　复杂表情的呈现与心理活动

在生活中，一些普通和常见的表情，这是大多数人都会快速识别的，而且可以通过这些表情判断出当事者的心理活动。通常情况下，年龄不超过三岁的婴儿，根本没有办法识别所有的基本表情，不过，对于那些心智正常的少年以及年龄更大的人，他们对于生活中普通的表情通常不会存在识别上的障碍。但是，表情，它既是简单的，同时也是复杂的。说它简单，在于一个人的脸上只会露出惊讶、厌恶、愤怒、恐惧和愉悦这六种表情，很容易辨别；说它复杂，在于表情背后的意义，可能只是一个简单的表情，所透露出来的意义却是不同的，甚至，在表情之间，一些细微表情的插入，也会给我们的识别工作带来障碍。

其中，微表情就是属于复杂的表情。有时候，我们觉得某些表情看上去很眼熟，但普通人却难以准确地判断出当事者的心境，虽然会有所察觉，但不够清晰、确定。况且，若是遭遇那些自控能力超强的高手所露出来的表情，不管是面无表情还是逼真的表情，都容易迷惑我们，不容易识别。

1966年，Haggard和Isaacs率先发现微表情，认为它与自我防御机制有关，表达了被压抑的情绪。但在当时，他们的研究当时并未引起重视。1969年，一个偶然的机会，Ekman和Friesen也独立地发现了微表情。他们受一位精神病学家的委托，对一段录像进行检测。在这段录像中，抑郁症患者玛丽似乎并无异常表现，显得很乐观，笑得很多，表面上没有任何企图自杀的迹象。Ekman和Friesen在对该录像进行慢速播放并逐帧检查时发现，玛丽在回答医生提出的关于未来计划的问题时出现了一个强烈的痛苦的表情。在整段视频中，这个表情只占据了两帧画面，持续时间仅为1/12秒。对这样一闪即逝的表情，他们称之为微表情。

原来，微表情既可以包含普通表情的全部肌肉动作，也可能只包含其中的一部分。微表情通常会在人们想撒谎时出现，流露出想压抑与隐藏的真实情感，这是一种自发性的表情动作，但因其表情的复杂性，给我们识别其真实心理活动带来了一些障碍。

心理启示：

由于表情的复杂性，我们在能够拆开并熟悉表情细微变化所属的表情特征之外，还需要稍微多一些分辨表情真假的能力。通常情况下，情绪引发的真情为真，思维控制的表情为假。复杂的表情，通常是真假混合为一体的，这样的表情带有表演的痕迹。我们在考虑需要露出一个伪装的表情时，通常会需要通过想来完成，不过，在思考之前，有一个十分短暂的瞬间，这时身体会作出相应的反应和变化，其中包括脸上的肌肉运动。在这个过程中，难免会露出一点真情绪，不过，很快思考之后，虚假的表情就会呈现出来，即便表演得很高明，但难免会有痕迹，这就是复杂表情的发展过程。

第2章 相由心生，情绪产生与表情传递

从心理学角度看，在生活中，每个人的面相都反应着其相对应的身体和心理的状态。比如，一个身体健康、内心愉悦的人，他的表情通常呈现为天庭饱满、红光满面、神采奕奕。反之，一个身体有病、内心苦恼的人，他的表情通常表现为愁云密布、眉头紧锁。正所谓"面相即为心相"，相由心生就是这个道理。

第一节　心理情绪潜移默化地影响表情传递

情绪和情感其实是一种内部的主观体验，不过，在情绪和情感发生的时候，又总是伴随着某种外部表现，这种外部表现实际上是可以观察到的某些行为特征。在生活中，我们称这些与情绪、情感有关的行为表现为表情。

表情，也就是指通过眼部肌肉、颜面肌肉和口部肌肉的变化来表现各种情绪状态。在面部器官中，人的眼睛是最善于传情的，不同的眼神可以呈现出其内心不同的情绪和情感。比如，开心时会眉开眼笑，生气时会怒目而视，恐惧时会目瞪口呆，悲伤时会两眼无光。眼睛，既可以传递感情，还可以交流思想。在人际交往中，有些事情只可意会，不可言传，这时我们就可以通过对方的眼神了解到他内心的思想和愿望。除了眼睛这一重要的表情器官之外，还有口部肌肉的变化也是表现情绪和情感的重要途径，比如，愤怒时会咬牙切齿，紧张时会张口结舌，这些都是通过口部肌肉的变化来表现某种情绪的。

从前，有一个青年以制造面具谋生。

有一天，他的一位远方朋友来访，见面就问："你近来脸色不大

好，到底是什么事使你生气呢？"青年十分疑惑，摇摇头回答说："没有呀！""真的吗？"他的朋友好像不大相信，也就回去了。

过了半年，那位朋友再度来访，见面就说："你今天的脸色特别好，和从前完全不同，有什么事情使你这么高兴啊？"青年还是这样回答："没有呀！"他朋友坚定地说："不可能的，一定有原因的。"

在他们交谈之后，这个青年才想起来。原来半年前，他正忙着做魔鬼、强盗等凶残的假面具，做的时候心情总是在想咬牙切齿怒目相视的面相，因此自然也表露在脸上了，看起来很可怕。而最近，他正在做慈眉善目的假面具，心里所想的，都是可爱的笑容，脸上表情也随之显得自然柔和了。

一个人心里想什么，有什么意图，将很自然地呈现在脸上，这是绝对无法掩饰的。

其实，一个人内心的情绪除了影响到面部表情之外，还会潜移默化地影响到其他各种的表情。

1. 姿态表情

姿态表情可以分为身体表情和手势表情两种。一个人在不同的情绪状态下，其姿态表情也会发生不同的变化，比如高兴时捧腹大笑，害怕时双肩紧缩，紧张时坐立不安，等等，甚至，一个人举手投足、两手叉腰等姿态表情都可以表达其内心的情绪。

2. 语调表情

语音、语调表情是表达情绪的重要形式，比如，朗朗笑声表达了愉快的情绪，而呻吟则表达了痛苦的情绪。虽然，言语才是人们沟通思想的工具，但语音的高低强弱，也是当事者表达情绪的途径。

心理启示：

情绪有一种表现状态是表情，一个人的表情是内在情绪的外在流露，它具体表现一个人的情绪状态。一个人即便是毫无表情，但从其语音、语调，以及细微的面部表情，我们依然可以由此揣测出其内心处于何种情绪。

第二节　由表及里，看穿对方此刻情绪

　　既然，一个人情绪的外在表现即是表情，那在日常交际中，我们完全可以由表及里，看穿对方此刻的情绪。比如，在面部表情中，如果一个人满含泪水，那他此刻的情绪定是处于悲伤的状态；如果一个人满脸怒气，那他此刻的情绪定是处于愤怒之中。不仅如此，我们还可以通过其姿态表情、语调表情等，来窥测对方此刻的情绪。

　　　　孔子去齐国途中，听到一阵十分悲哀的哭声，于是对弟子说："这个哭声虽然很悲伤，但不是悼念死人的哀声。"随后，孔子下了车，问起他的名字，他说他叫丘吾子。孔子又问："这里不是悲哀的地方，你为什么哭得这么悲伤呢？"丘吾子长叹一声，回答说："我一生有三大过错，现在年老了才深深觉悟到，但追悔莫及，因此痛苦。"

　　　　孔子不明就里，便一再追问，丘吾子才说："我年少时爱好学习，周游天下，等回来时我的父母都死了，作为儿子竟不能为父母养老送终，这是第一过失；我做齐国臣子多年，齐君现在奢侈骄横，我多次劝谏都不被采纳，这是第二过失；我生平交友无数，不料到后来都绝交了，这是我第三大过失。树欲静而风不止，子欲养而亲不在。去而不回的，是时间；不能见到的，是父母。我是个大失败者，还有什么脸面活在这个世上？"说完，丘吾子便投水而死。

　　一个人到了因悲伤而自杀的地步，他的哀情可想而知。而孔子正是从其"唉声叹气"的语音、语调中识别出丘吾子的哭声不是为了死者，而是有其他的原因，足可见孔子识人之能。

　　虽然，情绪是一个人内在的心理活动，但这样的心理活动也会有外露的时候，即便当事人极力隐藏自己内在的情绪，我们依然可以从其一言一行中察出端倪。这样的情况对于我们自身而言也是一样的，当我们内心涌动着复杂的情绪，即使当时的情境不允许我们真实地释放出这种情绪，哪怕是百般掩饰，也会从我们的行为中露出蛛丝马迹。如果我们看过演员的表演，就会知道这些情绪的泄露点在哪里：比如，当一个人强忍怒火的时候，也许他的脸部是平静的，但他的拳头一定是紧握的，而且如果你仔细观察，会发现那一簇怒火在其眼中不经意闪现。

心理启示：

> 在日常交际中，对于每一个人而言，适时察觉对方处于何种情绪，将有助于我们在与人相处时如鱼得水、左右逢源。比如，当我们在讲述某件事情的时候，对方是否在认真地听，他在生气还是欣慰等，这些都是我们需要清楚地知道的。其实，要想知道对方此刻的情绪并不困难，只需要我们留心观察对方的脸色、谈话、举止、言行等，你就会从细枝末节中看出对方此刻的情绪。

第三节　性格差异也会导致表情的差异

或许，我们都不知道，人与人之间的性格差异也会导致表情的差异。内心善良的人与内心狡诈的人，他们的面相肯定是不一样的。有人说："读书亦能改变容貌。"读书而懂得深入思考的人，与那些全然不看书的人相比较，容貌也是大有不同的。毫无疑问，面相表情显现人的性格。

一个人经验的密度、知识的厚度、思考的深度，是否具有创造力和个性，以及资质愚笨或机敏，善良还是险恶，所有这些，都能显示在其相貌中，尤其是眼睛和神气中。而且，这样的相貌仪容，既是天生的，同时也是后天环境所塑造而成的。在面部器官中，嘴部线条与鼻部之间的三角区，这是说话、微笑以及各种表情语言最富特征的表现区。按照线条的各种变化，我们可以清晰地抓住他人脸上这些最微妙的情绪——微笑、嘲笑、严肃、轻蔑、不满、激动、愤怒，等等。

　　唐朝的时候，有一个人叫卢杞，跟郭子仪同朝。卢杞还不得志时，郭子仪已经出将入相，很是风光。他对所有的公卿大臣都很随便，独独对卢杞礼数周到。若遇卢杞来访，他会让家人全撤到后面，自己整整齐齐穿了朝服，迎接卢杞。接待中，他也表现得谦恭有礼。家里人十分不解，一个芝麻大的小官，郭子仪为何要如此礼遇？郭子仪说："这人长相丑陋，心术不正但很聪明，又会巴结，迟早有得意之日。若是现在得罪了他，他定会怀恨在心伺机报复。宁可得罪君子，也不可得罪小人啊！"

　　果然，卢杞后来官至宰相，朝廷中凡是曾触犯过他的官员，都被他想方设法地报复了。郭子仪不曾得罪他，最终得以自保。

　　大凡奸诈狡黠之徒，即便他百般掩饰，但其面相最终会出卖他的内心。郭子仪通过卢杞的面相看透了其内心，因此有所防范，才会得以自保。一个人的一言一行、一举一动，甚至一个眼神，都在向他人传递着一些很微妙的信息，这些信息直接反映了这个人的真实心情以及真正的性格。

🔑 心理启示：

　　如果一个人从年轻时就和和善善、快快乐乐，那等他老了以后，他的相貌定然是慈眉善目；如果一个人一辈子愁苦，那他老了就会是愁眉苦脸的相貌。

　　不仅仅如此，我们还可以从一个人的相貌中看出其性格，一个堂堂正正、光明磊落的人，他的表情一定是清楚显现的，绝不会躲躲藏藏；而一个狡诈之徒，他的眼神有可能是躲闪的，他的笑容有可能是虚假的。虽然，以貌取人是不妥的，但从一些人的相貌表情里还是能够揣摩出对方的职业、经历和性格。

第四节　表情与心理有时也会不对称

我们经常会说，表情是内心世界的镜子。但是，在某些场景中，这面镜子也会有模糊的时候。换而言之，表情与心理有时也会不对称。有首歌叫做"你的眼睛背叛了你的心"，其实，不仅眼睛是心灵的窗户，表情、语言、身体动作等，都可以在不经意间出卖你内心的想法。著名的微表情大师保罗·埃克曼教授通过美剧《别对我撒谎》，曾指出："当一个人表达一件事时，他的表情、肢体动作和语言不同步出现或者不协调的时候，很可能说明心中有鬼。"其原因，那是因为人的语言和表情可以被设计、伪装，比如一个面无表情的人，有可能他内心正是汹涌澎湃，那些是我们无法用眼睛识别出来的。

生活中，我们经常看到这样的场景：当收到一份自己喜欢的礼物时，通常的人会一边微笑，一边说"我很喜欢"；可是，假如对方先说"我真喜欢"，过了几秒钟，才露出笑容，那有可能他所表露出来的表情是违心的、虚假的，实际上他并不太喜欢这份礼物。同样的例子，当我们与人发生了争执，对方突然重重地拍打桌子，继而露出愤怒的表情，而且大声喝斥你，那也不用太在意，他很有可能是在装腔作势。假如这个人真的在生气，那他必定是一边拍桌子一边大声斥责你。其实，这些都是表情与心理不一致的情形。

美国纽约心理学教授马克·萨勒姆被誉为"读脑大师"，他就好像是一台活的测谎机，可以靠别人身上最细微的表情和动作识别出他们是否在撒谎。

在美国著名的"辛普森杀妻案"中，萨勒姆确信，辛普森的确是在杀妻案中撒谎了，他说："隐藏了某些秘密，当辛普森被问及是否和这起谋杀案有关时，他的回答是：'我100%无辜。'当他说这句话时，他的眼睛以我曾见过的最长、最慢的方式眨了一下。"

而美国前总统比尔·克林顿与莱温斯基性丑闻曝光后，他在电视上否认此事时，萨勒姆立即就知道克林顿撒谎了，萨勒姆说："因为他在说这话时，垂下了自己的下巴。"相反，萨勒姆称希拉里的肢体语言却显示，她真诚地相信丈夫是无辜的，萨勒姆说："她坚定的眼神和真诚的微笑都显示，她一开始确信丈夫是无辜的。"

当表情与心理不一致的时候，大部分预示着这个人在撒谎。其实，随着人与人之间的交往，我们发现，在现实生活中，要想真的做到心理和表情一致，这样的情形是微乎其微的。毕竟，每个人因情境或当时的需要，都会有意识地掩饰自己内心真实的想法。

心理启示：

对于那些表情与心理不一致的情况，难道我们就毫无办法揣测对方的真实心理了吗？当然不是，因为下意识的表情和动作是无法轻易被心理所控制的，在虚假表情闪现的某个瞬间，只要我们能抓住时间差，就可以拆穿对方的谎言。

第五节　不同情境影响情绪及表情

有时候，之所以会出现情绪与表情不一致的情况，那是源于当时的情境。何谓情境？也就是做出表情者所处的环境，所面对的人和事。虽然，我们总是强调，表情是内心情绪的一面镜子，但在日常生活中，我们却不可能让这面镜子如实地反映自己的内心，因为在某些特定情境下，我们是不得已的。

比如，当我们遭遇上司的责骂，即便我们的内心是不服气的，但我们还是会咬紧牙关，不让自己愤怒的情绪外泄出来，因为我们需要保住自己的工作，而不是凭一时冲动与上司理论，这是任何人都懂的道理。因此，在大多数时候，我们会看见这样的场景：当上司在怒斥下属的时候，下属只是低着头，脸上是一副知错就改的表情。但谁知道下属心里到底在想什么呢？估计早就在骂上司愚蠢了，甚至在计划着当自己升职风光之后，如何回报上司现在给自己的屈辱。所以，不同的情境会影响到情绪以及表情的呈现。

婷婷走进办公室，心里想着：这次肯定又要挨骂了。原来，在前一天的工作中，粗心大意的婷婷犯下了一个错误，这不，才一天的时间都不到，就被领导请到办公室"喝茶"了。

还没等婷婷思绪回过来，领导劈头盖脸就是一顿臭骂："你怎么做事的？怎么一点也不长脑子？你说你到公司几年了，怎么在这种最基本的地方还是会犯错呢？如果你还是这样，那你就别在公司待了……"婷婷满脸恭顺，说着："我知道错了，下次一定会改正的。"说着，还赔上一张笑脸。殊不知，婷婷在心里早就把领导骂了个遍：真是，每次都是这样，除了会骂人之外，还会做什么呀，天天坐在办公室里吹空调，怪不得说话那么凶，一说就是别在公司待，哼，这样的破公司，请我还不来呢。

这基本算是职场里每天都在上演的好戏，表面上看，被领导斥责的婷婷很温顺，也知道自己的错误，还保证自己再也不犯这样的错误了。但婷婷内心是不服气的，她也在心里抱怨领导，以及为自己的错误找借口，但这样的一种心理，婷婷并没有显现在自己的脸上，就连情绪中也没呈现出来。这是为什么呢？因为她所面对的是领导，即便她很不情愿自己被领导责骂，但至少在现在这一刻，她还没有与领导撕破脸的想法，也就是说，她依然需要凭借领导，依然需要听从领导，因此，她的情绪和表情才会以虚假的方式呈现出来。

🔑 心理启示：

其实，在生活中，很多情境是我们无法决定的，比如我们所面对的人和事。在这些人和事面前，我们不可能毫无掩饰地呈现自己内心所有的情绪，在很多特定的场景下，我们会有所顾忌，会刻意隐瞒自己的情绪，有时候是逼不得已的，有时候是假装坚强，有时候则是无奈之举。但不管出于什么原因，我们只能承认这样一个事实：不同的情境会影响情绪和表情。

第六节　视觉冲击，让其展现真实表情

我们常说："眼睛是心灵的窗户。"在所有的面部器官中，眼睛是离自己内心最近的地方，它所看到的人和事，将以最快的速度呈现给大脑，然后面部表情则会出现相应的变化。此外，在平时的表情呈现中，如果我们能从细枝末节中看出这个人的表情与心理是相悖的，那首先出卖他的就是其眼睛。因此，在面部表情中，眼睛是至关重要的。按照这样的观点，我们是否可以理解为，当某个人在隐藏其真表情的时候，我们可以给予对方强烈的视觉冲击，如此可以迫使其展现出真实的表情。

对于这个观点，在许多刑侦电视剧或电影中，我们已经看过许多次了。诸如，一个犯罪嫌疑人刚开始都挺嘴硬，拿出一副打死也不说的表情，因为他知道这不过是警察对自己的威逼利诱，只要自己保持正常的表情，不露出一丝破绽就行了。但是，往往到最后，让他们开口说真话、露出真表情的是那些证据。当警察带领着他们去一个地方，见了某个共犯，或到了凶案现场，他们马上会露出一副呆若木鸡的表情，因为他们知道，自己即便再隐瞒，也阻止不了案情的水落石出。最后，在这些视觉冲击之下，他全部招了，这个案子也就破了。

　　第一次听说自己年轻时被抱走的孩子正在寻找自己，王女士脸色很正常，嘴里说："我抛弃了他，他还来找我干什么？"旁人问："如果他真的寻来了，你会认他吗？"王女士摇摇头："我有我的家庭，他有他的生活，还是不相认为好。"但转过身，王女士就忍不住悲从心底来，她悄悄抹去了眼角掉下的泪水。当初让人抱走孩子，实属无奈，在这么多年中，她无时无刻不在牵挂那个自己曾经遗弃的孩子，担心他吃的好吗，穿的暖吗，过的开心吗。

　　王女士继续过着正常的生活，她看上去没一点的情绪波动。但就在那一刻，当一个英俊的少年拦住正要去超市的王女士，开口就喊："妈妈，我终于找到你了。"王女士一下子崩溃了，她再也无法装出一副若无其事的表情了。她的手提袋一下子掉在地上，嘴里喊道："孩子，孩子，是你吗？"母子两人相拥，泪水顺着王女士的脸颊流

了下来。

不管王女士当初因何种原因抛弃了自己的孩子，但是她内心深处对孩子的挂念是无法改变的，毕竟血浓于水。虽然，面对旁人的追问，她总是能掩盖自己的真实表情，以此让别人以为她是一个狠心的母亲。但当那个孩子真的出现在自己面前，因为视觉的冲击，她再也没办法掩饰自己真实的表情了。不管是拥抱，还是泪水，都体现着王女士这位母亲深沉的爱。

心理启示：

在生活中，当我们发现某个人其实是在欺骗我们，如果我们想知道其真实的心理以及表情，那就去找一个可以刺激其心理的人和事，然后创造出一个场景，让其置身于这个场景里，那么，再多的掩饰也会消失。在强烈的视觉冲击之下，他只会被逼露出自己的真实表情，而这正是我们希望看到的。

第七节　言语刺激下的心理活动与表情反应

当一个人遭受言语刺激之后，其心理活动变化是异常复杂的，与此相应的，他的表情也会出现一些变化。在这里，我们所说的言语刺激，其实就是感情色彩偏强的语言，通俗地说，也就是能给当事人心理造成某种悸动的语言，有可能是怒骂，有可能是轻蔑，有可能是讥笑，也有可能是斥责，这些语言所能勾起的是当事人痛苦、悲伤、愤怒的情绪，在这些言语刺激下，一个人内心的情绪变化是复杂的，其面部表情则是非常细微的，甚至让人难以察觉。

公园里，两个人面对面站着，个子稍微高一点的人说话了："你觉得这样能对得起去世的妈妈吗？你忘记了她老人家去世之前是怎么跟你说的吗？你怎么总是这样，不听我的话，我托人给你找的工作，你也不去，我不知道你到底是怎么想的！"矮个子低着头，轻声说："我只是想自己去努力。"高个子摇摇头，不屑地说："凭你自己？凭你自己哪年哪月才能成功啊！我是你哥哥，我帮你难道错了吗？上次我让王经理给你安排工作，人家大老远来找你，结果你呢，爱理不理，最后竟然不客气地将别人赶走了。你什么意思？你知不知道王经理是我一个重要的客户，你这样做，我哪有脸面见我客户？还有上一次，你们公司竞选干部，我跟你们公司总经理是好朋友，自然会帮你一把，结果你却当着同事的面拒绝了升职的机会，你让我这个当哥哥的怎么帮你？"

听了这样的话，矮个子只是沉默，但是他眼睛里闪现着一团怒火，他松开了双手，抬起头回答说："哥哥，我希望凭借自己的能力去做这些事情，这些都是我的事情，我不希望你插手我的事情。"高个子冷笑一声："你？你有什么本事？如果你有本事，你现在还会是一个小职员吗？"矮个子再也忍不住了，他再一次抬起头，与高个子对视："对，我是没本事，我唯一有本事的就是有了你这个哥哥，你能干，你比我有出息，甚至妈妈临死之前也让你照顾我。但是我也是一个男人，我再没本事也懂得什么事情都靠你才是我的羞辱，我宁愿当个普通职员，也不希望靠你这个有头有脸的哥哥成功。"说完，矮个子挺直了背，转身就走了。

生活中，我们都会有这样的经历，当我们遭受到难以承受的打击之后，即便自己内心异常激动，但在表情上却不会显露分毫。但是，也有这样的情况：本来我们都会有意识地掩盖自己的情绪，一旦遭遇到重大打击，就好像一瞬间被雷击中一样，大脑瞬间空白，甚至会忘记了自己原本想要掩盖真实情绪的习惯性动作。在这瞬间，我们是毫无防备的，很容易就会显露出真实的情绪，这时候心理活动与表情反应差不多是一致的。

心理启示：

　　很多时候，当我们遭到言语刺激时，很容易就会忘记掩盖原本情绪的行为，而是下意识地暴露出自己最真实的情绪以及表情。就好像案例中的那个矮个子，一直以来，他对于哥哥自以为给的帮助很是反感，但碍于他是自己的哥哥，始终不好发作。当哥哥一再轻蔑地说自己没本事之后，他内心的情绪突然爆发了，霎时间，他的情绪和表情达到了统一，他所展现出来的自尊，内心积压很久的愤怒，一起发泄出来了。这就是言语刺激下的情绪和表情反应。

第3章　开心表现，微表情揭密了对方心中的窃喜

微笑，是人类最基本的动作。微笑最标准的动作是：嘴角翘起，面颊上抬起皱，眼睑收缩，这时眼睛尾部会形成"鱼尾纹"。然而，这是当内心情绪与表情相一致时才会呈现出来的标准动作。有时候，一个人在开心时并不是以微笑来表达内心情绪的，这时我们就需要借助微表情，以此窥测对方内心的真实情绪。

第一节　遇到各种喜事的不同喜悦表情

虽然，我们将喜悦的表情定义为"笑"，但是，当我们遇到各种不同的喜事时所呈现的喜悦表情是大不一样的，这是因为喜悦的程度往往是不一样的。有可能我们遇到的是一件愉快的事情，也有可能是天大的喜讯，等等，当这些不同的喜事出现的时候，我们所能体现在身体上的表情是不同的。

人们在开心时会不由自主地笑，笑是人的一种平和心态以及善良的内心表现，同时也是一个人体内安多芬分泌物增高的时候。当外界的一种笑料变成信号，通过人的感官传入大脑皮层，大脑皮层接到信号，就会立即指挥全身肌肉或一部分肌肉动作起来，于是出现了笑。有的是嫣然一笑，笑容可掬，这是一种轻微的脸部肌肉动作；有的则是爽朗的笑，这样不仅脸部肌肉动作，而且发声器官也动作起来；有的是捧腹大笑，这时会手舞足蹈，甚至全身肌肉、骨骼都动员了起来。

下面，我们就列举遇到各种喜事时不同的喜悦表情：

1. 生活小喜

生活中经常会出现一些小喜，诸如早上起来发现空气很清新，到了公司发现今天的工作很容易，下班时接到了朋友的邀请电话，等等。这些小喜事虽然

难以给我们的心情带来很大的波动，但足以让我们露出微笑。这差不多算是最自然的微笑，当我们想到这些美好的事情，便会不自觉地露出笑容。

2. 人生大喜

人生大喜也就是对于一个人一生而言的大事，诸如他乡遇故知，金榜题名时，洞房花烛夜。因为这些事情对于我们一生而言，都是一件大喜事，对于这样的喜事，不仅仅会笑，简直是喜极而泣，也就是说高兴到了流泪的程度，也可以用手舞足蹈来形容。这时的表情是复杂的，因为内心的喜悦之情是无法用语言来描述的，因此其表情有可能会走向极端，比如大哭，这表示着期待已久的事情终于成真了，所以他的情绪与表情才会呈现出如此复杂的情形。

3. 意外之喜

所谓的意外之喜，也就是我们意料之外的喜事，诸如中了大奖等。既然是意外之喜，那定能给我们的情绪造成极大的波动，尤其是中了大奖。当这个人无意中得知自己中了大奖，定会先是惊讶、不相信，继而是狂喜，如果一个人心理承受能力相对较弱，估计精神会暂时失常，导致神智不清。狂喜的表情是可以想象的，大笑，连走路都带着欢悦的情绪。

心理启示：

为什么说笑是喜悦的表情，那是因为笑的本质是精神愉快。在生活中笑的形式可以说是多种多样，千姿百态。而且，笑是反映内心的一种面部表情，满脸春风，笑逐颜开，笑得合不上嘴，等等，这都是人们呈现出来的不同的喜悦表情。

第二节　微笑里看穿对方的真语与谎言

笑是人们生活中用得最多的表情之一，因为生活中不能没有笑声，没有笑，人们就容易患病。然而，那些形形色色的笑容并不都是发自内心的。嘴角上翘、眼睛眯起、露出笑容，这就是笑容。不过，在这些常态的笑容背后，到底映射着什么样的心理活动呢？在微笑中，我们如何才能看穿对方的真语与谎言呢？

有人说，所谓的日本式微笑，也就是职业性的微笑，皮笑肉不笑，这不是发自内心的笑。众所周知，日本人喜欢微笑，微笑几乎已经成为了日本人礼仪中不可或缺的部分。有很多旅行日本或者到日本旅游的游客深有感触，比如在街头问路，不管是男女老少都会微笑着给你指点方向，如果是到商店买东西，即便你只买了一个面包，售货员也会微笑着跟你说："多谢，欢迎您下次再来。"

对于如此普遍的"微笑"服务，却有心理专家称"这是典型的假笑"。

假笑，顾名思义，也就是情绪与表情不一致的表情，这表示当事人在撒谎。那么，通过对方所露出的微笑，我们怎么知道对方是在撒谎还是说的是真话呢？

1. 真笑的表情呈现

真正的笑容是嘴角上翘、眼睛眯起，这时面部主管笑容的颧骨主肌和环绕眼睛的眼轮匝肌同时收缩。这是因为真心露出的笑容是自发产生的，不受大脑控制。因此，除了反射性地翘起嘴角之外，大脑负责处理情感的中枢还会自动指挥眼轮匝肌收缩，这样使得眼睛变得很小，眼角自然产生了皱纹，同时，眉毛也会倾斜。

2. 假笑的表情呈现

虚假的笑容是通过有意识地收缩脸部肌肉、咧开嘴，抬高嘴角产生。这时，眼轮匝肌不会收缩，因为眼部肌肉不受人的意识支配，只有真的情绪出现时才会发生变化。当然，在生活中，有的人假笑很夸张，他的面部肌肉会收缩，整个脸挤成一团，给人造成一种眼睛眯起来的假象。不过，这时如果你仔细观察，就会发现其眼角的皱纹以及倾斜的眉毛是没办法伪装的。

3. 真笑与假笑的区别：眼睛和嘴巴

在谎言快要被揭穿的时候，人们会习惯性地选择以微笑来蒙混过关。同时，还会出现这样的现象，当一个人在撒谎的时候，他的笑容是特别多的，理由在于撒谎者的内心很不安，他希望凭借微笑来缓和自己的紧张情绪，当然，这种虚假的笑容会掩饰自己的谎言，以达到套近乎、笼络对方的目的。

真笑与假笑的区别在于：正常的笑容，通常都是先从微笑开始的，然后慢慢带动眼睛。虚假的笑容，嘴巴和眼睛则是同时动作，或者是嘴笑眼不笑的表情。

心理启示：

美国加州大学心理学家保罗·埃克曼教授和肯塔基州大学的华莱士·V.法尔森教授经过多年研究，设计出一套识别面部表情的编码系统，能够成功破解人们的真实表情，包括真笑和假笑。通过大量实验证明，内心喜悦所产生的自发笑容，与故意收缩面部肌肉所引起的假笑是不一样的。

第三节　大笑中看对方是否是全身心地投入

有人说，笑容是最复杂的表情，这是一种很复杂的生理运动。微笑可以适用于各种社交交往情境，甚至可以在没有相应情绪的情况下，轻松地做出礼节性的微笑表情。对于这样的情况，捕捉、过滤和分析笑容，也是不容易的。生活中，我们经常会看见大笑的表情，大笑时整个脸部都发生了明显的变化，甚至这样的表情超过了其他的表情，就好像痛哭一样。

在上面我们已经提到过了，不管是大笑还是微笑，都是由两组肌肉主导而成的。第一组是笑容专用肌肉——颧大肌，颧大肌十分专业，其作用是将嘴角向两侧拉伸、向上提起，主导促成了整个下半脸的全部笑容形态，其他肌肉的运动就开始配合这个主导动作。第二组是眼轮匝肌，这个器官在许多表情中都会作用，比如厌恶、愤怒等。在大笑中，眼轮匝肌是不可缺少的，假如笑容中仅仅有嘴部的动作，而没有眼部的动作，那整个笑容看起来就是虚假的笑容，类似于皮笑肉不笑。

那么，在大笑中，如何可以看出对方是否全身心投入呢？

1. 眼睛的变化

强烈的愉悦情绪一旦产生，就会引发眼轮匝肌的强烈收缩。这时在强烈收缩的作用下，笑容中最明显的变化就是下眼睑会凸出、变短，向上提升并遮盖部分虹膜下缘。与此同时，由于上下眼睑的互相积压，鱼尾纹就会在眼角外侧出现。因为脸颊的隆起和提升，脸颊和下眼睑之间形成笑容特有的表情。

最关键的一处在于，大笑时，眼睛的闭合大多数是从下往上的，下眼睑绷紧并向上闭合为主导，上眼睑的下压动作十分小。而这样的形态只会出现在笑容中，在其他表情的眼睑闭合中，都是上眼睑的动作为主导。

2. 嘴和脸颊的变化

在大笑时，下半脸主导肌肉是颧大肌，强烈的收缩会将嘴角向两侧耳朵的方向拉伸，这让上唇提升并拉长，这时提口角肌、提上唇肌等其他与上唇相连的肌肉也会收缩，不过，这些动作并不会起到主导作用，而是在颧大肌的动作下配合运动。上嘴唇在这些肌肉的影响下，几乎提升到最高位置，将上齿全部露出，甚至还会露出部分上齿牙龈。

大笑时，下颚下垂，使嘴巴张开。这与惊讶和恐惧表情不一样的是，大笑时的下巴不会下拉，而且还会向颈部移动后贴。这时下嘴唇会被大幅拉伸，表面变得平滑，上唇的提升在颧大肌、提口角肌、提上唇肌和上唇鼻翼提肌的一起作用下，其提升程度充足，鼻翼两侧因挤压出来的"沟"也特别长。但是，如果是虚假的笑容，其嘴部的动作就不会有这样程度的表情显现。

心理启示：

在大笑时，所需要花费的精力是不容置疑的，虽然，也是一样裂开嘴巴大笑，但其细微的表情差异，我们还是可以看出对方是否在真心地大笑，或者说是否全身心地投入到其中。有可能对方一边在笑，一边却在想着其他的事情；有可能他只是迫于情境需要才会放声大笑，对此，我们都要分辨清楚。

第四节　会心一笑中的甜蜜与辛酸

会心一笑，也就是领会到对方没有表明的意思而微微一笑。有人说，会心一笑可以缓解疼痛，因为人的笑来源于主管情绪的右脑额叶，每笑一次，就能刺激大脑分泌一种可以让人愉快的激素——内啡肽。它可以让我们心旷神怡，止痛的效果相当于吗啡的40倍，因此会心一笑对于缓解抑郁症和各种疼痛是很有益处的。其实，会心一笑，不仅仅会缓解身体上的疼痛，而且还会缓解心理上的疼痛。在会心一笑中，我们可以领悟到其中的那些甜蜜与辛酸。

1998年7月21日晚，在纽约友好运动会上意外受伤后，默默无闻的、17岁的中国体操队队员桑兰成为了全世界最受关注的人。那确实是一个意外，当时，桑兰正在进行跳马比赛的赛前热身，从她起跳的那一瞬间，由于外队教练的一个"探头"动作干扰了她，导致她动作变形，从高空栽到地上，而且是头着地。个性温顺的桑兰在遭受到如此重大的变故后却表现得相当乐观："我会忘记这件事带给我的悲伤，我相信一切都会好起来的。"说着，她笑了。她的主治医生说："桑兰表现得十分勇敢，她从来不会悲伤，每天都会露出最甜美的笑容，对她我能想到表达的词语是'勇气'和'乐观'。"

或许，"忘记悲伤，用微笑面对下一刻"成为了桑兰的座右铭，同时也铸就了她坚强、乐观的性格，美国称她是"伟大的中国人民光辉形象"，在美国住院的日子里，许多美国民众都会去看她，并不只是因为她受伤了，而是为她的精神所感染。是的，悲伤会过去，一切都会好起来的，在这样的信念下，桑兰逐渐好了起来，直到今天，她依然没有离开世界人民的视线。

在桑兰的人生中，微笑面对下一刻，何尝不是一种会心一笑？对于人生道路上所遭遇的挫折与困难，她可以露出会心一笑，那一笑里有无尽的辛酸，但更多的是甜蜜与幸福，因为她凭着那会心一笑铸就了自己卓越的一生。

心理启示：

会心一笑，大多出现在雨后阳光中，或争执之后，必然是在痛苦之后出现。会心一笑的表情通常会呈现为：眼睛中满是温和的目光，笑容平和，即便脸上还有伤痛的痕迹，但都一一被笑容掩盖了。这样的笑容是最能打动人的，这是历尽千辛万苦之后的欣慰之笑，是阅尽繁华之后的脱俗境界。

如果我们在生活中看到了这样一个笑容，不要给予安慰，也不要想着去同情对方。因为对方之所以会露出这样的笑容，是因为他已经苦尽甘来，即便他还有一些伤痛，但他已经承受过了。一个能露出会心一笑的人，定是性格乐观积极的人，在他人生的字典里，已经看不到失败与痛苦，所看到的只是那一缕缕充满着生机的阳光。

第五节　眉飞色舞，喜悦之情尽在脸上

不知道你发现没有，当我们的心情发生变化时，眉毛的形状也会跟着发生变化，泄露我们内心的情绪。所谓眉飞色舞，那尽是一副喜悦之情，内心的喜悦，全写在脸上了。通常，我们所说的眉毛的作用就是防止汗液、雨水等刺激源在重力的作用下直接侵害眼睛。如果我们仔细观察眉毛，会发现每根毛发的走向，都是向上或者呈水平方向向两侧生长的。

眉毛的运动，主要是额肌收缩造成的上扬，皱眉肌主导收缩造成的皱眉等一些不同的形态。一个人神智清醒，没有受到负面刺激，眼睑正常睁开时的眉毛形态，就是眉毛的正常形态。就大部分人而言，眉毛的正常形态是两道弧心向下的弧。

有一天，小张出去办事，谁知道刚走出大楼门口，突然有一物从天而降，正中小张的肩膀。小张十分生气，一时间剑眉倒竖，忙抬头

看是哪个没素质的人乱扔东西，不料扔东西的人早没影了。小张很是郁闷，皱了皱眉，只能自认倒霉。不料一低头看到砸到自己的东西，顿时眉开眼笑，刚才的怒气和郁闷一扫而光，原来砸中小张的是一张周杰伦最新的专辑，而小张一向是周杰伦的忠实粉丝。

在这个故事中，小张在短短时间内展现了三种情绪的变化，而且这三种情绪都是通过眉毛呈现出来的：生气时，剑眉倒竖；郁闷时，皱眉；高兴时，眉开眼笑。实际上，眉毛和眼睛是一样的，会随着内心情绪的变化起伏而发生变化。

1. 双眉上扬

双眉上扬，表示十分欣喜或极度惊讶。眉毛先上扬，继而在几分之一秒的瞬间内再下降，这种向上闪动的短捷动作，是看到别人露出的友善表示，这时通常会伴随着扬头和微笑。

2. 眉毛迅速上扬

眉毛迅速上扬活动，这表示其心情愉快，内心赞同或对你表示亲切。若是眉毛完全抬高则表示"难以置信"，半抬高则表示大吃一惊，正常状态则表示不作评论。

3. 眉梢上扬

在生活中，如果我们看到对方眉梢上扬，那表示对方是一个喜形于色的人，而此时此刻，表示他的情绪处于愉悦之中。在这时如果跟对方说一些具体的事情，那势必会成功。

4. 眉心舒展

在交谈过程中，如果对方眉心舒展，那表示对方心情坦然、愉快。当然，如果对方眉心紧缩，那表示他正出于忧虑之中，或正处于犹豫不决之中。

心理启示：

在生活中，许多情绪的表情反应，都包括了眉毛和眼睛的组合，比如不高兴、威胁、忧虑，等等。这些产生于内心的情绪，都会一一在眉毛上烙下痕迹，比如在高兴时，眉毛会上扬，眉心舒展，随之出现的表情还有笑容。当一个人呈现出眉飞色舞表情的时候，其内心的喜悦之情尽呈现在了脸上。

第六节　嘴角上扬透露出对方的欣喜

有时候，内心喜悦的情绪并不会如实地呈现为一个完整的微笑，也很有可能只是微笑的某个部分，也就是某个器官所表露出的表情，就好像皱眉表示心情忧虑一样。同样的道理，当一个人开心的时候，他内心的欣喜情绪有可能只会牵动嘴角，或许，仅仅是一个嘴角上扬的动作就表示了开心的全部情绪。在生活中，看到有人笑，并不一定就表示其很开心，但若是看到对方嘴角上扬，则可以透露出对方内心的欣喜。

胡校长是一个不苟言笑的人，每天都是板着一张脸，这使得所有的学生和老师都对其敬畏三分。胡校长知道是自己的面无表情所造成的影响，但是，他不解释，也不改变，以此树立自己作为校长的威信。

这天，一个调皮的学生正在乱扔垃圾，当场被胡校长抓住了。这个学生心想：惨了，这回肯定会被狠狠地批评。果然，只见胡校长冷着一张脸走过来了，他开口说道："为什么将垃圾乱扔呢？学校没垃圾箱吗？"学生心想，反正是惩罚，还不如胆子放大一些。他回答说："不是我不想把垃圾放在垃圾箱里，而是学校的垃圾箱放得位置不合理。"胡校长并没有生气，饶有兴致地说："你倒说说看，怎么个不合理法？"学生振振有词："你瞧，我从食堂出来，走了那么远的路，也没见到一个垃圾箱，我难道要拿着垃圾走那么长的时间吗？遇到没有耐心的人，肯定会乱扔垃圾。"

胡校长没说话，只是嘴角稍微上扬，聪明的学生捕捉到了这个细微的表情。他知道胡校长其实并不严厉，于是，他试着说："其实，我还想给校长您提一个意见。"胡校长的口气已经变得温和了："你想给我提什么意见？"学生抬起头说："其实，我的意见就是您应该多笑笑，您总是这样板着一张脸，一点也不好看。"听了这样的话，胡校长那嘴角的弧度加大了，上扬得更厉害了。

可能有人会说，既然笑容是可以伪装的，那"嘴角上扬"这个动作也是可以伪装的。其实，事情并不是我们所想象的那样。当我们在伪装一个表情的时候，为了不让自己露出破绽，往往会费一番功夫，或将自己的脸夸张地挤成一团，或将眼睛眯成一条线，在人们看来，这就是标准的开心时的表情。但仅仅是嘴角上扬这个细微的表情，恰恰是伪装不出来的，因为太过细微，那才是发自内心的流露，也就是我们所说的"微表情"。假如说通常的那些表情都是可以作假的，那这个"嘴角上扬"的微表情才是最真实的。那是由于发自内心的表情恰恰是最细微、最不明显的，它可以将原本完整的笑容简化为一个"嘴角上扬"的动作。

心理启示：

当一个人内心涌动着兴奋、激动情绪的时候，迫于环境，在潜意识里，他可能会有掩盖真实情绪的冲动，他可能会装得面无表情，或只是以正常的表情示人。但是，其内心的真实情绪，还是会通过某个器官泄露出来，比如当抑制不住的情绪偷偷地溜出来，嘴角自然上扬，这就是喜悦的表情。所以，在生活中，当我们需要观察对方的真实情绪是否是保持开心的状态时，你不妨观察其嘴角是否上扬，这样可以帮助我们更准确地揣测出对方的真实情绪。

第七节　毫无笑容，也能抓住他人窃喜的微表情

有时候，当一张脸上毫无笑容的时候，是否可以判断这个人处于开心的情绪中呢？答案是肯定的，因为即便他将自己的情绪掩饰得十分成功，所谓"百密仍有一疏"，越是面无笑容，笑容越藏于其中。开心的情绪是涌动的，这是一个极端的表情，一般缺少技能训练的人，是难以掩饰这一类型的情绪的。开心跟悲伤一样，这样的情绪由内而外不断涌动，即便能保持面无表情，但若是不注意，还是难免会露出端倪。也就是说，即便对方毫无笑容，我们也可以抓

住对方窃喜的微表情。

在蛋糕店里，小安是一位平凡得不能再平凡的女孩子，扎着长长的马尾，清秀的脸庞，但遗憾的是，这样一个清秀可人的女孩子却不怎么喜欢笑。她觉得，每天面对那些挑剔的客人已经够烦了，她的脸似乎僵硬了，偶尔无奈的情况下才会露出僵硬的笑容。

不过，最近小安好像变了一个人似的。那天早上，平时总是到上班时间才到店里的小安竟破天荒地早来了。看着同事们惊讶的目光，小安倒是忍耐得住，她还是往常一样的表情，只是在说话时，多了一种欢快的语调。换上了工作服，小安的手机响了，她急忙拿着手机去了里面的房间，悄声说着话，虽然脸上毫无笑容，但眼角隐隐出现了零碎的细纹，眼睛闪着光，就好像有星星在里面跳动一样。同事开玩笑："小安，什么事情啊？"小安一本正经："我能有什么事情？"同事一脸坏笑："看你那样子，就知道肯定有什么好事。""才没什么好事呢，赶紧上班吧。"小安说了两句，就去忙着摆弄货品了。

快要下班的时候，对面广场传来了一阵响亮的音乐，那是一首很老的歌曲。没想到，一边打扫清洁的小安竟跟着音乐的旋律哼了起来，脸上虽说没什么微笑，但总觉得笼罩着一种说不出来的喜悦。

人们总是喜欢做一些聪明反被聪明误的事情，当他们想要掩饰一些情绪的时候，便想到一定不要露出这种情绪所呈现出来的表情，比如当开心时一定不能笑，当悲伤时一定不能哭。但越是这样，内心的情绪被极力压制，难免会从一些缝隙中跑出来；你越是强忍着，就越容易泄露内心的真实情绪。当我们的内心已经很兴奋时，即便我们百般掩饰，那些开心的情绪还是会顺着眼睛、嘴角、眼纹、语音、语调等以各式各样的方式呈现出来。在这种情况下，即便人们装得一点微笑都没有，但那种窃喜的微表情还是会被别人发现。

心理启示：

　　毫无笑容的一张脸，其开心的情绪有可能会在眉眼中，有可能会在嘴角边，有可能会在欢快的脚步声中，有可能会在娇嗔的语调中。总而言之，即便一个人掩饰得再好，但其内心真实的情绪都会通过某些表情器官呈现出来，有可能是一闪即逝，有可能只是细微的表情，假如我们在观察一个人时能具备火眼金睛，对每个细微的表情都做到细致观察，那一定可以抓住对方隐藏其中的微表情。

第4章　愤怒情绪，微表情让你感知到对方心生怒火

鲁迅在《华盖集·杂感》中说："勇者愤怒，抽刃向更强者；怯者愤怒，却抽刃向更弱者。"在这里，愤怒，指的是因极度不满而情绪激动到极点。通常是指自己的愿望难以实现或为达到目的的行动受到挫折时引起的一种紧张而不愉快的情绪。愤怒，是一种原始的情绪，它在动物身上是与求生、争夺食物和配偶等行为联系着的。

第一节　感知到对方燃烧起来的愤怒火苗

在人类的成长过程中，愤怒这种情绪出现得比较早。据说，出生3个月的婴儿就会有愤怒的表现，其原因在于限制了婴儿探索外界环境。比如，我们约束婴儿身体的活动，强制婴儿睡觉，限制他的活动范围，不给他玩具，等等，这些都可以引起他的愤怒。当我们面对一个出生不到3个月的婴儿，依然可以感知到其内在的愤怒情绪，通过其愤怒的表情，诸如哭闹、手足舞动等，我们就可以判断他在发脾气。当然，在成年人身上，愤怒依赖于人已形成的道德准则，这差不多算是道德范畴。由于愤怒的强度和表现与人的修养有着密切的关系，因此，这给我们判断对方是否处于愤怒情绪带来了极大的难度。因为在这样的情况下，即便是一个面无表情的人，也可能内心燃烧着熊熊怒火，对此，我们需要察言观色，及时抓住对方愤怒的微表情，以此感知到对方燃烧起来的愤怒火苗。

清朝时，一位新上任的县令，初次去拜见上司，想不出该说什么

话。沉默了一会儿，忽然问道："大人尊姓？"这位上司很吃惊，勉强说了姓某。县令低头想了很久，说："大人的姓，百家姓中没有。"上司更加惊异，说："我是旗人，贵县不知道吗？"县令又站起来，说："大人在哪一旗？"上司说："正红旗。"县令说："正黄旗最好，大人怎么不在正黄旗呢？"上司勃然大怒，问："贵县是哪一省的人？"县令说："广西。"上司说："广东最好，你为什么不在广东？"县令吃了一惊，这才发现上司满脸怒气，赶快走了出去。不久，这位县令便被借故免职了。

看完这个故事，我们不禁为那位愚蠢的县令捏一把汗。在整个对话过程中，我们是可以感知到上司愤怒情绪的，诸如"吃惊""勉强说出了姓某""更加惊异"，直至最后的"勃然大怒"。其实，愤怒的情绪从产生到爆发，是一个由浅到深的过程，在前面的几次对话中，如果县令懂得察言观色，及时地感知到上司的怒火，那他也不至于落到了免职这样的下场。

通常一个人愤怒的情绪的外显表情是以下几种：

1. 脸色的变化

一个人处于愤怒情绪中，但因情境逼迫，又不好当场发作，他会强忍着这种愤怒情绪。这时因内心情绪的强行积压，难免会给其脸色带来影响。当一个人在强忍怒火的时候，其脸色是紫色的，我们常说"脸都涨成了猪肝色"，实际上就是这个道理。

2. 声调的变化

当一个人情绪处于正常情况时，他的声音是不高不低，就好像一条平静流淌着的河流一样。但如果他遇到了一件非常愤怒的事情，那他声调可能会突然拔高一个调子，就是声音突然大了起来。当然，也有人在越是生气时，声调越是平和沉静，这时我们就需要从其他微表情入手了。

3. 姿态表情

一个人在愤怒时，通常还会伴随着一系列姿态表情，比如一个人生气时先是呵斥几声，然后脸红脖子粗，继而拍桌子叫板，这是大多数人在生气时的拿手好戏。因此，当我们发现其姿态表情有异样的时候，就需要注意了，有可能对方正在愤怒中。

心理启示：

在日常交际中，我们需要具备一双火眼金睛，不仅如此，还需要我们心细如发。当我们看到对方的神色有异，或是捕捉到其特别的微表情，就应该加以揣测，及时想好回应的方式。否则，对方已经在生气了，我们还丝毫不知情，这样就给我们的交际带来很大的不便。

第二节　了解怒火燃烧的根源

愤怒，指的是当愿望不能实现或为达到目的的行动受到挫折时引起的一种紧张而不愉快的情绪。当来自外界的负面刺激的力度升级，超越了厌恶情绪的极限，让当事人感到威胁的时候，就会激发出内心深处的愤怒情绪。愤怒情绪的特征是有攻击性，愤怒者会试图去除或消灭刺激源。同时，愤怒时的表情大概是这样子的：上眼睑提升，下眼睑紧绷，眼睛瞪得越大表明内心愤怒情绪越强，愤怒时通常还配有眉毛的下压。

那么，怒火燃烧的根源在哪里呢？——威胁

1. 抽象的威胁

当然，并不是单纯的形态上的威胁，诸如口头警告、有人拿着武器恐吓，更多的是抽象的，也就是当事人主观认为可能会造成伤害的情景。愤怒者会对刺激源能否形成威胁进行评估，假如认为威胁经过自身努力可以消除，那么就可能心生愤怒；假如没有消除的念头和信念——恐惧，那就只会厌恶。

2. 驾驶的愤怒

所谓驾驶的愤怒，也就是事故会造成定损，这会直接影响后面一段时间正常生活的安排。

3. 自由受限

当一个人的自由受到限制之后，他就会心生愤怒，比如青少年被父母强行锁在房间温习功课。本来青少年可能会想和朋友出去玩，但父母这一举措却将自己美好的愿望破坏了，因此他会感觉到异常愤怒。

4. 利益斗争

人们因为利益斗争，也会感到很生气。当然，利益本身只是表象，利益受损所代表的未来威胁才是核心问题。

5. 自己被否定

当自己被直接否定，被人说："你太差了！"诸如这样的话，或遭人轻视、轻蔑、不屑，以及基于轻视所表现出来的挑衅、不尊重等多种形式。也可以引发愤怒的情绪。

总而言之，我们可以将愤怒的刺激源总结为对所关心之事的威胁，而且，这样的源头可以追溯到原始时代对生存和繁衍的威胁。这是科学的解释，在日常生活中，我们应该及时找到自己愤怒的根源，想必我们都明白这样一个道理：阻止大火向四处蔓延的唯一有效方法是，彻底消灭火源。在这个世界上，并没有无缘无故的气，它始终是源于一个点。心理学家认为，一个人心中的怨气是一点点郁积起来的，或许，在刚开始，我们的心情只是稍微有点不愉快，但是，如果这时候再遇到一系列令人头疼的事情，这样的情绪就会升温，火势开始迅速蔓延开了，最终所形成的结果无疑于"火山爆发"。因此，找到"怒火源"真的十分重要。

心理启示：

在怒火攻心的时候，我们应该静下心来仔细想想：心中的怒气从何而来？那越来越强的怒火，自己是否找到了破解的方法呢？对此，心理学家建议我们：破解怒气的关键是，一定要找到怒气的根源在哪里。有可能是一件微不足道的小事，有可能是恶性循环的情绪反应，后者往往是愤怒和压抑所累积的结果，所爆发出来的力量是强大而惊人的。在这样一种恶劣情绪下，即使见了与自己并没有直接关系的事，或许只是不喜欢某一个人的行为举止，就有可能会动怒。当然，要想找到"火源"，我们必须平静下来，这样我们才能更好地浇灭"火源"。

第三节　愤怒的眼神会透出锋利的光

有人刻画了这样一个饱满愤怒情绪的表情：双眉下压，紧皱；怒视，上眼睑提升剧烈，下眼睑紧绷；嘴巴用力张大，上唇紧绷拉伸，露齿；下巴降低；鼻翼提升，露出上齿，鼻孔扩张。在这段描写中，对于愤怒时眼神的字眼只有短短一句话"怒视，上眼睑提升剧烈，下眼睑紧绷"。或许，我们无法在脑海中刻画出这个形象，但读过武侠或侦探小说的人都不会忘记这样一句话"他那杀死人的眼神"。愤怒的眼神是极具杀伤力的，因为会透露出锋利的光，在武侠小说里，有人用眼神杀人，想必就是愤怒的眼神。

在面部表情中，眼神是最能传情达意的。不管是喜悦，还是悲伤，透过眼神都可以摸清其内心的真实情绪。其实，愤怒也是一样的，当一个人在愤怒的时候，即便由于修养的关系，他会强压心头怒火，但眼神会出卖其内心。在职场的一些场景中，我们只是看到镜片后老板犀利的眼神，就知道他定是在生气，自然不敢再动声色了，这样的生活案例其实就是典型的微表情。

那么，愤怒的眼神是如何形成的呢？那锋利的目光到底从何而来？

1. 眼睑形态的改变

尽管上眼睑会在眼轮匝肌的收缩作用下被向下闭合，同时受到眉毛下压的阻力量，不过，上眼睑的提升动作依然会由上睑提肌协同完成。所以，当两股相反的力量在上眼睑皮肤上相互积压，改变了上眼睑的形态，就会形成一道褶皱重叠。

2. 锋利目光的形成

在通常情况下，人虹膜的上半部分会有接近四分之一被上眼睑盖住，不过，在愤怒的表情呈现中，因为上眼睑的大幅提升，会露出较大面积的虹膜上缘，尽管上眼睑受到这层褶皱重叠的影响而变形，不过我们可以猜测出，假如没有眉毛的下压而形成的皮肤褶皱，上眼睑会越过虹膜，且不会盖住虹膜上缘。而在上眼睑被强力提升的同时，下眼睑因眼轮匝肌的收缩，轻微地提升，变直而紧绷，这让愤怒的眼神更犀利。最后，当双眉下压、上眼睑提升、下眼睑变直紧绷同时出现的时候，那锋利的目光就会从眼睛中喷射而出。

3. 如何判断愤怒情绪的强弱

在生活中，有时候我们会发现某些处于愤怒状态的人，其愤怒表情并不会这样，看上去眼睛睁得不是很大，虹膜露出也不多。其实，形成这样情形的原因在于，他有可能只是有一点轻微的愤怒，程度并不强烈。因此，当我们需要判断对方愤怒情绪强弱的时候，关键不在于观察眼睛的大小或虹膜暴露的多少，而是观察眉毛、眼睑的形态组合。

心理启示：

当然，我们在上文中所描述的是愤怒表情所具备的基本条件，但并不意味着在现实生活中的愤怒表情每一项都会有这样的条件。在生活中，表情是千变万化的，这也是我们所不能详细描述的。我们只需要记住一点，当一个人在愤怒时，不管他如何掩饰，我们都可以从其愤怒的眼神中感到锋利的目光，以此调整自己的言行方式。

第四节　眉头微微蹙起表现其心中有怒

一个心中隐藏有怒气的人，其怒火还会蔓延在眉头之中。在生活中，我们经常看到发怒的人会有眉毛倒竖、眉角下拉、低眉等一些表情，其实，这也是当事者愤怒情绪的呈现。当一个人眉头微微蹙起，那表示其内心有怒火在燃烧。在愤怒的表情中，我们最容易忽视的微表情就是眉毛，大部分人会从脸色、音调、眼神、动作、鼻子等窥探出是否在发怒，他们往往忽视了最关键的地方——眉头。眉头是一个很容易隐藏真实情绪的地方，当一个人有意识地想要隐藏自己的情绪，假如只是隐藏在眉头，而在其他地方却是毫无表情，那我们在揣测其心思时也是很不容易的。基于眉头可以有效地隐藏真实情绪，在这一节里，我们就为你揭示眉头是如何隐藏当事者心中怒气的。

王经理是一位慈眉善目的老人，他很少发脾气，不，应该是从来没发过脾气，因为公司上上下下从来没见过他发脾气。他说话的口气总是那么温和，神色总是那样亲切，甚至还会面带微笑。不过，熟悉王经理的人，会特别记得他蹙眉的表情。

第一次见到王经理蹙眉的表情的，是公司的小职员小张。那天，小张正在收拾东西准备下班，王经理路过办公室就进来看看，他先是看了看产品陈列，然后看了小张所记录关于产品的笔记。小张有点得意，那可是自己熬了一个通宵才写成的，自己还打算啥时候拿着这笔记去向王经理邀功呢。可是，王经理看着看着，眉头就蹙了起来，摸不着头脑的小张细声问道："王经理，怎么了，这产品记录有问题？"王经理放下笔记本，那蹙起的眉头还没松开，他开口说："小张，听说这是你熬了一个通宵才做出来的产品记录书？"小张点点头，王经理继续说："我很佩服你这种忘我的精神，但是，在工作时还需要严谨，尤其是在数据记录时，一定要保持高度的精神集中，你应该知道，我们产品的正式生产就是以这些记录为依据，一旦你疏忽了，那定会酿成不可挽回的错误。所以，在加班的同时，还需要注意休息，这个笔记，你再仔细地检查一遍。"

听到王经理这样的话，小张好像感受到了什么，等他拿过笔记一细看，吓了自己一跳，原来自己把最重要的一个数据弄错了，也难怪王经理会蹙眉头，原来是心中有怒，不过，好在王经理修养比较好，不轻易发怒，因此自己才轻易地躲过了一劫。

在生活中，眉头间的表情也蕴含着当事者内心的真实情绪。比如，低眉是受到侵略的表情，双眉下压是"怒不可遏"的表情，眉头倒竖或下拉，那表示对方极端愤怒或异常气恼。

心理启示：

双眉下压是愤怒表情的一个明显特点，这出现在许多人的愤怒表情之中。生物学家达尔文认为，眉头下压表示遇到了麻烦，同时，他推测眉头下压可以在注视困难时减少炫光，随后演变为不管遇到什么样的困难都会出现的习惯性动作。确实，当我们处于厌恶、困惑、为难、深思等这些情绪中时，我们的双眉就会不自觉地下压。

当然，单单是双眉下压，这还不能完全确定为愤怒形态，还需要观察对方眼睛是否睁大。当双眉下压，眼睛睁大时，就会自然而然地形成愤怒的表情。

第五节　双唇紧闭是在抑制自己的愤怒

当情境已经处于冷场状态，而当事人紧闭着双唇，这表示一种什么情绪呢？如果你足够熟悉愤怒的情绪，那自然可以很快地将之归结为"愤怒"。或许，有人表示很费解，当一个人在愤怒时肯定会张口骂人，而在之前，我们也曾说到过愤怒的表情包括"露出牙齿"，为什么紧闭双唇也算是愤怒呢？在这时，我们说紧闭双唇是正在抑制愤怒的情绪，并不是否认之前所说的"露出牙齿"是愤怒的表情这个说法。

只是凡事都会有例外，而且，每个人的愤怒情绪的呈现方式也不一样，有的人在生气时会想要骂人，但也有人在生气时只想紧闭嘴唇，什么话也不想说，并不是他不想骂人，而是他在控制自己内心的愤怒情绪。所以，在生活中，如果遇到一些紧闭双唇的人，不要认为他们不想说话，这个想法有可能是错误的，因为有可能他正在强忍内心愤怒的情绪，在他周围，贴着"不要靠近我"的标签。

紧闭双唇，嘴部形态直接取决于三种肌肉，口轮匝肌、降口角肌和颏肌，这三种肌肉有收缩的作用，可以让上下嘴唇挤在一起。在紧闭双唇这个动作中，提上唇肌和降下唇肌并没有参与其中。撅嘴表示否认、勉强、为难、悲情，这是颏肌和降口角肌共同收缩的结果，口轮匝肌保持松弛。不过，假如口轮匝肌也参加到收缩动作中，那就会增加嘴唇闭合的力度，力度轻了就表示内心不悦，力度重了则表示否认的意义更加强烈，这便是抑制愤怒的状态。当他想要张嘴骂人的时候，就需要更大的力量来管住自己，不断告诉自己紧闭双唇才是最好的办法。

在愤怒时，紧闭双唇是如何的表情呈现呢？

（1）上唇提升，由于提上唇肌和上唇鼻翼提肌的作用，鼻翼提升，鼻翼两侧出现沟纹；

（2）下唇向上，与上唇紧紧抿在一起，嘴唇变薄，拉伸成为直线，下唇突出；

（3）由于颏肌的作用，下巴的未知的肌肤隆起且不平坦；

（4）由于降口角肌的作用，嘴角下唇严重，这时的表情与抿嘴微笑的情况恰好相反，就好像嘴里憋着气，实际上也是这样，不过，所憋的是"怒气"。

🔑 心理启示：

在生活中，人们愤怒的表情通常会受到道德的约束，以及社交规则的制约。否则，我们在愤怒时也会像动物那样对刺激源发出吼叫的声音，甚至有可能发生肢体的进攻动作。动物之所以有这样的行为，那是因愤怒情绪而被积压起来的巨大能量需要找个出口发泄出去，这样才能保持身心平衡。当然，这是大多数动物才会采取的粗鲁行为，由于文明的不断渗透，人们在愤怒时往往会强忍怒火，紧闭嘴唇，以免自己出口伤人，出手伤人。

就我们自身情况而言，除了对最亲的人或者搏斗的敌人之外，平时我们生气了也不会随意张口乱骂。在大多数情况下，只是紧闭双唇，憋着一口怒气，等待事情的完结。当然，这样的状况是危险的，因为愤怒的情绪随时会爆炸，而且，由于紧闭双唇，脸色会变紫，面孔看起来像是异常愤怒的样子，这足以让对方感到恐惧。

第六节　脸部肌肉的紧张暗示了他的愤怒

如果我们只关注一个人的下半张脸，观察其鼻子周围和嘴部的形态，那是没办法判断对方的表情和情绪的。比如，由于其上嘴唇没有明显提升，所以鼻翼也没有被提升，鼻翼两侧和脸颊两侧也就没有直接挤压形成的沟纹。尽管，有时候我们难以从这些细微的表情中判断对方是否在愤怒，不过，除了这些，我们还可以注意其脸部的肌肉是否紧张。当憋在嘴里的怒气在里面乱窜，自然而然会引起肌肉的紧张或收缩，这时如果我们仔细观察，就会发现其脸颊的肌肉在微微颤抖，而这恰恰暗示了他的愤怒。

小媚的男朋友是典型的暴脾气，他是属于那种脾气来得快也去得快的人。男朋友愤怒的样子是最吓人的，小媚一直是这样认为的。而让她感到最恐惧的一次是前不久的那一次，我们来听听小媚是怎么描述的：

那天我在家里上网，闲来无事，就跟一个旧识聊了起来。没想到，正聊得火热的时候，男朋友小军来了，他打电话时已经在我楼下了。我很意外他竟然会来看我，而让我更意外的是，他竟然给我买了那个我早已看中的包包，还有一大袋零食。平心而论，他对我算很好了。可就在我来不及高兴的时候，他一眼瞅到了我的聊天记录，因为是旧识，所以说话毫无顾忌，开开玩笑很正常。但男朋友很小心眼，马上脸色就变了，低头就将屋子里的垃圾桶踢倒了。

我自知理亏，没理会。没想到我越是不说话，他越是坐不住了。他开始说："我不知道大老远来看你干什么，还给你买礼物，你呢？却在这里跟网友聊天！"他说话越来越难听，我忍不住辩解，但我越是说，他越是生气，就在我说话的时候，他突然睁大眼睛看着我，脸部的肌肉不停地颤动，嘴角有牵动的痕迹，这副样子吓坏了我，甚至让我忘记了该说什么。我愣了一下，突然清醒过来，我知道他在极力克制着愤怒的情绪，我也知道我该沉默了，否则，他会忍不住出手打我。

虽然，我们一再强调愤怒的情绪呈现主要在于眼睛和眉毛的形态。比如，当一个人的怒气开始散去，他嘴部就会变得松弛，不过，因为愤怒的刺激源依然存在，因此眼睛依然可以强烈地表达愤怒情绪，就面部表情而言，愤怒的程度还是比较严重的。但不管愤怒的表情关键在于什么，它所能带给我们的威慑力依然是存在的。

心理启示：

我们可以想象一个人脸部肌肉紧张的样子，估计他已经气得全身发抖了，甚至连面部肌肉都开始颤抖了，这暗示着当事人的愤怒情绪已经到了极点了。当然，这样的细微表情还需要我们就近观察，但恰恰是近距离观察，绝对能给我们内心震慑的感觉。这样强忍怒火，让肌肉紧张的情绪状态，比张嘴骂人，甚至出现肢体上的攻击行为更可怕。毕竟，所能够表现出来的愤怒行为，那还可以接受的，但隐藏在紧张肌肉里的愤怒，不知道它何时才会爆发，那才是最恐怖的。

第七节　按阶段，愤怒的面部颜色与动态不同

愤怒，它是有阶段性的，从轻微不满、怒、激愤到大怒，在不同的阶段，愤怒的面部颜色和动态都是不同的。在生活中，我们应该从来没看到过谁一下子就变得愤怒起来，在这之前，还应该有一个过程，有一个从轻微到严重的阶段。可能，刚开始，他只是对这件事感到轻微不满，只要稍作解释，应该是可以平息怒气的。但情况或许没有朝着这个方向发展，既没有解释，也没有安抚，渐渐地，轻微的不满开始转为怒，心里的怒火已经开始燃烧了。到后面，情况越来越遭，但还是没有任何的解决办法，这时愤怒到了一定的阶段了，火势到了蔓延的程度。如果这时不及时消除怒火，那最终会燃起熊熊大火。这就是怒火的一个生动而形象的发展过程。

袁世凯窃取了辛亥革命的胜利果实，掌握了中华民国临时大总统权力后，整天做着自己的皇帝梦。一天，袁世凯正在午睡，一位侍婢端来参汤，准备等袁世凯睡醒后给他喝。谁知这位侍婢在进门的时候，一不小心差点摔了，虽然把自己身子平衡住了，但却将手中珍贵的羊脂玉碗打翻在地，化为碎片。玉碗的破碎声惊醒了袁世凯，他一见自己心爱的羊脂玉碗被打得粉碎，气得脸色发紫，大声吼道："今天俺非要你的贱命不可！"

在这关键的时刻，婢女连忙跪着哭诉："这不是小人之过，婢女有下情不敢上达。"

袁世凯大骂道："快说快说，看你死到临头，还能编出什么鬼话。"

侍婢哭着回答："小人端参汤进来，看见床上躺的不是大总统。"

"混账东西，"袁世凯更加怒不可遏，"床上不是俺，能是啥？"

"小人不敢说，怕人哪！"婢女哭声更大了。

袁世凯气得陡然立起，咬牙切齿地说："你再不说，瞧俺不杀了你！"

"我说，我说。床上，床上……床上躺着一条五爪大金龙！婢女一见，吓得跌倒在地……"

袁世凯一听，心中不由一阵狂喜，心想：原来自己真的是真龙转世，一定会登上梦寐以求的皇帝宝座的。顿时，袁世凯怒气全消，还拿出厚厚的一沓钞票为婢女压惊。

看来，袁世凯的脾气并不太好，在这个故事中，我们只分析其"愤怒"的过程。刚开始，袁世凯看见自己心爱的羊脂玉碗打碎了，气得"脸色发紫，大吼"，当婢女在哭诉的时候，他依然"气得大骂"，听了婢女的半句解释，他更加"怒不可遏"，因婢女不敢说，袁世凯"气得陡然立起，咬牙切齿"。这个过程，简直是像一幅生动的画卷，把一个人从微怒到震怒的过程刻画得淋漓尽致。

心理启示：

在愤怒的阶段中，当事者的面部颜色与动态是不一样的：轻微不满的时候，或许只是皱眉，面露不悦，脸色除了有一点阴郁并无异常；怒，脸色变紫，紧闭双唇，强忍心中的怒火；激愤，脸红脖子粗，一边拍桌子，一边骂人；大怒，卷袖子，露出臂膀，势必要大干一架才收手的架势，有强烈的攻击倾向。

第5章 惊讶表现，微表情告诉你对方正处在惊讶中

生活中，当我们遭遇意外刺激的时候，会在接收到刺激信息的那一刹那，在那非常短暂的一瞬间，停止一切活动，抬起头，睁大眼睛，眉毛抬高，轻微地张开嘴巴，这就是惊讶的微表情。在本章里，我们透过一些微表情来判断对方是否正处于惊讶中。

第一节 惊讶，感受对方目光中的不可思议

惊讶，也就是惊奇、惊异的意思。惊讶，它应该是先从眼睛开始的，因为只有眼睛看到了某些意外的场景，我们才会露出惊讶的表情。因此，在"惊讶"这个表情中，我们可以感受到对方目光中的不可思议。

假如没有特别意外的场景出现，我们眼里是不会露出惊讶表情的；假如生活中的那些事情是按照正常秩序发展的，我们也不会惊讶。可以让我们露出惊讶表情的，那定是意想不到的事情，就是我们想破脑袋也想不出来的事情。这样的事情被我们称之为意外的刺激，一旦大脑接受到这种信息，那我们本来正常的目光会变得不可思议，与此同时，我们还会摇动自己的头部，以此配合"不可能""不可思议"的表情。当我们在一个人眼睛中看到了不可思议的目光，那就可以断定，这个刺激源是他没有想到的，引起了他的警觉，这样的刺激源是有分析价值的。

小月是公司的总经理，从大学毕业到现在，她一直供职于这家公

司，从一个普通的小职员坐到了公司总经理的位置，这对于小月而言本身是很不容易的。相比较那些依靠关系进公司来的公子小姐们，她更珍惜自己现在的一切。

然而，在公司周一的例会上，她却意外地遇到了一个人。在开会之前，董事长就把小月叫到了办公室："今天我们公司来了一位新同事，未来你和她就是咱们公司的左膀右臂，我希望你们能好好相处，争取把公司做好做大。"小月点点头，不过，她没有想到，这位即将到来的同事就是自己昔日的好友——娜娜。当董事长将娜娜介绍到自己面前时，小月眼睛睁得很大，目光里满是惊喜，没想到毕业这么多年以后还会再见到昔日的朋友。而娜娜的目光也满是不可思议，她没想到，昔日自己曾经看不起的那个"农村丫头"竟然成为了公司的总经理。伴随着不可思议的目光，娜娜不自觉地摇摇头。不过，两人那惊讶的目光只是一闪即逝，随后便是一个会意的微笑。

在两人碰面的一刹那，彼此目光中都满是不可思议，但两人目光中的含义却是不同的。小月所惊讶的是，竟然在多年以后还能见到自己昔日的朋友，那是一种惊讶和喜悦的复杂情绪；而娜娜觉得不可思议的是，自己曾经看不起的"农村丫头"竟然成为了公司总经理，这是纯粹的惊讶情绪。

心理启示：

当一个人的内心涌动着惊讶的情绪时，最呈现出这种情绪的应该是其眼神。不可思议的目光、扩张的瞳孔，都使得整个表情看起来更生动、更形象。眼神所传递出来的信息是复杂的，同时也是最直接的，因为清澈的眼神是不会欺骗人的。因此，如果我们想判断对方是否正处于惊讶的情绪中，那首先应该观察其眼神，看是放射出不可思议的目光，继而再判断他是否处于惊讶之中。

第二节　惊喜的表情尽在眼角眉梢和嘴巴

　　惊讶情绪所产生的刺激源十分简单，也就是当事人所关心的意外变化。由惊讶和喜悦所组成的复杂表情——惊喜，简而言之，也就是意外之喜。我们先来剖析惊讶情绪的表情呈现：额肌充分收缩，双眉大幅度提升，通常情况下，年龄大的人，其前额会产生水平的皱纹，而年纪较轻的人，前额可能平坦，没有皱纹；上睑提肌收缩，在额肌收缩的共同作用下，使得上眼睑大幅度提升，眼睛睁大，露出虹膜上缘的眼白部分；嘴巴不自觉地张开，配合一次快速吸气，只有下唇在下颚的带动下自然向下轻微张开，嘴唇表面皮肤不会变紧，不向两侧拉伸。这就是惊讶的表情呈现。

　　至于喜悦的表情，我们在前面已经详细描述过了。结合惊讶和喜悦情绪的表情呈现，我们可以得出惊喜情绪的表情呈现：上眼睑的上提和虹膜上缘的充分露出，证明了惊讶情绪的存在，同时面露笑容，表示对于意外之喜的喜悦之情。如果用文字解释，那就是：在不足一秒的快速惊讶之后，发现刺激源是积极的，且力度很大，可以让人产生强烈的满足和愉悦，这就是惊喜。实际上，惊喜的表情关键在于眉梢和嘴巴：眉梢上扬，表示内心的喜悦；嘴巴轻微张开，表示惊讶。

　　　　晚上八点，小雯无聊地摆弄着手机，有一句没一句地跟远在老家的男朋友聊天。男朋友发来信息："你在干嘛呀？"小雯没好气地回了一句："无聊啊。"发完了信息，索性躺在床上微闭着眼睛。
　　　　这时传来了一阵敲门声，小雯打着哈欠："谁呀？"门外没有回答，但放在一边的手机却响了起来，小雯拿起手机，一看是男朋友，他打电话干什么呢？接了电话，只听男朋友说："宝贝，开门。"小雯一个箭步跑过去，拉开房门，发现满脸疲惫的男朋友站在门外，小雯嘴巴微张着，眼里满是惊讶：你怎么会在这里呢？男朋友双手递上玫瑰花，说了一声："亲爱的，情人节快乐！"小雯笑了，眉梢上扬，嘴角露出一丝微笑，一把搂住了男朋友的脖子。

　　在这个案例中，小雯惊喜的表情一展无遗：嘴巴微张、眼里满是惊讶、眉梢上扬、嘴角露出一丝微笑。本来，看到男朋友站在门外，小雯首先是惊讶：

远在老家的男朋友怎么会在这里呢？然后，看到男朋友递过来的玫瑰花，才知道男朋友不远千里来看自己，只是为了陪自己过一个情人节，在那瞬间，她内心有一种喜悦的幸福感在悄悄弥漫开，也因此才会露出这样的表情。

心理启示：

在惊喜情绪呈现的时候，眉梢的表情先是绷紧，然后是舒展开，眉梢上扬。相对于这样简单的表情转换，嘴部的动作就稍显复杂了。在看到意外之景的那一刹那，我们并不能判断这个事情是好还是坏，会不会带来什么麻烦。这时多年积累下来的经验就是先吸气准备好能量，在一瞬间的惊讶之后，假如这个事情是坏事，那就选择逃离或战斗，但这样的行为会消耗我们大量的体力，哪怕是表面不动声色，但脑子里也在飞快地想着到底该怎么解决；假如这是件好事，就好像案例中小雯所遇到的那样，在惊讶之后，就可能疯狂地冲上去欢呼雀跃，表达自己的惊喜之情。

第三节 解读对方难以想象的惊恐状

惊恐，也就是惊讶和恐惧的组合表情，这与惊喜是相反的表情呈现。就好像在上文中所说过的那样，看到出现意外的情况，我们并不能分辨出这个情况对自己是有利还是不利，至少在短短的几秒内是没有办法去分辨的。于是，我们会根据经验先深深地吸一口气，所以嘴巴会微张，同时，大脑在思考：如果这件事对自己不利，甚至会给自己带来威胁，那就选择逃跑或正面迎接，但假如真的要付诸这样的行为，肯定会大费周章，因此，在这时候可能保持面色不动，心里却在想对策。这就是惊恐情绪所产生的情境，惊讶之后会露出恐惧的表情，那定然是出现了对自己不利的情况了。

停电了，小慧摸索着进了储存室，也许在那里可以找到几支蜡烛呢。但偏偏让她感到懊恼的是，自己的手机竟然没电了，只好借着打火机微弱的火光前进，而且，不时因为烫到了手指还需要停一会儿，这样整个屋子又淹没在黑暗之中了。

终于打开抽屉了，记得几个月前买的蜡烛就是放在这个抽屉里，小慧已经迫不及待地想伸手去摸蜡烛了。但偏偏在这时，手指因被烫到，放手了，打火机一下子掉在了地上，这下好了，全黑了。小慧低下头，在地上摸来摸去，怎么也不见打火机的影子，到哪里去了呢？小慧一边自言自语，一边继续摸索着，忽然，她的手摸到了一个毛茸茸的东西，这是什么呢？小慧眉毛上扬，上眼睑上升，嘴巴微张。

这时，她的另外一只手摸到了掉在地上的打火机，"噗哧"一声，火苗燃了起来，她将光照到自己的那只手上，顿时，她眉毛低下来，眼睛睁得很大，强烈的恐惧感使得她退后了几步，她看清楚了，那是一只估计死了一两天的老鼠。"啊……"醒悟过来的小慧大叫了起来，慌不择路地跑出了储存室，连拿蜡烛的事情都忘记了。

当惊讶情绪呈现为表情的时候，小慧还是一种对未知世界的新奇感。这是什么呢？她大脑中有个问号，眉毛上扬，上眼睑上升，嘴巴微张。当她看清楚那是一只死老鼠的时候，顿时恐惧感袭来了。强烈的恐惧感竟使得她呆在原地，继而大叫一声跑出去了，浑然忘记了自己之前的目的。

心理启示：

惊恐，也就是在不足一秒的快速惊讶之后，发现刺激源具有压倒性的威胁，甚至可能直接对行为人的安全产生很大的伤害，这时会产生惊恐的情绪。这时我们会在对方的面部看到由惊讶转为恐惧的表情：先是眉毛上扬、上眼睑上升、嘴巴张开；然后是低眉，这是遭受威胁时的表情，眉毛上下挤压的形式，是面临外界攻击时典型的逃避反应。瞳孔张大，眼睛睁得更大，甚至目光中满是恐惧之感，由于担心自己因恐惧过度而喊出声来，有的人会不自觉地用手去捂住自己的嘴巴，似乎这样就可以安抚自己受威胁的内心了。

第四节　惊讶者会让自己的眼睛变大

　　生活中，我们所见过的惊讶表情肯定不会少，那些不同面孔所呈现出来的表情却是大同小异的，比如他们都会睁大自己的眼睛，似乎表示"不相信"。当我们听说某个传闻，但这个传闻却是出乎意料之外，那我们就睁大眼睛问道："不会吧？"似乎睁大了眼睛就可以让我们看清楚事情的真相到底是不是这样。实际上，眼睛睁大，这是惊讶情绪呈现出的表情之一，这并不是当事者故意要睁大眼睛，而是一种条件反射行为。

　　　早上，阿楠正打算进电梯，这时同事李云走了过来，拍了拍阿楠的肩膀，打招呼说："早啊，阿楠。"阿楠笑了，算是回了个招呼。

　　　电梯里就他们两个人，好像还没睡醒的阿楠似乎不怎么想说话。不过，李云却是有名的话包子，他神神秘秘地说："今天你们财务部要出大事了。"阿楠虽然不想理他，但还是忍不住好奇地问道："什么大事？"李云装出一副惊讶的表情，睁大了眼睛，张大了嘴巴，说道："你还不知道吗？"阿楠彻底被勾起了好奇心，不住地追问："到底出了什么事情？李云，你倒是说啊，别吊我胃口啊。"

　　　直到阿楠追问了好几遍，李云才慢悠悠地说道："你不知道吗？你的顶头上司就要被双规了。""双规？"阿楠忍不住睁大了眼睛，嘴巴微张开。过了几秒钟，阿楠恢复了正常，喃喃自语道："这不可能吧，应该不是真的。"这时，他的眼睛还处于睁大的状况，从电梯的镜子中，阿楠发现自己的眼睛睁得特别大，好像一点也没困意，哪像是刚从睡梦中起来的人。

　　人们在受到意外刺激的第一时间，会条件反射地睁大眼睛，这属于一种生理反应。在生活中，当我们听到或看到某些不可思议的事情时，惊讶的情绪会直接呈现为面部表情：额肌充分收缩，双眉大幅度提升；上睑提肌收缩，在额肌收缩的共同作用下，上眼睑大幅度提升，眼睛睁大，露出虹膜上缘的眼白部分。

在额肌和上睑提肌的共同收缩作用下，眼睛会睁得特别大。从表面上看，眼睛睁大其实就是眼皮之间的间隔增大，但其实所指的是眼球暴露的部分增大，增大到虹膜上缘的眼白都会露出。而一个人在正常的情况下，眼睛会放松下来，这时人的虹膜上缘会被上眼睑遮住四分之一左右。

在惊讶的时候，眼球露出那么多，这是由于眼睛为了获取更多的光线射入的本能反应。比如在不太光亮的环境中，如果我们想要看清楚某个东西，自然而然会睁大眼睛，而不是眯着眼睛。

🔑 心理启示：

综上所述，眼睛睁大是为了看得更清楚，希望可以获得更多的视觉信息，帮助自己判断刺激源的性质好坏，以及对自己的潜在影响。眼睛睁大的同时，眉毛也会抬高，这则是一种配合作用，是为了睁大眼睛而调动额肌参与到其中，从而使眉毛提升。假如仅仅使用上睑提肌提升上眼睑，这样很费力气，而且不能使眼睛睁大。相反，如果我们抬高眉毛，收缩额肌，这样睁大眼睛就会变得更轻松。

第五节　发现惊讶者克制自己受惊的表情

在某些特定情境下，人们在惊讶的那一瞬间，便想要掩饰自己受惊的表情，他们会不断地用其他的表情或动作来克制自己的表情，这时我们该如何去察觉呢？虽然，惊讶的表情并不具备任何的威胁性质，但是在某些特定的场合，假如被人发现自己所露出的惊讶表情，肯定会给某些人带来影响，这时作为当事者就会想法设法克制自己受惊的表情，让自己尽量保持在面色正常的状态。

　　小刚和梅子恋爱两年多了，不过，两人还没告知自己的父母。这不，最近两人打算结婚了，就邀请了双方的父母一起吃饭，顺便说说两人的婚事。

虽然，父母有些责怪为什么瞒着自己，但见到儿女寻获了自己的幸福，还是感觉很高兴。吃饭那天，双方父母都是盛装打扮，希望能给自己的孩子争得一些面子。小刚的父母先到了，他们不断地打量着梅子，小刚的父亲更是觉得这个梅子好像似曾相识，到底是在哪里见过呢？正在他思索的时候，进来两个人，当看到那位雍容的妇人的时候，小刚的父亲差点昏厥了过去，那是自己的初恋情人，一瞬间，小刚的父亲失神了。或许，察觉到别人的目光，那妇人也看过来，顿时，眼睛里满是惊讶和疑惑。但就一秒钟，两人的神色恢复了正常。

落座之后，经过孩子们的介绍，梅子的母亲才知道刚才那个盯着自己看的男人，也就是自己初恋男朋友的男人，竟然是小刚的父亲。一时之间，她竟无法言语。当小刚介绍自己的时候，她只是生硬的说了一句："你好！"她的双手紧紧地拽住自己的衣角，好像需要什么力量支撑一样。但她的脸色还算正常，只是脸上出了一些虚汗。

在这个案例中，梅子的母亲是怎么来克制自己的惊讶表情的呢：无法言语，生硬的语调，双手紧紧地拽住自己的衣角，好像需要什么力量支撑一样，脸上出了虚汗。当然，这些都是通过细微观察才能察觉到的表情差异，如果我们只是粗略地看一眼，估计不会察觉到对方正处于惊讶之中。

通常人们会以这些常见的方式克制受惊的表情：

1.用手捂住嘴巴

听到意外的事情，或看到意外的情况，之所以会用手捂住嘴巴，那是因为当事人担心自己在过度惊讶之余会尖叫出来，这势必会引起混乱。对此，他们就赶紧用手捂住自己的嘴巴，实际上也是克制自己的惊讶的表情。

2.假装表现得很不在意

当两个原本熟悉的人，迫于特别的情境却需要装作不认识，那他们才刚见面时的惊讶表情是必不可少的。而且，他们想要克制受惊的表情也是可以抓住的，比如他们会假装表现得很不在意，但语气、语调却十分僵硬，让人感觉是虚假的。

心理启示：

通常情况下，一个人惊讶的持续时间是很短的，都不会超过一秒。假如惊讶程度较强，表情的持续时间就会稍微长一些，不过还是不会超过一秒，而且出现很快，消失得也很快。当他们一旦了解到当前使自己意外的事物之后，就会马上恢复常态。基于惊讶表情持续的时间较短，因此我们更需要及时地抓住对方想要克制受惊表情的微表情。

第六节　不同情绪下的惊讶表情组合

表情组合，顾名思义，也就是两种或两种以上的表情组合到一起。这本身可以看作是一个复杂的表情，只是由于不同情绪的相继出现，从而呈现出一种复杂的情态。比如悲愤交加，当一个人在悲伤的时候，竟然出现了一件让他生气的事情，于是乎，原本悲伤的情绪有所消减，继而增加了一种愤怒的情绪，这样所呈现出来的表情也就是悲愤交加的表情。

对于"惊讶"这种典型的情绪，与其他不同的情绪也会有一些组合，下面我们就简单地介绍如下。

1. 惊讶转厌恶

惊讶与厌恶也可以组合成一个整体的表情，假如我们可以见到这样的表情，仔细观察其上眼睑形态，可以看到上眼睑线在眉毛的压力下，呈现出明显的转折。假如没有这条直线，上眼睑会提升很高，虹膜也会露出很多，这个微表情形态特征则表示了惊讶情绪的存在。厌恶表情的典型特征就是：皱眉、较深的鼻唇沟。一旦这个形态特征加入到惊讶中，都会出现惊讶和厌恶的这个组合表情。当然，在实际生活中，这样的表情是很细微的，并不会太明显，如果不仔细观察，也难以发现这是两种情绪的组合表情。

2. 惊怒

惊讶和愤怒两种情绪的组合表情呈现为：瞪大的眼睛，虹膜几乎全部露出。这是惊讶的微表情形态特征。然后仔细观察，我们会从中找到愤怒表情的影子：上扬的眼睑被下压的眉毛抵住，遮住了部分虹膜，且形成了厚的眼睑皮肤褶皱，也就是我们常说的"三角眼"的斜线。双眉下压和上眼睑提升的组合，这是愤怒表情的典型形态特征。如果有人在此时做出这样的表情，那我们会联想到一句常见的台词："你说什么？"

3. 惊讶转悲伤

在生活中，如果我们一不小心闯了祸，或者知道了不好的消息，就会从惊讶的表情转为悲伤。眉毛下拉，眼神哀伤，但眼睛睁大，虹膜露出大半，这是惊讶的微表情特征。双眉下拉，嘴角下撇，这是悲伤的微表情特征。比如，有个人一度曾迷恋上某款智能手机，一日因为用力过猛，手机从保护壳中应声飞出，结果，本来光滑的触摸屏上摔裂出了一簇簇玻璃碎纹，在这个瞬间，他脸上的表情就是惊讶转变为悲伤的经典过程。

心理启示：

通常情况下，组合情绪的表情呈现中，既会有前一种表情，也会有后一种表情的痕迹。我们在观察对方面部表情的时候，应该仔细地观察眉梢、嘴角、上眼睑等，不错过一个细微的表情，以此才能分析出对方处于哪两种交织的情绪中。

第七节　瞬间惊讶后体现的复杂表情及心理

在生活中，饱满的惊讶表情是异常少见的，人们总是会试图掩饰和掩藏自己的负面情绪，假如有过于直白的表情流露，这样就好比自己把内心所想的话说出来，这让自己在人前成为一个透明体，自己想什么，想做什么，别人都会一清二楚。因此，惊讶的表情往往是一瞬间的，不到一秒钟的时间，那惊讶的表情已经消失得无影无踪了。不过，仅仅是一秒钟的表情闪现，也可以从中体现出一些复杂的表情以及心理。

那么，在一瞬间的惊讶表情之后，所体现出人们的心理和表情到底是怎么样的呢？

1. 心理活动

当人们听到或看到一些意料之外的事情，最开始会出现惊讶的表情，但很快就会消失不见。即便只有不到一秒钟的时间，但人们的心理活动是异常复杂的，当受到了意外刺激，人的大脑会很快判断这个刺激源的性质和影响，假如在判断这个事情上停顿的时间过长，那肯定会延误了最佳的反应时机，比如在惊恐表情中，看到了可怕的东西，想要赶紧逃离现场。在这样情况下，人们会很快地掩饰自己的惊讶表情，毕竟，如果长时间地保持惊讶情绪，有可能会被人嘲笑："还没想明白吗？"而如果遭遇的是坏的刺激源，那长时间处于惊讶的表情，不仅会遭受危险，甚至会丢失性命。

2. 表情呈现

在现实生活中，更多的惊讶是部分面部肌肉形态的表现。

（1）中等惊讶表情。

中等惊讶表情是没有嘴配合的惊讶表情，这与饱满的惊讶表情相比，有两个地方需要我们仔细观察：眉毛抬得不是那么高，眼睛睁得不是那么大，不过，与正常状态相比，确实提升了眉毛，睁大了眼睛。嘴巴部分的动作，可能是非常轻微的张开，甚至不存在。不过，假如嘴唇没有分开，那么必然配合有鼻子吸气的动作，当然吸气的力度不足以让你看到颈部肌肉的紧张收缩。

（2）只有上眼睑的提升。

这种惊讶的表情呈现时，连眉毛的上扬都几乎不可见，只剩下上眼睑的提升。当事人主观控制的抑制，或者刺激源力度的不足，都可能导致眉毛部分没有明显提升变化，这就只能保留了上眼睑的提升。相反，假如单单是提升眉毛而保持眼睑不动，则会出现失神的样子。不过，我们可以确定，这样的表情形态，不是惊讶情绪的表现。

心理启示：

虽然惊讶情绪的表情呈现的时间是很短的，但人的心理的情绪持续时间却并非这样短，那是因为外在的表情掩饰只是为了做给别人看的，当事人或许只是出于某个目的才会想要掩饰自己的真实情绪。这时一个人的情绪与表情呈现是不统一的，有可能惊讶表情之后，其内心依然处于惊讶之中，而表情的闪现也会在很细微的表情之中。

第6章 恐惧流露，微表情透露了他不安的心

恐惧，这是一种人类以及生物心理活动状态，通常称为情绪的一种。产生恐惧的情绪，那是因为周围有不可预料不可确定的因素而导致的无所适从的心理或生理的一种强烈反应，这是只有人与生物才有的一种特殊现象。

第一节 透视恐惧心理与表情的根源由来

恐惧，也就是惊慌害怕，惶惶不安。从心理学的角度而言，恐惧是一种企图摆脱、逃避某种情景而无能为力的情绪体验。它主要表现为生理组织剧烈收缩，身体能量急剧释放。通俗地说，恐惧是因受到威胁而产生并伴随着逃避愿望的情绪反应。

早在一百多年前，著名的生物学家达尔文发现，哺乳动物的恐惧表情与人类的恐惧表情几乎是一样的。在恐惧的瞬间表现为："眉梢上扬、瞳孔扩大、眼光发直、嘴巴张大，无意识地惊声尖叫或呼吸暂停、憋气、脸色苍白、表情呆若木鸡。"更大的恐惧之后，人们会伴有肌肉的紧张发硬、不由自主地震颤、毛发竖立、全身起鸡皮疙瘩、毛孔张开、冷汗直流。同时，内脏器官功能亢进、肾上腺素分泌、血压升高、思维变慢或停滞，这就是我们常说的"吓傻"了。一些身体较弱的人还会出现短暂的昏厥，其心理机制是对恐惧情景的一种快速逃避反应，晕过去了，什么都不清楚了，恐惧感也就不存在了。有时候，人们在恐惧之后还会出现选择性遗忘，这是对恐惧体验的一种无意识压抑，只有在催眠状态下才能唤起这之前对于恐惧的回忆。

那么，诱使人们内心产生恐惧的因素到底有哪些呢？

1. 怕生

并不是只有孩子才会产生对陌生的恐惧心理，即便是一个成年人，在与陌生人接触的时候，也会存在一定的恐惧心理，他会担心陌生人的欺骗，甚至害怕对方给自己带来不利。

2. 恐物

有的人会对特定的物品表现出恐惧，有的人对巨大的东西表现出恐惧，有的人却对老鼠这样小的动物产生恐惧。甚至，有的人在坐电梯时也会心生恐惧，他们会担心电梯在运行的过程中会突然掉下来，或自己被困在电梯里，当然，这是一种对未来发生事情的担忧。

3. 突发事件

我们经历或目睹过某些突发事件，会给我们的心理带来强烈的震动。这种恐惧往往是深刻而持久的，十分强烈的刺激甚至可以伴随我们一生。经历突发事件后，人们在一段时间内表现得十分胆小，睡眠中可能会被突然惊醒，醒后依然恐惧不已。

4. 对鬼神与影视镜头的恐惧

我们在听别人讲一些神鬼妖怪的故事时，有时也会产生恐惧心理，假如对方在讲鬼怪故事时加上表情动作的渲染，那我们会更加害怕。还有在恐怖电影中出现的恐怖镜头，比如女巫、鬼怪、凶残画面和打打杀杀的血淋淋的镜头，这些都会使人们出现恐惧心理。

心理启示：

当然，人们的大多数恐惧情绪是后天获得的，恐惧反应的特点是对发生的威胁表现出高度的警觉。假如威胁一直存在，那人们目光凝视含有危险的事物，随着危险的不断增加，可能发展为不容易控制的惊慌状态，当恐惧感极其强烈时，还会出现激动不安、哭、笑、思维和行为失去控制，甚至出现休克的情况。在恐惧时，通常的生理反应是心跳猛烈、口渴、出汗和神经质发抖等。

第二节　恐惧心理及情绪的完全展现

心理学家认为，每个人在潜意识中都会或多或少地存在着未解决的恐惧冲突，比如对衰老和死亡的恐惧、对危险的恐惧、对失控或精神错乱的恐惧、对自我暴露的恐惧、对失去或改变的恐惧，等等。这些未解决的恐惧感会或多或少地影响我们内心情绪的和谐，且逐一呈现在面部表情中。恐惧情绪其实是由愤怒情绪发展而来的，通常而言，愤怒的情绪会让人产生反抗威胁的冲动。刺激源的力度尽管够大，不过在当事人的主观评估里，是可以通过战斗来改变或消除的。不过，一旦刺激源的力度超过了当事人的心理承受能力，愤怒将会转换为恐惧情绪。可以让人产生恐惧情绪的刺激源，同样会对当事人产生威胁，不过这种威胁更多的是针对生存，而且具有压倒性。

当然，只有在面对生死危机的时候，人类才会出现饱满的恐惧表情，其中包括三项最基本的典型特征：眉头向中间聚拢、上扬，眼睛睁大，张开嘴。其实，这样的表情呈现与饱满的愤怒表情十分相似，同样都是皱眉、睁大眼睛、张开嘴，从表面上看，这两种表情的特征差不多是一致的。

下面是饱满恐惧表情的肌肉运动和形态特征：

（1）皱眉肌收缩，双眉向中间皱紧，形成纵向皱眉纹。

（2）额肌中间收缩，向上提升两侧眉头，在额前形成倒U形皱纹。

（3）上睑提肌收缩，试图提升上眼睑，不过，因为眼轮匝肌和皱眉肌的反向运动受到抑制，在上眼睑的皮肤上形成对角线褶皱。假如没有受到抑制，可以分析出虹膜上缘会全部露出。

（4）提上唇肌和上唇鼻翼提肌共同收缩，提升上唇，露出上齿。

（5）颈阔肌收缩，将嘴角向两侧拉开，使嘴的水平宽度比正常状态更大。

（6）降下唇肌收缩，将下唇向下拉低，露出部分下齿。

最后，我们特别强调的是在饱满的恐惧表情中，其与愤怒表情的差异：双眉下压并紧皱，但如果仔细观察，会发现恐惧表情的眉头是上扬的，并在前额中形成倒U形细纹；虽然两者都是将上眼睑尽力提升，不过，由于眉毛用力方向的区别，导致上眼睑皮肤上挤压形成的褶皱角度不同；在嘴部表情上，虽然两者都是张开嘴，甚至有可能都是大喊发声，不过，如果仔细观察嘴张开的宽度和高度，两者会有细微的差别。恐惧表情中的口型，这是没办法发出犀利且具有威胁性的声音，而且，因口型不同，引发的鼻唇沟形状也是完全不同的。

心理启示：

当饱满的恐惧表情呈现时，通常会由深吸气配合，注意与表情配合的呼吸动作，这也是判断情绪的重要指证之一。此外，我们很容易把一些表情误以为是恐惧的表情。在恐惧的那一瞬间，由于还保持着对刺激源的警觉，还不确定悲惨的结果，因此，他的眼睛是不会紧闭的。像许多恐怖电影中出现的恐怖表情，诸如"紧闭眼睛、惊声尖叫"实际上这是因为人们心里已经猜到了最坏结果的发生，其内心已经开始产生悲伤情绪了。之所以会张口尖叫，那是为了缓解内心压力的一种本能行为，另外一方面也是希望通过自己高分贝的声音赶走那些可怕的刺激源。

第三节　恐惧程度的不同，情绪表情显现不同

恐惧的微表情包括了几种不同程度的衍生情绪，内心情绪程度的不同，所呈现出来的表情自然会不一样。按照情绪的饱满程度递增，依次可以列出担忧、不安、害怕、恐惧四种不同的状态。刚开始，接触到外界的刺激源的时候，或许只是担忧，这个刺激源到底是好还是坏呢？继而发现其中的一些信息，开始不安起来；接着，发现这个刺激源原来是极具威胁性的，他们会变得害怕；最后达到恐惧的状态。

下面，我们就按照恐惧情绪程度的不同，依次展现一些情绪表情的差异之处：

1.轻微担忧的表情

当一个人在轻微担忧的时候，他表情中只有眉毛和眼睛流露出了担忧的

情绪。眉毛没有大幅度提升，仅仅可以观察到眉头的上扬和眉毛的平直扭曲形态，眼睑整体自然，不过，上眼睑还是处于正常状态略高的位置，露出大部分虹膜。假如这时眉毛的提升和扭曲加剧，上眼睑进一步提升，那表情就有可能上升为不安，甚至是害怕。

2. 担忧的表情

一个人轻微闭紧的双唇，配合典型的恐惧双眉形态，就能够将担忧的表情呈现出来。紧闭嘴唇实际上是一种克制，皱眉表示内心的压力和关注，这时并不需要睁大眼睛，因为没有直接的刺激源需要捕捉视觉信息。担忧表情特征集中在两点：一是眉头上扬和扭曲的眉形，这表示心中有压力，不过不是厌恶和激愤，厌恶和激愤的眉形不扭曲；二是嘴唇紧闭，唇红部分隐藏，口轮匝肌收缩使嘴唇紧绷，嘴角处因降口角肌的收缩，也产生隆起，这表示压力的存在。假如眉毛形态和嘴唇形态紧张，那就可以判断当事人承受压力的神经状态，假如嘴部的紧张状态消失，那表示担忧的状态再度减轻。

3. 不安的表情

当情绪增强时，表情的形态特征也随之增强，比担忧程度更高的是不安，用"焦虑不安"可以很好地表达这种心理情绪。假如听到什么不好的消息，脸上出现的表情大部分就是这样。嘴的形态基本松弛，眉毛整体趋平，依然保持扭曲的状态，眉头上扬，不过程度稍微加重。皱眉肌引起轻微纵向皱纹，眼睛睁开的程度增加，不过并不夸张，上眼睑提升没有恐惧和害怕的表情中那么显著，不过，相比较正常松弛面孔中，虹膜上缘露出的面积要大一些。

4. 害怕的表情

害怕表情的典型特征：提升而扭曲的眉毛，以及警觉的眼睛。眼睛睁得越大，这表明心里越是害怕。在饱满的恐惧表情中，眼睑会试图扩张到最大的位置，以至于可以露出虹膜上缘的眼白，不过有时会被眼睑皮肤褶皱遮挡。尽管害怕的表情不会造成十分夸张的眼睑运动，不过观察眼睛的形态，依然可以确定害怕的程度。

害怕表情主要呈现为：眼眉的扭曲形态由皱眉肌和额肌中间共同收缩形成，眉头上扬；上眼睑向上提升，露出更多的虹膜上缘；提上唇肌轻微收缩，上唇提起，略微露出上齿；颈阔肌轻微收缩，将嘴角的两侧拉开，这样显得嘴的水平宽度更大。

心理启示：

恐惧的表情可以说是一瞬间形成的，但仅仅在这一瞬间，却是多个不同程度的微表情组成的。在每个情境之中，恐惧的程度不一样，所呈现出来的表情也就不一样。当我们在观察他人面部表情的时候，需要注重细微的差别，以此做出准确的判断。

第四节　诚惶诚恐透露出毕恭毕敬的表情

范晔在《后汉书·杜诗传》："诗自以无劳，不安久居大郡，求……奉职无效，久窃禄位，令功臣怀愠，诚惶诚恐。"对于"诚惶诚恐"这个词语，我们听得最多的是在古代，臣对君的一种尊称，比如"臣惶恐"。因此，这个词语最早是用于封建官员给皇帝上奏章时所用的客套话，表示敬畏而又惶恐不安。在现代，则形容尊敬、服从或泛指心中有愧而恐惧不安。与此意义相同的词语，有"惊慌失措""惶恐不安""胆战心惊"等。

我们可以根据"诚惶诚恐"的意思，窥测出这是一副什么样的表情。本意是恐惧的意思，但却透露出一种毕恭毕敬的表情，也就是敬畏而又不安。其表情呈现为：双眉下压并紧皱，眉头上扬，上眼睑尽力提升，这是因为当人们遇到具有威胁的负面刺激源时，不管是想要战斗，还是想要逃跑，都会尽量看清刺激源。不过，因为眉毛用力方向的区别，导致上眼睑皮肤上挤压形成的褶皱角度不一样，有时候，在一些人的脸上看不到清晰的眉头上扬，眉毛仅仅显示为水平状态。当然，如果一个人露出诚惶诚恐的表情，其实，其表面上呈现出来的更多的是一种敬畏的表情：低着头，眼光不知道该看向哪里。而惶恐的表情则是隐藏在其中的：说一句话用眼角瞄一下对方的反应，每当对方说了一句稍微重一点的话，那他额头就会因内心的不安沁出汗水，紧拽着的手心也全是汗。

听说人员的测试报告下来了，小王作为参加测试人员之一，他心里满是对未知成绩的恐惧。早上，听说所有的参加测试的人都被经理请到办公室谈话去了。不过，总也不见小王的名字。这样一来，小王显得更不安了，难道自己连谈话的资格都没有了吗？

眼看就快要到中午了，经理办公室传出话来，让小王去办公室去一趟。小王心情更紧张了，不去觉得内心不安，可去了又觉得不知会发生什么，内心生出一阵恐惧感。推开经理办公室的门，不知道为什么，小王觉得自己手心全是汗，他偷偷地用衣角擦了擦手心的汗水，迈着不安的步子向前走去。

小王双眉下压，都不敢正眼看经理，只是偶尔偷偷抬头瞄瞄经理的神色，看他是否在生气，而眼神里全是敬畏。经理开口说话了，小王紧张得额头沁出了几颗汗珠，"小王，你也来咱们公司几年了，我觉得你对各方面的业务都熟悉得差不多了，不过，在这次的测试中，你在几个小地方出了问题，这让我很是失望啊。"小王头低得更低了，回应说："都怪我粗心大意。"经理顿了顿，继续说："其实，我也知道，凭你在技术方面的熟悉程度，不应该犯这样的错误，也有可能是不小心造成的。不过，我需要提醒你的是，工作就是这样，现在我们只是测试，如果正式开始之后工作出现这样的纰漏，那后果将会更严重。对工作，一定要仔细又仔细。"小王点点头，额头上的汗珠已经越来越多了，不过，他还是不敢抬头。

在这个案例中，小王所呈现出来的就是诚惶诚恐的表情，敬畏中带着恐惧：手心出了汗水，额头沁出汗珠，这是紧张不安；不敢抬头，眼神里是毕恭毕敬，这是敬畏。这样的表情呈现，表示对方在身份或权威上是高过自己的，因此才会露出毕恭毕敬的神情。

心理启示：

诚惶诚恐所流露出来的恐惧情绪，表明外界所传递过来的刺激源是良性的，也就是说，这个刺激源可能会带来威胁，但那只是良性的威胁，就好像作为下属的我们被领导训斥一样，虽然，这样的事情是略带威胁的，但毕竟不能给我们带来真正的威胁。因此，在表情呈现中，为了不让对方感觉自己内心的恐惧，当事人会更多地流露出毕恭毕敬的表情，以此显示自己的尊敬。

第五节　紧张不安让面部显出僵硬感

当一个人紧张不安的时候，其面部会显出僵硬感。这是因为其内心的过度紧张影响了面部肌肉的正常收缩，甚至在这一刻，当事人已经忘记了用微笑去掩饰自己的紧张。在生活中，有时候我们自己也会出现这样的场景，当自己一个人在讲台上说话时，会感觉面部肌肉很不正常，似乎怎么也自然不起来。即便想要尝试着露出笑容，始终会觉得嘴角的肌肉是僵硬的，牵动不了。究其原因，来自于内心的焦虑不安，紧张情绪。

我们常说，面部表情是内心情绪的一面镜子。当一个人内心出现什么样的情绪时，这样的情绪就会及时地反映给大脑，然后通过面部表情呈现出来。"紧张不安"这样的情绪是人体在精神以及肉体两方面对外界事物反应的加强。生活中好的变化，以及坏的变化，都会使人紧张不安。紧张会让人面部肌肉僵硬，睡眠不好，思考力以及注意力不能集中，头痛，心悸，等等。

在班上，他是一个内向的孩子，平时跟同学很少说话，总是一个人静静地坐在角落。虽然，在听到同学们说到了一些有趣的事情时，他也会跟着笑笑，可一旦同学将目光转移到他身上，他便会觉得紧张不安。

那是一节公开课，当老师提出问题之后，环视了教室一周，目光竟然落到了他身上。老师决定给这个性格内向的孩子一个展露的舞台。她挑选了一个还算简单的问题，点名要他回答。听到自己的名字，他先是惊讶地张开了嘴巴，没想到老师会叫自己起来回答问题，然后，他开始有点紧张了。他感觉到自己双脚发软，似乎连站起来都很困难，终于，慢慢地站起来，他抬头看着老师，想露出一个笑容，但无奈，面部肌肉竟然变得僵硬，不再受自己控制。老师微笑着，示意他不要紧张，他开始慢慢平复自己紧张的情绪。深呼吸，然后开始一个字一个字地思考老师提出的问题，在思考的过程中，他觉得自己紧张的情绪不再那么强烈了，而面部肌肉也松弛了下来。最后，在老师和同学鼓励的眼光中，他大声地说出了正确答案，赢得了一片热烈的掌声。

在正常情绪下，一个人的面部肌肉是松弛的。他可以凭借自己的情绪自由调节脸部的各方面肌肉，比如微笑，嘴角上扬，眉头上扬；惊讶，嘴巴微张，瞳孔放大。但一旦这样的情绪过于激烈，比如过分紧张不安，这时那种内心的惶惶不安就会显露在面部表情中，肌肉僵硬的情况也就出现了。

心理启示：

在生活中，当一个人出现紧张的情绪反应时，该如何调适呢？对于这样的情况，我们应该坦然接受自己的紧张情绪，应该想到这样的紧张是正常的，许多人在同样的情境下可能会更紧张。我们甚至可以跟自己的紧张心理对话，问自己为什么紧张，自己所担心的最坏的结果是怎么样的，然后坦然从容地面对，做自己该做的事情，那我们就会慢慢平复内心紧张的情绪。

第六节　胆战心惊的神色透露苍白而无力

胆战心惊是一种饱满的恐惧情绪，也就是非常害怕。而且，我们会发现，当一个人处于极度恐惧的时候，其脸色是苍白的，浑身是无力的。实际上，出现这样相应的情况是可以解释的：在医学上，如果患有胆病，胆气就会上扰心神而出现心悸不宁，惊恐畏惧，嗜睡或不眠等症状。当人们受到外界的惊吓或刺激的时候，胆子较弱的人会引起胆汁失调，导致心惊胆颤，然后通过神经细胞传到大脑，由大脑通到全身，这时不仅会心惊，还会全身发抖，出现慌张恐惧的状态，诸如脸色苍白，浑身无力。

这天，闲来无事的小娜和朋友决定去游乐园玩。不过，游乐园已经去过很多次了，每次都玩那几个项目，小娜都玩腻了。她觉得这次一定要玩刺激点的，听说"鬼屋子"还不错，那里面是人为制造的恐惧，听起来就蛮刺激的。

买了票，小娜和朋友就大着胆子前进了。那是一条凹凸不平的道路，不带一点光亮，小娜害怕地牵着朋友的手，胆战心惊地向前走着。突然，从右边闪出一个人样的东西，小娜吓得尖叫一声，急忙躲到了朋友的身后。朋友开玩笑："你刚才不是挺胆大吗？怎么，现在就不行了。"小娜感觉到自己手心全是汗，幸亏自己跟朋友一起来了，否则非得吓晕不可。不过，这还是最开始的前奏，一会儿飞来了一个白衣的鬼面人，一会儿传来一阵恐怖的声音，还有一些血腥的画面。在前进的过程中，小娜的尖叫声连连，到最后，她已经发不出任何尖叫声了。

总算出了那狭窄的洞穴，这时朋友才发现，小娜满脸苍白，没有一丝血色，浑身软绵绵的，整个人就好像虚脱了一样。如果不是朋友及时地扶住她，估计她会马上摔倒在地。

胆战心惊，是因恐惧所引起的脏腑反应，比如吓坏了胆，心悸不宁，等等，都是这样的一种情绪反应。这时因胆和心都受到了恐惧情绪的影响，出现在其身上的反应则是脸色苍白，不带一丝血色，浑身无力，像经历过一次恶斗一样。

心理启示：

当内心的恐惧情绪达到极点的时候，身体一般会出现病状的反应：脸色苍白，浑身无力。这是因为在某些时候，情绪是可以影响到一个人的身体健康状态的，当某种负面的情绪达到饱满的时候，就会让身体出现一些诸如病状的反应，这就是为什么当一个人胆战心惊的时候，神色会出现苍白、无力这样的表情呈现。

第七节　克制的恐惧，依旧会被微表情泄露

当一个人处于恐惧情绪之中的时候，因害怕自己过度的恐惧会让身边的人看笑话，于是，他会有意识地克制自己的恐惧。不过，即便是这样，在其脸上还是会有微表情显露出来，比如手心的汗水，额头的汗珠，眼神中的恐惧，颤颤巍巍的脚步，僵硬的表情，等等。这些都是恐惧情绪的微表情呈现，如果我们不仔细观察，定难以发现其中的细微差别。

周末，小张和女朋友相约去野外郊游。两人带了充足的粮食和水，开着车去了郊外的一片山区。那里本来是一座隐蔽的森林，不过，近几年开发出来做了一处休闲的地方。把车停下来，两人往森林深处走去，这时，他们看见了一块牌子——行人止步，小心前方有野兽出没。"野兽？这里距离市区这样近，怎么可能有野兽呢？"小张轻松地笑笑，本来，看着这块牌子，女朋友还心有余悸，但在小张轻松的笑容之下，她也不再害怕了。

两人走到树林深处，寻找到了一块空地，把旅行包放下来，盘腿坐在地上，说道："这里的空气真新鲜，好像嗅到了泥土的芬芳。"

两人席地而坐，开始吃东西、喝水，聊天。

不知道什么时候，小张突然发现不对劲，好像有什么东西盯着自己。他环顾四周，什么也没发现。不可能啊，明明感觉有东西看着自己，他再次仔细地看，结果，从树林的缝隙里看到了一双动物的眼睛，虽然他不知道那是什么东西，但一种由外而来的威胁感袭来，小张不顾一切拉起女朋友的手就跑。女朋友害怕极了，浑身颤抖，小张一路安慰："没事的，别怕，有我在身边。"他双眉下压，嘴角处不住地颤抖，甚至来不及回头看那东西追过来了没，他只顾往前跑，终于，快看到车子了。他慌张地使劲拍打车子的玻璃，女朋友在旁边提示："车钥匙。"这时小张才想起揣在兜里的钥匙，他哆哆嗦嗦地掏出钥匙，才发现自己手心全是汗。

在案例中，小张的恐惧看似表面没显露出来，因为在紧急关头，他还拉着女朋友奋力逃命。但是，"双眉下压、嘴角处不住地颤抖、慌张地使劲拍打车子的玻璃、手心全是汗"，这就是其恐惧微表情的显露。

心理启示：

毫不掩饰的恐惧表情为：眉头向中间聚拢、上扬、眼睛睁大、张开嘴。这样的面部表情一览无遗，我们可以清楚地看到这个人是处于恐惧情绪之中。不过，假如当事人有意掩饰自己内心的恐惧，我们在其面部表情中就会看不到饱满的恐惧情绪特征，只能从细微的一些表情入手，才能发现其内心的真实情绪。

第7章　厌恶表现，微表情正在流露他的憎恶情绪

厌恶是一种心理情绪，指的是对讨厌的人或者事感到极度厌烦的时候，身体会出现呕吐的反应，就好像被腐烂气味或味道侵袭一样。厌恶表情的最根本特征，源自一种身体行为：呕吐。

第一节　厌恶情绪从何而来，从哪儿表现

厌恶，它本身是一种反感的情绪，不单单是味觉、嗅觉、触觉，想象、耳闻、目睹都会导致厌恶感，而且人的外表、行为甚至思想都会导致同样的结果。在生活中，有的人外表会让人看起来很不舒服，心里会觉得恶心，忍不住作呕吐状。而每个人厌恶感产生的根源是不一样的，比如有的人讨厌看到畸形、残疾人或十分丑陋的人；有的人无法忍受看到受伤的人和他们暴露在外的伤口；有的人则讨厌看到血和外科手术；有的人会憎恶某些人的行为，比如虐待或折磨动物；有的人讨厌那些嗜好变态行为的人；有的人讨厌某些宗教或某些人所倡导的低级、卑劣的行为。对此，有心理学家给厌恶下了这样的定义：厌恶归根到底是肮脏或者恶心的东西给人造成的一种口腔感觉。

那么，厌恶情绪到底是怎么形成的呢？

相关的心理学家认为，一个人通常会在4~8岁之间形成厌恶的情绪，也就是说，在这个年龄段，厌恶才独立出来成为人的一种情绪。4~8岁的孩子会因为觉得东西不好吃而不吃，不过，他们并不太懂得厌恶，比如心理学家让孩子和成年人去触摸和品尝小狗粪便状的巧克力，在这个年龄段以下的孩子就不会

想到有多恶心，而大多数的成年人会拒绝这样做。一样的道理，假如我们将一只消毒过的蚱蜢放到牛奶和果汁里，那4岁以下的孩子是不会拒绝把这杯牛奶或果汁喝下去的。

在这里，我们额外补充一些关于厌恶的知识。虽然，恶心的东西会让我们感到厌恶，但同时它也有一种吸引力，一种魅力，因此，我们可以解释为什么自己总愿意看到血淋淋的事故现场，不舍得转移视线，喜欢看恐惧片。就我们自身而言，自己的鼻涕、排泄物都是肮脏而恶心的东西，不过我们仍然会好奇。大多时候，我们会对那些所谓的恶心的东西充满好奇心，只是自己常常不愿意承认罢了。

厌恶情绪的表情呈现是：眯紧眼睛，表示自己不愿意看；皱起鼻子，表示自己不愿意闻；嘴角向后咧，有时候还会伴随吐舌头的动作，这表示自己不愿意吃。厌恶情绪的根源，也就是对腐烂食物的排斥，这是因为当人们吃过腐烂食物之后，引起了身体的强烈不适，呕吐、生病甚至死亡。因此，一旦人们看到、闻到和品尝到有腐烂食物的时候，就会本能地排斥这些东西，这应该是人类进化过程中积累下来的一种本能反应。

🔑 心理启示：

厌恶既有口腔的厌恶，也有社会的厌恶。当然，不吃腐烂的东西对我们有好处，但社会厌恶会让我们远离那些讨厌的事情。其实，厌恶在一定程度上是一种道德准则，它使我们不会对讨厌的人或事做出妥协。在生活中，许多人都教育人们避免与那些生理上有严重缺陷，看起来恶心的人接触。不过，这样的感情是很危险的，因为那些不受欢迎的人，在厌恶的情绪下，不被人们当人看，致使他们受到了不公平的待遇。

在所有的负面情绪中，相对而言，厌恶算是程度较轻的反应类型，比如我们前面提到的愤怒、恐惧以及下一章即将提到的悲伤，都会产生比厌恶更严重的反应。人们会对自己所厌恶的东西作出这样的评价：一是否定；二是认为它很低级。当然，在这里，人们尽管认为这样的东西很低级，但它还不足以对自己构成威胁。

第二节　毫不掩饰的饱满的厌恶表情

厌恶情绪最基本的特征，其实是一种口腔感觉：呕吐。从这个分析，我们可以得出：几乎所有人都厌恶的东西主要是人自身产生的一些东西：呕吐物、粪便、尿、黏液以及血。1955年，美国著名的心理学家戈登·奥尔波特提出了厌恶的"想象实验"，通过实验对象在脑海里的想象来证明自己的观点。对此，他对那些实验者说："首先想象咽下自己的唾液，或者真的咽下一口唾液。想象将这些唾液吐到杯子里，再将它喝下去！这些天然而且属于自己的唾液马上就变成了陌生而恶心的东西。"而另一位心理学家罗金确实进行了这个实验，他让受试者往杯里突出唾液之后再喝下去，他发现奥尔波特对于"所有人厌恶的东西主要是人自身产生的一些东西"这一结论是正确的。即使唾液在一秒钟之前还在自己嘴里，他们都不再愿意将它喝下去。当这些东西在我们身上时，或许大多数人都不会觉得厌恶，不过，一旦这些由我们自身产生出来的东西离开了我们的身体，我们就会觉得它们十分恶心。

下面，我们来解析厌恶的饱满情绪：

1. 呕吐

上面我们已经说过，厌恶表情的最根本特征，源自一种身体行为：呕吐。在呕吐这个动作中，为了把嘴张到最大，除了下颚向下打开之外，人还会本能地提升上唇，这时你会发现嘴张开，两侧嘴角向上提起，这是对上唇被提起后的夸张表达。提上唇肌和上唇鼻翼提肌两种肌肉帮助提升了上唇，这时我们需要注意的是，仅仅是其中的一种肌肉，比如单一的提上唇肌或上唇鼻翼提肌，是难以达到提升上唇的目的的，它们需要同时做收缩运动。当然，更容易被意识控制的是提上唇肌，而通常情况下，强烈的情绪才能自发控制位于鼻梁两侧的上唇鼻翼提肌。在这里，最关键的是，在饱满的厌恶情绪中，起主导作用的是上唇鼻翼提肌；而在普通程度的厌恶表情中，起主导作用的是提上唇肌。

2. 紧闭双眼、皱紧双眉

饱满的厌恶情绪，除了有嘴部的表情呈现之外，呕吐的动作还会引起一个本能的联动反应——紧闭双眼、皱紧双眉。闭紧双眼需要眼轮匝肌的收缩作用，以及隆起的脸颊一起挤压眼睑，从而才能造成强烈的闭眼动作，形成下眼睑下方的弧线纹路。眼轮匝肌的收缩会带来两方面的作用：一方面，因呕吐而造成的内压升高，而眼轮匝肌的收缩则避免了眼球的受伤；另一方面，可以在一定程度上减少刺激源带来的负面视觉刺激，因为眼轮匝肌的收缩，致使双眼已经紧闭了，自然看不见那些厌恶的东西了。不过，我们需要记住的是，紧闭双眼、皱紧双眉并不是刻意做出来的表情，而是呕吐动作的连锁反应。

心理启示：

> 　　饱满的厌恶表情是毫不掩饰的，同时，也没办法掩饰。我们可以看到，在呕吐的本来表情基础上，有一种极度厌恶的表情：嘴紧紧地闭上，眼睛和眉毛的形态保持基本不变。这个表情就好像是闻到了一种让人恶心的臭味，而且恶臭还在不断地逼近自己。这时人会作出连锁的反应：闭上眼睛不看，皱起鼻子不闻，紧闭双唇不尝。这其实就是严禁一些让自己反感的东西进入身体。

第三节　厌恶情绪在伪装下也会败露

　　当一个人内心产生厌恶的情绪时，即使是相当细微的，即便当事者在极力伪装、掩饰，但还是免不了露出蛛丝马迹。在生活中，有可能是轻微的一个皱眉，或者是一个不屑的眼神，我们都可以从其表情中读出其内心的厌恶情绪。就算是伪装下，厌恶情绪还是会在表情中败露。

　　早上，公司中层人员一起开会，大家讨论公司某个互联网应用产品的改进方案。由于设计方案中用到了大量的英文词汇，因此所有的人都是一句中文一句英文这样夹杂着说。当开发部门的技术总监操着带着方言痕迹的口音进行解说时，他的一个下属脸上马上闪现了非常轻微的讥笑表情，尽管这样的时间闪现很短，但还是被其中的某位同事注意到了。

那位同事平时没事就喜欢琢磨别人的表情，因此，他断定：因为总监在开发经验和技术能力方面，是公司公认的骨干，所以可以判断，这个讥笑一定不是针对总监的修改方案的。后来，他想到了，当初这位同事进公司的时候，曾声称自己有留学背景。这样看来，那位同事不屑的笑容其实是嘲笑总监不够标准的英语口音。因为他对自己的英语发音十分得意，因此才不由自主地流露出内心的情绪。

十分细微的讥笑表情，有可能只是牵动了一下嘴角，但这个细微的表情却还是被别人捕捉到了。足以见得，当人们心中产生了厌恶情绪的时候，即便他极力伪装，但其中的微表情显现还是会露出一些痕迹，从而让我们猜中其心思。

下面，我们就来一一解读厌恶表情的微表情呈现。

相比较呕吐的样子，厌恶的微表情有一些明显的不同之处：由于不需要为呕吐创造通道，因此嘴巴不会像呕吐动作那样张得很大很大。这样的一个表情，其实跟疼痛的表情十分相似。不过，与疼痛的表情区别在于：厌恶表情的上唇提升程度更大，鼻翼两侧沟纹的深度更深。或许，这是由于观看那些让自己厌恶的视觉信息，会引发当事人自身的伤痛感觉，不过，这并不是真的疼痛，因此才会在表情中呈现出一种本能的排斥。

（1）皱眉肌收缩，双眉紧皱。

（2）由于眼轮匝肌的强烈收缩，双眼紧闭，同时还会造成双眉下压。

（3）提上唇肌和上唇鼻翼提肌收缩，提升上唇，同时在鼻翼两侧挤压形成鼻唇沟。

（4）胲肌收缩，将上唇向上强力推起，这样导致双眉紧闭，同时下巴向上皱起，表面皮肤产生许多褶皱，下唇与下巴上的肌肉隆起之间形成深沟。

（5）降口角肌收缩，将嘴角向下拉，与提上唇肌的作用形成制衡，在嘴角两侧形成括号形纹路。

以上就是厌恶的微表情特征，在很多情况下，人们并不会露出饱满的厌恶情绪，他们只会露出一些细微的表情，以此表达内心的情绪。当然，与这个表情形态类似的其他厌恶表情，主要区别在于嘴部形态：有的嘴部下唇松弛，嘴轻微张开，除了上唇之外，其他部分并不会参与这个表情；还有的嘴角会在颈阔肌的作用下，向两侧使劲拉伸，使下唇拉平，表面皮肤变光滑，露出部分上齿，这时下齿部分则被上齿遮挡了。

心理启示：

> 厌恶情绪的表情呈现，并不一定是呕吐这样的饱满情绪反应，有可能只是轻微的蹙眉，不屑的眼神，嘴角的牵动，这些都可能是厌恶情绪的微表情。在生活中，当我们与人交往的时候，一定要关注其细微的厌恶微表情，及时地调整自己的言行，否则，你成为对方厌恶的对象都还被蒙在鼓里。

第四节　捕捉眼神中的厌恶情绪

在前面，我们已经无数次强调眼神是最容易出卖一个人内心情绪的器官。当一个人处于厌恶情绪之中时，如果我们在其面部表情中无法察觉到厌恶情绪存在的影子，那不妨观察其眼眸，注视眼神，看其眼神的变化，也许可以捕捉到眼神中的厌恶情绪。

当然，通常情况下，只要不是饱满厌恶情绪下的双眼紧闭，人们的眼睛是处于普通状态的。在正常状态下，人们的目光是平和的，不带任何情绪，或许只是带着某种好奇的眼神。一旦内心萌发了某种情绪，那就会闪现在眼神之中。当一个人表示对所看到或听到的人和事表示厌恶的时候，他的眼神会发生细微的变化，目光不再平静，而是带着讥讽，上眼睑下压，形成斜眼，同时，目光中带着一种憎恶；如果外界的刺激源十分令人讨厌，那这样的目光还会带着一种恨意。

小娜是一个有洁癖的女孩子，这将意味着她对那些浑身脏兮兮的人充满了厌恶。她讨厌他们身上散发出来的臭味，以及肮脏的手。如果在路上见到这样的人，她都会忍不住跑开，远远避之，这样自己那反胃的情绪才会平定下去。

最近，公司打算去老人院做一些慈善，点名需要多才多艺的小娜前去主持。对此，怀着对慈善的全心支持，小娜去了。不过，到了那里，她很快就后悔了。那些老人家因无法受到细心的照顾，浑身散发着一种奇怪的味道，不仅如此，头发好像多天不洗，看起来很脏。当他们说话时，嘴里的口臭还会散发出来。这对于有洁癖的小娜而言，简直是一种煎熬。

但由于道德准则的约束，小娜并没有过多地表现出来。当她远远地站在主持台上，她的眼光是充满着善意的。但一旦近距离接触到那些老人，她的眼神会躲避，当有人想要跟她说话时，她会下意识地把头扭开，别过目光。虽然，她眼神中有一丝愧疚，但更多的是一种厌恶。

在某些特别令人憎恶的场合，人们会毫不顾忌地露出自己饱满的厌恶情绪。除此之外，人们会由于道德准则的约束，即便他们对某些行走在大街上的乞丐或清洁工人感到厌恶，但他们并不会露出太多的表情，只是眼神中闪现过一丝厌恶。而这一瞬间是不容易捕捉的，仅仅是一闪而过，之后他们的眼神又会恢复到正常状态。因此，如果我们揣测出其眼神会有变化，就在那一刻，仔细观察对方的眼神，看对方是否会露出厌恶的微表情。

心理启示：

眼神是微表情显现的一个重要器官，为什么这样说呢？那是因为眼神中真实情绪的表达很难被人发现，但却是最真实的。就好像案例中的小娜一样，当她远离那些自己讨厌的事物之后，她的眼神是充满着善意的。可一旦近距离接触到自己讨厌的刺激源，她就会不自觉地把头扭开，眼神躲避，其实就是不想看，即便她眼神中含着一丝愧疚，却难以掩盖其眼神中的厌恶。

第五节　厌恶程度不同，微表情不同

厌恶也是有程度之分的，稍微轻一点的包括不屑、轻蔑，而强烈一点的就是厌恶，接近了厌恶的饱满情绪。当然，常见的厌恶情绪，诸如讥笑、不屑、厌烦等，都包括了厌恶情绪的微表情特征，只是在数量和程度上存在细微的差别。

小丽在办公室是出了名的"大嘴巴"，因此也顺理成章地成为不受大家欢迎的对象，因为她总是把别人隐秘的事情说出来，作为自己的谈资笑料，这样一种特别的"嗜好"又怎么会受到别人的喜欢呢？

这天，小丽又在办公室开始发挥"大嘴巴"的作用了："哎，你们先别忙着工作，我有重要消息公布，昨晚下班回家，你猜我看到谁了，我竟然看到了经理开车送秘书回家，嗨，两人就站在门口谈了大半天，我猜两人之间肯定有不可告人的秘密。"听到这样的"大新闻"，似乎同事并没有什么反应，一向自诩不管闲事的小张笑了笑，不作表情；而曾经遭受小丽"大嘴巴"伤害的小雯，斜看了她一眼，鼻子里发出一个"哼"，心想：像这种没大脑的人，经常拿别人的隐私作乐，自以为多了不起，遭殃的时候还在后面呢。而公司秘书的表妹也在办公室，她则是站起来，双眉下压，面部起了一些褶皱，然后摔门而去。

我们可以清楚地看到办公室里的人所流露出来的不同程度的厌恶情绪：小张的厌恶表情是最轻微的，因为刺激源对自己丝毫不构成威胁，他只是冷笑两声；曾经被小丽中伤的小雯则不一样，她的厌恶情绪明显加重一些，因为有着相同的遭遇，她自然会更加厌恶这样的行为；厌恶情绪程度最重的就是秘书的表妹，毕竟谣言中的人是自己表姐，对乱说自己表姐的人应该是憎恶之极，因此她双眉下压，面部肌肤起了一些褶皱，这表示了其内心的厌恶，甚至很快转换为了愤怒，因为她马上摔门而去。

1. 很轻松的否定

假如人们所听到或看到的东西刺激力度比较弱，难以激发出厌恶的情绪，只会让人产生不屑的情绪，也就是完全的轻视，除了看不起之外，根本就不用花费力气去憎恶。简直不屑一顾，连看都懒得看一眼，这是一种轻微厌恶。而且，由于内心完全放松，还会引发出笑意，比如冷笑、讥笑，其面部表情是轻松的。

2. 中等否定

当我们所看到的东西带来的刺激力度加强，就会让人产生轻蔑的情绪。在这个情绪中，有两层意思：一是觉得不怎么样；二是不想看到，太讨厌了。轻蔑的情绪表达了当事人对所讨厌的东西产生了自上而下的排斥感。这是一种发自内心的排斥，心态要稍微沉重一些。

3. 用力否定

假如东西带来的刺激力度很大，就会让人产生强烈的厌恶情绪，这表示当事人十分讨厌刺激源，并试图远离。与愤怒情绪不一样，当厌恶达到极点的时候，当事人不会有消灭刺激源的想法，他只是单纯的讨厌，很想远离这个刺激源，远离所有与此有关的任何关系。

心理启示：

在现实生活中，诸如饱满的厌恶情绪是不会出现在人们的面部表情中的，也很少会有这样夸张的外在表现，除非是故意表演给别人看的。比如，当我们听到某个人所说的事情时，为了配合其言语，我们会故意作呕，但这并不是真的厌恶情绪。在现实生活中，那些由真实情绪所引发的厌恶表情，则保留了呕吐动作的脸部结构形态，不过，单就与呕吐相比，其表情呈现方式温和了许多。每种不同程度的厌恶，都会表现为不同的表情形态。

第六节　反感与厌烦的微表情特点

反感和厌烦是厌恶的一种衍生情绪，它的程度比不屑要稍微重一点，比厌恶要稍微轻一点，可以说，它是厌恶情绪的前身。当反感、厌烦的情绪达到一定程度，那就会成为厌恶。因此，反感和厌烦的微表情多少也会跟厌恶的表情相似，不过，程度会稍微轻一点。

上午，王女士正在家里整理工作的资料，这时门铃响了。王女士开门，只见站在门外的是一个年轻人，王女士脸上满是疑惑："请问你是？"年轻人满脸笑容，作了一个自我介绍："我是某某化妆品的推销人员，哦，小姐，你看起来真年轻，肯定不超过20岁。"实际年龄25的王女士笑了笑，毫不在意，眼神有些轻视："对不起，我对你推销的化妆品不感兴趣。"说着，就想要关门，但那位年轻人急忙拦住了，一只手搭在门框上，说道："可以再听我说说吗？我们推销的化妆品，并不像市场上所卖的那种，这个绝对是纯天然的，对你的皮肤一点损害都没有。相信我，我不会骗你的。"看着如此执著的推销员，王女士只好说："可是，我已经买了化妆品了，我现在不需要了。"年轻人还是不肯妥协："你可以试试我们的化妆品，有了比较你就会知道，哪种比较好，我相信，你一定会喜欢上我们的化妆品的。"

王女士有些不耐烦了，她双眉下压，紧闭着嘴唇。顿了一会儿，开口说道："谢谢你的推销，可我真的不需要任何化妆品，正如你所说，我看上去这样年轻，根本用不着化妆品，所以，谢谢你，请你离开吧。"说完，双手拉过门，关紧了房门。等来到书房，不耐烦地嘀咕着：说半天还不信，真是，也知道你很不容易，但总让人厌烦，怎么会不反感呢？

在这个案例中，我们可以清楚地看到王女士渐渐地从不在意，到反感、厌烦，其内心的情绪一一显示在其表情上。刚开始，她还是客气地表示："我对你推销的化妆品不感兴趣。"但随着那位年轻人的不断纠缠，王女士显得很不耐烦了，她双眉下压，紧闭着嘴唇，开口下了逐客令。我们可以看到，在这里，"双眉下压，紧闭着嘴唇"，这就是反感和厌烦的微表情特点，不过，这表情显现与厌恶表情有些相似，只是在程度上有所不同。

心理启示：

反感与厌恶是一种负面情绪，表示人们对听到或看到的事物，心生不快，他已经开始反感了，继而下一个情绪就是厌恶。因此，在人际交往中，当我们与他人进行言语交谈的时候，一定要注意其表情显现。当我们在说到某些事情时，如果对方脸上显露出反感、厌烦的情绪，那我们就应该小心应付了。这时需要及时地转移话题，化解对方内心的不快，这样才能达到交际的目的。

第七节　不屑与轻视的微表情特点

在上文中，我们已经说过，不屑和轻视是一种轻度否定的情绪状态。这表示外界所传递过来的刺激源对当事人并不构成威胁，甚至，当事人根本不屑一顾，对刺激源以及其所带来的影响完全忽视。其内心的情绪是轻松而畅快的，因此，他才会呈现出一种轻视和不屑的表情。

下面，我们就来一一解析轻视和不屑的微表情特点：

1.轻视的微表情特征

当外界的刺激源力度降低时，厌恶表情的程度也会随之降低。当我们内心的排斥状态降低一些的时候，由上唇鼻翼提肌主导的表情就会转变为上唇肌来主导控制，脸部的变形程度也就整体上会变得轻一些。

（1）皱眉肌会收缩，形成轻微的皱眉纹。

（2）眼轮匝肌轻微收缩，造成眼睑紧张，轻微闭合，同时造成双眉轻微下压的状态。

（3）提上唇肌主导收缩，上唇向上提升，这时鼻翼被间接向上提升并向两侧拉伸，在鼻翼两侧形成浅一点的沟纹。

（4）下唇没什么特别显著的变化，双唇有可能保持闭合，也有可能分开，不过这个动作比较轻微。

在这里，我们可以清楚地看到，在表情中的肌肉运动已经整体减弱，最明显的特征为提起上唇，提升鼻翼和随之形成的鼻翼两侧沟纹，其次比较突出的特征就是眼睛和眉毛。这样轻视的表情可以说是强烈厌恶表情的递进，其内心在极力克制这样的情绪。通常情况下，产生这样情绪的原因，是对外界丑陋的外形、笨拙的思维或动作，以及对没品位的一种轻视。

2. 不屑表情的微表情特征

不屑表情的微表情特征是讥笑和冷笑，程度最轻的厌恶表情是完全地看不起，"不屑一顾"就是对这种情绪最好的表述。在不屑表情中，眉毛不再皱起和下压，眼睛也没什么变化；只是提上唇肌轻微收缩，上唇轻微提升，上唇线略微拉平；因为提上唇肌的作用，鼻子周围变化比较显著，鼻翼轻微提升、侧拉，鼻翼两侧与提升的脸颊形成了一些沟纹；而且由于内心比较轻松，嘴角会有笑意。

某些时候，在人们通过比较而出现强烈的优劣对比时，他会因自己的优越感而导致上唇提起，这时连带的嘴角也会上扬，看起来就好像是一个不完整的笑容。甚至，某些人为了表达内心不屑的情绪，会增大笑容，这显然是特别为之的。

（1）讥笑。在讥笑表情中，与上扬嘴角同侧的眼睛也会有所呈现，眼睑在眼轮匝肌的轻微收缩下，做出一定程度的闭合动作：轻微提升的脸颊和收缩的眼轮匝肌，在下眼睑下方挤压成一道很浅的沟纹。在通常情况下，还会配合一次轻微而快速的呼气，可能通过鼻孔，也可能通过张开的嘴角。

（2）冷笑。这是一种常见的不屑表情，它与讥笑表情之间的差别就是在冷笑表情中，看不到眼睛的笑意，也就是说，眼睛并没有参与到这种表情中。我们所看到的就是嘴角的不完整的笑容形态。

心理启示：

通过对轻视和不屑的微表情的分析，我们知道，在所有厌恶情绪的面部表情中，都存在一个同样的特征形态，那就是：上唇提升，鼻翼随之提升，鼻翼两侧出现沟纹。而其中的差别在于肌肉运动的程度和其他面部器官的配合程度。

第8章　悲伤体现，微表情表达了他内心的"伤"

悲伤是一种情绪反应，这是大多数高等哺乳动物都会有的反应，不过，这样的情绪表现在人类中最为明显，所能体现出来的是悲痛哀伤。在生活中，最饱满的悲伤情绪是痛哭，但在很多时候，人们会不由自主地抑制自己的悲伤情绪，这时悲伤的微表情就显现出来了。

第一节　寻找悲伤情绪的根源，了解其表现

悲伤，它作为一种负面的基本情绪，通常指的是由分离、丧失和失败引起的情绪反应，包含了沮丧、失望、气馁、意志消沉、孤独和孤立等情绪体验。当然，悲伤的程度取决于失去的东西的重要性以及价值的大小，同时也依赖于当事人的意识倾向以及个体特征。

那么，人类的悲伤情绪到底是怎么来的呢?

心理学家认为，人类的悲伤情绪主要来自经历上的挫折失败，比如，没有办法抗拒的改变，亲人死去，离婚，毕业或失业。不过，人类悲伤的反应会由于生活经验与文化特质出现一些差别。比如，对人们而言，失去亲人通常是让人觉得悲伤的，不过，悲伤的表达方式或是失去哪些人发生，则会根据当事人的年龄、经历存在一定的差异。

人们内心的悲伤情绪有哪些表现呢?

悲伤的情绪其实就是沮丧的心情，外在表现为落泪、沉默。假如悲伤情况持续一段时间，也就是通常我们所说的忧郁，甚至还会导致临床病症上的忧郁症。当然，引起悲伤的因素既然是来自环境、心理或生理因素，那么，在悲伤

的时候，可以让人们舒缓心情以重新适应新环境或身体变化，这也是抑制悲伤情绪最有效的途径。

　　小王这两天看上去没什么精神，如果仔细观察，会发现他整个面部表情好像弥漫着一种悲伤的情绪。双眉皱起，双眼之间出现皱纹，脸颊隆起，在鼻翼到嘴角之间形成了鼻唇沟。小王到底发生了什么事情呢？

　　原来，在两天以前，小王与相恋两年的女朋友分手了。原因是有很多的，比如女朋友家里一直不肯同意，这不正赶上小王爸爸重病，家里情况更是雪上加霜。虽然，对于女朋友的决定，小王只能尊重，而不能勉强。但对小王而言，两年的感情突然间失去了，就好像失去了最宝贵的东西一样，他整个心空荡荡的，就好像行尸走肉一般：每天话很少，笑容更是看不见，呈现出来的永远都是紧皱的双眉以及紧闭的嘴唇。每每走到曾经跟女朋友一起约会的地方，小王就抑制不住悲伤，七尺男儿也会掉下眼泪，捂住脸，无声地哭泣。

　　小王的悲伤是来自于经历的挫折：失恋。情感上的打击，给他的心灵带来了很大的冲击。而且，很快这种内心的情绪就会呈现为一种表情：双眉皱起，双眼之间出现皱纹，脸颊隆起，在鼻翼到嘴角之间形成了鼻唇沟。即使我们看不懂其面部肌肉形态的变化，但通过对人类表情的熟悉程度，我们也会感觉到其内心深处的悲伤。这就是悲伤情绪的来源，以及其表现方式。

🔑 心理启示：

　　按照悲伤的程度不同，还可以分为遗憾、失望、难过、悲伤、极度悲痛。悲伤的表现方式，有时会伴随着哭泣，这样可以让内心的紧张情绪释放出来，同时缓解了心理压力。可以说，悲伤是一种消极的负面的情绪，但同时，也是一种心理保护措施。当然，凡事须有度，强烈的悲伤情绪对人的心理是有危害的，持续的悲伤不但会让人感到孤独、失望、无助，而且还会带来身体上的隐患。

第二节　痛哭，淋漓尽致地表现悲伤

悲伤情绪的最典型的动作反应，应该是哭。通常，当人们感觉到自己已经没办法了，他会以哭来发泄内心的悲伤情绪。比如，当孩子想要玩具而被家长拒绝的时候，他就会哭。通过这样简单的例子，我们可以知道，当坏的结果已经发生，但我们没办法挽回，最后的结果就会心生悲伤，用哭来表达。当一个人内心悲伤的情绪到达极点的时候，他就会忍不住痛哭。

我们来分析一下痛哭表情的形态特征：

（1）眼轮匝肌和皱眉一起收缩，所造成的形态就是双眉下压，眉头之间出现纵向皱纹。不过，额肌中部收缩，轻微向上提升眉毛，这让整个眉形趋于平整，在其内侧会呈现扭曲状态。在这里，我们需要注意，在恐惧表情中也有扭曲的眉形，不过，因过度悲伤所导致的眼轮匝肌收缩，眉毛扭曲的程度要更严重。

（2）眼轮匝肌收缩，造成眼睑的有力闭合，这时在眼角内侧会形成皱纹，在眼角外侧互相挤压中形成鱼尾纹。紧闭的眼睛是由眼轮匝肌收缩和部分皱眉收缩共同作用而形成的。当一个人哭得越厉害的时候，其眼球周围的收缩就越紧。

（3）当提上唇肌收缩的时候，上唇会同时提升，与眼轮匝肌一起使脸颊位置提高，隆起的脸颊与下眼睑互相挤压，形成了下眼睑下方的凹陷区域，同时在鼻翼两侧形成鼻唇沟。

（4）颈阔肌收缩，将嘴角向两侧拉伸，这样会使嘴部的水平宽度比平常增加，拉伸的嘴角与脸颊之间挤压形成法令纹。

（5）降口角肌收缩，向下拉低嘴角，降下唇肌同时收缩，将下唇整体下拉，试图露出自己的下齿。

（6）下嘴唇中部推起，在下巴上形成了表面凹凸不平的肌肉。下嘴唇中部的推起将原本可以露出的部分下齿遮盖住，两侧嘴角处还保留向下，所以可以露出了嘴角位置的下齿。这时下嘴唇呈W形，而这样的口形特征是痛哭表情所特有的。

在痛哭表情呈现的时候，下唇靠近两侧嘴角的差不多四分之一的地方，会因肌肉的共同作用，形成一个比较陡的转折角度，这样会让口型接近于梯形的形状。如果你熟知发声部分的知识，那么你一定知道这个口型最有利于发出尖利且气息充沛的声音，因此，当一个人在痛哭的时候，他的声音是可以听见的，甚至可以说声音非常大，有的人是"哇"地一声就哭出来了。

心理启示：

> 痛哭的表情是比较复杂的，这是一个难以伪装的表情。当一个人故意做出咧嘴的动作，觉得这就是在哭，但肯定没真正痛哭时咧开的嘴型大，而且，眼睛的紧闭程度也是没办法伪装的。痛哭的表情，可以完整地呈现出一个人的饱满悲伤情绪，我们经常说将悲伤展现得淋漓尽致，这就是最恰当的说法。

第三节　由哭泣的不同表现解析对方的悲伤

由于外界刺激源的力度和当事人抑制情绪的程度，这样可以让悲伤分为许多不同的等级：嚎啕大哭、正常的哭、抽泣、闭着嘴默默流泪、委屈、忧伤，等等。当然，如果是饱满悲伤情绪下的痛哭，这是可以很容易辨认的，因为这样的表情特征是最清晰的。不过，其他不同程度的悲伤表现，我们就不那么容易辨认了。对此，我们可以从其哭泣的不同表现来解析对方的悲伤，从其眉毛、眼睛和嘴巴可能会出现的细微表情窥探其真实心理。

1. 闭着嘴痛哭

关于痛哭的表情，有的人会闭着嘴哭，或许当他抑制不住的时候，会掩口哭泣。这样的表情，除了嘴部变化比较显著以外，额肌会进一步加强收缩，将眉头向上提拉。双眉皱起，向中间聚拢。对此，我们所看到的表情呈现是：双眉下压，眼睛紧闭。当然，没有人会张着嘴巴痛哭的，即便是最擅长演哭戏的演员，他们所能做到的是睁着眼睛默默流泪。一旦悲伤情绪涌来，导致气息加剧，随之而来的动作就是紧闭双眼。

这样一种哭泣的表现，我们可以看出当事人内心的悲伤是难以言说的，他是在本能地抑制自己的悲伤情绪释放，因此才会有"掩口"这样的动作。

2. 嚎啕大哭

嚎啕大哭的表现：双眼紧闭，流泪，脸部抽搐，全身抑制不住的颤抖。这样痛哭的表现，定是刺激源力度强烈所造成的，比如传来亲人去世的噩耗，等等，这样的特别情境就会出现嚎啕大哭的表情。

3. 抽泣

我们通常所见到的抽泣表情是：一个人默默地坐在角落里，拿着手帕不断地拭泪，但整个过程中听不到哭的声音，只是看见眼睛红红的，还有因哭泣带来的鼻子喘息的声音。一个人在抽泣，那表示其内心十分委屈，这是一种憋屈；不大声哭泣，那是因为悲伤还没达到这个程度，只是默默地哭泣，那意味着这样的悲伤情绪是可以化解的。

4. 忧伤

神情忧伤，也就是这个人脸上有悲伤的痕迹，但却没有哭，有可能是哭过了，有可能是即将到达哭泣的情绪。他们的表情呈现：双眉下压，紧闭双唇，眉梢之间有一种抹不开的忧愁。当人们呈现这样的表情时，表示其处于即将达到悲伤情绪的边缘，他只是想到了某些不开心的事情，因此才会出现这样的表情。

🔑 心理启示：

不同程度的悲伤表情是不一样的，此外，由于刺激源力度的不同，所带给人们的反应也是不一样的。因此，我们完全可以从一个人不同的悲伤表现中解析对方的悲伤程度。一个人哭泣的表现会随着外界刺激源的力度的大小以及人们抑制悲伤情绪的程度而变得不同。比如，当一个人遇到了重大的家庭变故，他内心的悲伤是极致的，但因抑制情绪的本能反应，他所呈现出来的表情可能就是闭着嘴哭泣。

第四节 如何看穿那些平静的忧伤

相比较痛哭的情绪，平静的忧伤持续的时间很长。那是因为痛哭会消耗很大的能量，平静的忧伤，仅仅只是身体的能量渐渐地流失，这样的流失可能是当事人无法察觉的。当令人悲痛的结果已经发生了，没有办法去挽回，也没有办法改变，那对于当事者而言，生活中其他的东西都不重要了，他的身体里只剩下了无奈。

在电视或电影中，我们经常会看到这样的镜头：当一场痛哭之后，人会逐渐恢复正常，但是，那种平静的忧伤却一直伴随着他们。在某些相似的人和事情中，他们会失神，会忘记身边的事情，一下子陷入到对过去的伤痛的回忆之中。或许，他们会一次次地去墓前，望着墓碑，却一句话不说，那哀伤的神情一直停留在眉眼之间，再也驱赶不走。什么是平静的忧伤？也就是这个人本身情绪是平静的，即便他内心还处于悲伤的状态，但他表情中已经不再有明显的忧伤痕迹，所给人的感觉只是淡淡的忧伤。

当哭泣的表情已经退场，悲伤的面孔上肌肉也会逐渐放松，眼轮匝肌不再收缩，颈阔肌也不再起作用，脸颊不再隆起，下眼睑也开始松弛。像这样的状态，其实已经差不多算是正常情绪下的表情了，但依稀留在脸上的还有哀伤的眉，以及轻微的撅嘴。

下面，我们就来一一透析平静忧伤中泄露出来的表情呈现：

1. 眉毛和眼睛

在平静忧伤的表情中，眼睛已经恢复到了正常状态，可能会略微睁大，也可能是略微紧闭，不过，这一点并不是平静忧伤的重要特点。而这时眉毛会呈现出一种比较特别的形态：由于眼轮匝肌没有收缩，眉毛不会有明显下压的形态；在额肌的作用下，眉头会轻微上扬，不过，因为皱眉肌的作用，眉间有皱紧的趋势，整体会出现轻微扭曲的不自然状态。这才是平静忧伤的重要特征，如果你注意到某人眉间有轻微扭曲的形态，那表示他的情绪依然处于哀伤之中。

2. 嘴和脸颊

在平静的忧伤中，嘴部并没有显著的变化。只是因降口角肌肉会有轻微的收缩，从而形成不悦的嘴唇形态。而且，在平静的忧伤中，由于没有痉挛式的呼吸，因此也不会有嘴部张大的形态。在大多数情况下，因嘴唇紧闭的要求，会通过口轮匝肌的收缩来完成这个表情形态，不过，这只是无意识的抑制动作。平静的忧伤情绪也是一种抑制的悲伤，这时口轮匝肌的动作幅度比价小，不过这并不会影响悲伤情绪的其他形态。

心理启示：

从极致的痛哭表情开始，一直到平静的忧伤，这是悲伤情绪的逐步减弱。一个人表面上恢复到平静，但其内心情绪还停留在悲伤的情绪之中，这就是平静的忧伤。平静的忧伤并不会有太多的表情动作，仅仅是眉毛，以及嘴形的变化，如果不注意，根本察觉不到。对此，在观察他人表情的时候，我们不要错过一个眉毛的形态变化，及时捕捉到其中的细微差别，就能判断出对方真实的情绪状态。

第五节　刻意抑制悲痛时微表情的呈现

从心理学角度说，当一个人处于悲伤情绪的状态中时，他需要寻找一个有效的渠道释放，比如放声大哭，找最亲近的人哭诉，等等，以此让自己内心极度悲伤的情绪得到合理的释放，如此才不会给自己的身心带来危害。毕竟，过度的悲伤，以及持续时间很长的平静的悲伤，对人的身心是不利的。当一个人长期处于悲伤情绪中时，孤独感、无助感就会不断袭来，最后，他的身心都会被悲伤渐渐吞噬，直至最后在悲伤中死亡。不过，在现实生活中，许多人却习惯于抑制自己的悲痛，"带着眼泪的微笑"，这就是很好的说明，这时我们该如何通过一些微表情来窥透对方的真实情绪呢？

在生活中，有时候，我们前一刻还在痛哭，但马上我们所需要面对的是家人、朋友，如果我们不想让他们担心，就会刻意地掩盖自己的情绪。比如眼睛红红的，当对方问道"怎么了"时，他会回答"眼睛进了沙子"。而且，哭泣的声音是哽咽的，但当他想要掩饰自己的时候，会先润润喉咙，尽量让自己的声音听起来很正常。其实，再多的掩饰也会露出破绽，从那声音的颤抖中，还是会辨析出对方的情绪是悲伤难过的，只不过他们在自欺欺人罢了。

那么，在刻意掩饰悲伤情绪的时候，微表情有何呈现呢？

1. 嘴部的变化

掩饰的哭泣与痛哭之间的区别在于嘴部的抑制。当紧闭双眼哭泣的时候，嘴部的动作是为了抑制发声，降低哭泣的音量。不过，所造成的另外的结果，还是会抑制能量的消耗，让悲伤持续的时间变长。在抑制的悲伤情绪中，情绪需要张嘴发生哭泣，不过，主观意识想要掩饰自己的这一表情，他会要求紧闭双唇，这样就会让嘴唇很紧张，有一种向内的压力对抗向上和向外的力量，这样嘴部就会有轻微的抖动。

2. 扭曲的眉形

当一个人在刻意抑制悲伤的时候，尽管他的表情很快会恢复到正常状态，但是，在眉头之间，扭曲的眉形还是会泄露其内心的秘密。扭曲的眉形是悲伤的典型形态特征之一，或许是由于来自痛哭和抑制的纠结中，这样的扭曲形态极具感染力。同时，眉形的扭曲，也表示着其内心的纠结与抑制。

心理启示：

通常情况下，当一个人的情绪自然地由内而外散发出来的时候，这样的表情是自然流露的，没有一丝伪装的痕迹。不过，当一个人想要刻意地抑制内心的某种情绪，那么在表情的呈现中，就会露出一些伪装的痕迹，因为刻意，难免会在某些地方伪装不到位，以至于在微表情闪现中出现一些端倪。对此，当对方在刻意抑制悲伤情绪的时候，我们也可以通过其呈现出来的微表情，仔细揣摩，定会窥探出对方的真实情绪。

第六节　从对方的眼神中体味悲伤情绪

当人们处于悲伤情绪中，眼睛睁开时会有变化。上眼睑的提升因被下压的双眉所抑制，皮肤上会形成一层褶皱，不过，这时眼睛的睁大没有恐惧时那么显著。因此，这个细微的差别是睁着眼睛的悲伤与恐惧表情的重要区别。

　　人们在处于悲伤状态时，眼神也会有所不同。下眼睑比平时遮住更多的眼球，眼轮匝肌部分收缩，主要是下部分收缩，这会造成下眼睑提升变直。这个细微的表情变化，会起到很重大的作用，由于增加了虹膜被遮盖的部分，上下缘都被遮住了更多的部分。在这样的状况下，眼睛的警觉状态就会在短时间消失，眼神也会失去了原有的光彩，瞬间显得暗淡无力。原因在于，黑白对比的减弱，以及眼球反光面减少而造成的感觉。因此，当一个人悲伤的时候，我们可以从其眼神中体味其内心的悲伤情绪。

　　　　小卓爬在阳台上，两只眼睛红肿着，昨晚哭了一夜，现在也该累了。她双眼不知道望向何处，眼神暗淡无光，一双手无措地搭在窗边。

　　　　这时朋友梅子来了，小卓开门，脸上露出了笑容，但可以看出很勉强，因为嘴角的笑容是略带僵硬的。小卓两眼望着天花板，呆呆地，不说话，梅子关心地问："你吃过饭了吗？这都到中午了。"小卓摇摇头，但眼睛还是望向别处，眼神空洞，好像整个人失神了一般。梅子看见小卓这样的情形，也摇摇头，看来这失恋的打击真是巨大。梅子看见乱糟糟的房子，就动手整理了起来，而小卓索性躺在床上，眼神里充满着难以诉说的忧伤。

　　　　梅子收拾完了东西，坐到床沿边，决定好好安慰朋友，她问道："失恋有什么了不起，比他好的男人多得是，你别伤心了，赶快起床梳洗梳洗，这样才有精神认识更好的男人啊。"小卓转过头，一脸苦笑，说道："可是我脑海里全是过去我们美好的回忆，我没办法忘记他。"眼神里突然闪出一道光，似乎正在回忆过去幸福的瞬间，但很快那闪出的一道光就消失了，眼神瞬间变得暗淡。梅子继续说："我知道你现在十分难过，但时间就是最好的药，等过段时间，你肯定会好起来，你也会认识新的朋友，说不定还会找到新的合适的对象，过去的就让它成为记忆吧。"听了梅子的话，小卓看起来平静了很多，不过，眼神却依然没什么光芒，似乎还沉浸在失恋的痛苦中。

在这个案例中，有多处关于小卓忧伤的眼神的描写，"两眼望着天花板，呆呆地""眼神空洞"，等等。这些其实都是小卓内心悲伤情绪的表情呈现。所以，当一个人处于悲伤的情绪中，不管他如何掩饰，我们还是可以从其眼神中读出其内心的忧伤。

心理启示：

> 眼睛是最容易泄露内心情绪的表情器官，因为眼睛是不会说谎的。在日常交际中，我们要善于观察对方眼神的变化，通过其眼神的变化，就可以窥探其内心的情绪状态。尤其是当一个人处于悲伤情绪的时候，他的眼神是没办法掩饰的，可以说，其内心能够泄露出来的情绪状态尽在眼神中。

第七节　眉梢嘴角间透露的忧伤情愫

当一个人悲伤的时候，如果我们用优美的文字表述，那定是"他的眉眼之间有一抹化不开的忧愁"。在大多数文学作品中，我们都会看到诸如类似的表达。忧伤的痕迹很容易在眉眼中显露出来。

当人们处于悲伤情绪时，由于眼睛要睁开，所以增加了眉毛形态的复杂程度。于是，眉毛在相反作用的肌肉拉扯下，先向下压，继而以眉头为主向上提升，提升的幅度比较大。即便是在悲伤情绪减弱之后，悲伤的情绪还会使这种复杂的眉毛保持原来的样子。

当内心悲伤的情绪减弱以后，额肌试图与皱眉肌进行反向拉扯，额肌上拉，皱眉肌下拉，额肌只有在眼轮匝肌的作用减弱的时候才会显出其作用来。额肌中束的收缩部分中和了眉毛的下压，向上提升眉头。当然，放松的眉头基本上不会呈现出这种状态，而垂直方向的皱纹还能够显露出皱眉肌收缩的形态。

　　他一个人走在墓地里，寻找着父亲的墓碑，似乎他的心思并不在寻找墓碑上，因为他的眉头始终下压，双眉之间有一种解不开的忧愁，所以，他找了半天还没找到。

　　顿了顿神，他才终于想起来自己到墓地的目的是祭奠去世的父亲。他双眉更加下压了，看了看周围，在一个角落中发现了父亲的墓碑。当看到墓碑上父亲的名字时，他眉毛下压得更严重了，眼眶也有些红了，好像要流出眼泪来。但就在这时，他深深地呼了一口气，把即将浸满眼眶的泪水逼了回去。不过，即便他的眼睛很快恢复了正常，但其眉头还是那副样子，双眉下压，眉头紧锁。

　　生活中，有些人，由于经常喜欢皱眉，所以显得眉毛比较水平；有的人脸上是额肌比较强势，于是，其眉毛就会呈现出特别的形态。但是，相似的一处在于，每一张忧伤的脸都会显得很纠结，在眉头内侧成扭曲形态，这显示了其内心的纠结程度。

　　稍微带点扭曲的眉形是悲伤的典型形态特征之一。或许是由于内心痛哭和抑制的纠结，眉形的扭曲状态具有很强的表达感染力。不过，忧伤的眉毛形态不单单出现在痛哭的表情中，还会出现在任何一张忧伤的脸上，甚至还会出现在一张不忧伤的脸上。比如在寒冷的冬天，那种恶劣的天气就会让人们脸上出现这样的表情。当然，在这样的情境下，人们眉毛的形态更多地代表了苦难，而不是忧伤。这时候情绪的来源在于，因为人们没办法改变恶劣的天气，寒冷的天气就好像是一种负面情境，因此他们的表情是相似的。

心理启示：

　　一个人眉梢之间隐藏了很多东西，比如忧伤、喜悦，因为随着这些情绪的外泄，人们那极具表情的眉毛就会忍不住上扬或下压，这是人的意识控制不了的，是一种自然的流露。因此，当我们在观察一个人的时候，需要观察其眉梢间的变化，这样才能捕捉到其内心的情绪。

第9章　嘴部动态，细小的变化来自潜在的内心波动

众所周知，用嘴说话是传递信息的最主要的手段，正因为如此，我们很容易忽略嘴也有无声胜有声的时候。其实，嘴部的细微变化也可以泄露一个人内心的秘密，比如嘴角往上才是真笑，抿嘴唇说明压力大，舔嘴唇表示安慰自己，吐舌尖则表示一种侥幸心理，等等。在本章，我们将为你揭开嘴部的秘密。

第一节　嘴部的小动作展现内心活动

从生理学角度看，通常情况下，人的脸部肌肉会随着情感的变化而变化，其中特别是以眼睛和嘴部四周的肌肉最为显著。按照嘴角弧度的不同，嘴部的动作可以分为很多种，或张开或闭合，或向上或向下，或向前或向后，或抿紧或放松，这样不同的嘴部小动作恰恰反映了不同的心理活动。比如，在生活中，容易被我们辨别的嘴部小动作包括：嘴角上扬表示喜悦，嘴角下垂表示痛苦，嘴巴大张表示惊讶，嘴唇紧闭表示生气，等等。

下面，我们就一一来揭示：

1. 舔嘴唇

在生活中，当我们面临很大压力的时候，会感觉到口干舌燥，这时就会不自觉地用舌头不断地舔嘴唇，以便让它湿润一些。同样的道理，当人们感到不自在或者心理紧张的时候，他们也会反复地摩擦嘴唇，以此寻找自我安慰，并希望通过这样的动作让自己镇定下来。不过，在日常交际中，如果一个人总是

不停地舔嘴唇，那并不会让人感到他是一个自信的人，相反，这样动作只会让当事人更紧张。

2. 抿嘴

当我们面临重大压力的时候，一种常见的反应就是隐藏或拉紧自己的嘴唇。随着内心压力的越来越大，原来丰满的嘴唇会慢慢变得扁平，最后成为了一条直线。而这个形态，恰恰表示人们内心的情绪和自信被大大打击，跌至谷底。心理学家分析，抿嘴唇是自我抑制的表现，这就好像大脑在告诉我们"闭上嘴巴，不要让外界的任何东西进入身体"，不过，正是因为这个抑制情绪的动作，反而暴露了这个人内心的焦虑。

3. 撅嘴

当一个人的嘴唇向前撅的时候，通常表示他心存不满情绪或不同的意见。对此，心理学家分析，这是当事人希望将不满的意见拒绝的意思。有时我们会看到这样的情景：在开会时，当一个人不同意其他人的意见时，通常会做出这样的举动。当然，撅嘴并不完全是心存不满，因为有些爱撒娇的女孩子也经常做出撅嘴的动作。

4. 撇嘴

当人们不开心的时候，通常会做出下唇向前伸、嘴角下垂的动作，这也就是我们常说的撇嘴。如果说嘴角上扬表示喜悦，那撇嘴的动作则表达了一种负面的情绪。当人们内心感到悲伤、绝望、愤怒或者不屑的时候，他们的嘴部就会出现这样的动作。其实，当克林顿深陷与莱温斯基的性丑闻，以及小布什被指责伊拉克情报失误的时候，我们都可以从其嘴部观察到这个细微的小动作。

心理启示：

尽管，在不说话或说话时，人们嘴部的小动作是异常丰富的，但人们往往忽视了其背后的心理含义。而同样的对于那些细微的小动作，心理学家经过研究发现，每一个小动作背后都隐藏了一个心理秘密。

第二节　从嘴角的变化，识别真实情绪

小时候，我们都玩过这样一个游戏——贴嘴巴，也就是在不同的脸上贴上不同表情的眼睛和嘴巴，然后观察组合成的新表情。不同的搭配之下自然会产生不同的表情，同一个眼睛的表情搭配不同的嘴巴表情，最后的结果也是令人惊讶的。我们常说眼睛是心灵之窗，是一个人情绪的全部表现，其实并不是这样的，在面部器官中，嘴巴也是重要的表情呈现器官。

嘴巴有四种基本的运动方式：张开闭合，向上向下，向前向后，抿紧放松。不同的运动方式，嘴角会呈现出不同的形态。这些丰富的嘴角形态，正反映了当事人处于何种情绪。

1. 嘴角上扬

嘴角上扬，这个表情动作是最容易辨认的。当一个人开心的时候，他的嘴角就会不自觉地上扬，这是真实情绪的自然流露。假如一个人只是勉强露出微笑，那你可以观察一下，其嘴角没有任何动作，即便勉强保持嘴角上扬的动作，但嘴部的肌肉都是明显僵硬的。

2. 嘴角扁平

在什么时候一个人的嘴角才会出现扁平的形态呢？也就是当他把嘴唇抿成"一"字形的时候。大多数人在需要做重大决定或事态紧急的情况下就会有这样的反应，这表示他处于思考状态中。而且，这样人大多比较坚强，具有坚持到底的精神，面对困难从来不会退缩，因此，习惯做出这样动作的人很容易获得成功。

3. 嘴角上挑的人

相比较嘴角上扬，嘴角上挑的人看上去有点傲慢，这表示其内心处于强烈的优越感中。这样的人机智聪明，性格外向，能言善辩，善于和那些陌生人成为朋友。他们胸襟开阔，有较强的包容心，即便那些曾经伤害过他们的人，他们也从来不放在心上。

4. 嘴角向后

在与人交谈中，假如其中有人嘴角稍微向后，那表示他正在集中注意力听别人说话。

5.嘴角下压

当一个人嘴角下压的时候，这个人的整个嘴部会有下垂的动作。这样的嘴角动作，表示当事人处于负面情绪之中，有可能是悲伤、懊恼、抑郁，等等。尽管他在极力掩饰内心的这种情绪，但其嘴角的细微动作还是将其内心的秘密显露无遗。

心理启示：

嘴角的动作是嘴部的上唇提肌和下唇肌共同作用完成的，或嘴角上扬，或嘴角上挑，或嘴角下垂，等等，这些看似细微的动作却可以泄露一个人内心最真实的秘密。因此，千万不要忽视了嘴角动作的变化，一旦嘴角发生了细微变化，那将预示着这个人内心情绪发生了变化，因为真实情绪往往会隐藏在嘴角的变化之中。

第三节　紧闭和张开的嘴巴暗示的心绪

当一个人不说话的时候，其嘴巴是紧闭的；当一个人说话时，嘴巴是张开的。在这两种情况中，嘴巴有紧闭和张开两个动作。其实，不仅仅是在不说话或说话的情况下，嘴巴才有紧闭或张开的动作，在其他的情绪呈现中，也会出现这两个动作。

而且，仅仅是紧闭和张开这两个嘴巴明显的动作，也会表现出人们内心情绪的不同。

1.紧闭的嘴巴

有时候，人们习惯性紧闭着嘴巴，给人一种拒人于千里之外的感觉。看似不想说话，其实内心却有另外的情绪在涌动，有可能是哀伤，有可能是愤怒，等等，下面我们就闭嘴这个动作，揭示其中有可能隐藏的情绪。

（1）悲伤。

在许多悲伤的脸上都会出现紧闭嘴唇的情态，不论是失声痛哭还是略带克制的平静忧伤。在这些表情中，因上唇在颧小肌或者提上唇肌的作用下发生改变，嘴角会保持向两侧拉扯咧开的倾向，不过这一般没明显的变化。这样紧闭着嘴巴，是悲伤表情的典型形态特征，如苦涩的瘪嘴，就好像人们在吞咽药水时很痛哭的表情。

（2）愤怒。

当一个人在愤怒的时候，大多也是紧闭着双唇的。这时嘴部形态直接取决于口轮匝肌、降口角肌，这两种肌肉的作用就是收缩，可以让嘴唇挤在一起。一个人生气了不会随便张口乱吼，在大多数情况只是紧闭双唇，憋着一口气，等待愤怒情绪的发泄。

2. 张开的嘴巴

同样，张开的嘴巴，并不表示这个人在说话，有可能是惊讶时的动作，也有可能是恐惧时的动作，还有可能是大笑时的动作。

（1）惊讶。

当人们在惊讶的时候，嘴巴会不自觉地张开，配合一次快速的吸气，只有下唇在下巴的带动下自然向下轻微地张开，嘴唇表面皮肤不会变紧，也不会向两侧拉伸。在惊讶时，人们嘴部张开这个动作，纯粹是为了吸入更多的空气，从而为身体的下一步动作做好准备。当然，这时嘴巴张开并不会拉动嘴部周围的肌肉，而仅仅是下颚有意地打开，让嘴巴张开，然后快速地吸气。

（2）恐惧。

人们在恐惧时一样会张开嘴巴，脸色露出惊恐的神态。在恐惧表情中，上唇被提升，嘴角被颈阔肌向两侧大幅拉开，下唇也不光是随着下颚的垂落而打开，而是在降下唇肌的作用下被拉长、下降，露出部分下齿。这样一个张嘴的动作，是出于呼吸本能的需求而做出的，这与我们因恐惧而全身心进入紧张状态、皮肤变紧的性质是相同的。

（3）大笑。

在大笑时，在颧大肌的作用下，提口角肌、提上唇肌等其他与上唇相关的肌肉会收缩。这时，上嘴唇在这些肌肉的影响下，几乎提升到了最高位置，将上齿全部露出，甚至还会露出部分上齿牙龈。大笑的时候，下颚下垂，使嘴巴张开，不过，这时下巴不仅下拉，还会向颈部移动后贴，下嘴唇也会被大幅拉伸，表面变得平滑。

心理启示：

当我们了解到闭紧嘴巴有可能是悲伤或愤怒，张开嘴巴则有可能是惊讶、恐惧、大笑的时候，我们就不会再单一地将张开嘴巴理解为说话，将闭紧嘴巴理解为不想说话。有时候，嘴巴简单的闭合动作，其中却隐藏着当事人最真实的情绪，因此千万不可忽视这个细微的变化。

第四节 说谎时嘴巴的表情

虽然，我们说人们是用嘴巴撒谎，但其实在说谎的那一瞬间，其嘴部是会呈现出一种表情的。当一个人在撒谎时，他的面部表情会局限在嘴巴、眼睛等处，而不是整张脸。举个例子，当一个人自然微笑时，整张脸都会有反应：下巴、脸颊会动，眼睛和前额会向下等。

生活中，当一个人有意识说谎的时候，他会有想掩盖自己说谎的心理，在这样的想法下，他会强迫自己呈现出正常的面部表情，试图让别人猜测不到自己在说谎。其实，一个人真实的内心，越是想掩饰，就越有可能从缝隙中露出破绽，即便他面部所显露出来的主要表情并不是撒谎的表情，但其嘴部的小动作会泄露其内心的秘密。所以，在日常交际中，当我们去判断一个人是否在撒谎的时候，可以将焦点放在其嘴部表情上，这样我们就可以从中看出端倪。

周末，扬扬准备打电话约男朋友一起去逛街。但是，等到自己打电话给男朋友，他却说："我约了朋友一起去钓鱼。"扬扬虽然觉得懊恼，但想到他也有自己的爱好，于是就不再作声了，结果，她一个人跑去逛街了。

在大街上，没想到遇到了男朋友的铁哥们张军，扬扬叫住张军："咦，你不是和他去钓鱼了吗？怎么还在街上闲逛。"张军面颊上扬，嘴角下垂："钓鱼？哦，是的，他们先去了，我一会儿就去，你一个人逛街啊？"扬扬回答说："是啊，打算喊他一起的，但他却说自己要跟你们一起去钓鱼。"听了这话，张军咬住下唇，半天才说："哦，这样啊，那你先逛吧，我得赶过去了。"说完，就挥手告别了。扬扬总感觉张军的表情不对劲，但又说不上来哪里不对，只好摇摇头走开了。

其实，张军根本不是跟扬扬的男朋友一起去钓鱼的，他只是在街上买东西，而扬扬男朋友到底有没有去钓鱼，他也不知道，他只是帮着圆谎。

在这个案例中，张军明显是撒谎的，我们可以从其嘴部的表情看出一二："面颊上扬，嘴角下垂""咬住下唇"。这些都足以说明他在撒谎，虽然他的面部表情极为镇定，但嘴角却泄露了其内心的真实想法。

那么一个人在撒谎时，嘴角会呈现出哪种表情呢？

1.嘴角下垂

当一个人面颊上扬，嘴角下垂，说明他有事瞒着你，并且他为此感到非常的内疚和自责。

2.食指放在嘴唇上

当一个人双手交叉相握，两食指放在嘴唇上，说明他在竭力使自己平静，有事情想向你坦白。如果你看到对方这样子，先不要打扰他，也不要逼问他，等他自己想好了会对你说的。

3.瘪嘴

当一个人在瘪嘴的时候，说明他有意识地试图保持沉默，说明他有事瞒着你，不知道该不该跟你说。

4.舔嘴唇

舔嘴唇是一种安慰行为，这个行为可以让非常紧张的说谎人镇定，也就是说谎者在说谎时常用的表情。

心理启示：

虽然说谎是靠嘴巴，但嘴部表情有时会泄露说谎的秘密。这就好像有人在做坏事一样，即便其表现得异常镇定，但还是免不了露出一些破绽，而撒谎者的破绽很大程度上就在于其嘴部的表情。在日常交际中，我们要善于观察对方嘴角动作的细微变化，有可能轻轻一个嘴角下垂，那就预示着他有某些事情瞒着我们，也就是说，他在说谎。

第五节　唇齿相依，牙齿触碰嘴唇的秘密

俗话说："唇齿相依。"牙齿和嘴唇好像是一对好朋友，互相依赖，互为伙伴。当我们在说话的时候，需要依靠牙齿和嘴唇的碰撞，一张一合，就会说出一句流利的话；吃东西的时候，嘴唇张开，牙齿咀嚼，那我们就能品尝到美味的食物。然而，我们并不知道，牙齿与嘴唇的碰撞也会有一些小秘密，我们经常会在吃东西时发现牙齿咬住了嘴唇，那钻心的痛从心而来，我们发现：即便是再好的朋友，也会有冲突的一天。其实，咬嘴唇这样的小小动作，不仅会出现在吃饭时，而且在说话时也会出现。像这样一些牙齿触碰嘴唇的行为，是可以泄露出一个人内心的真实情绪的。

中午，小周被总经理叫到办公室，他一猜就没什么好事。果然，他推开办公室的门，就看见了总经理那张阴晴不定的脸。不过，即便是臭着一张脸，但总经理还是客气地说："坐吧。"小周小心翼翼地坐了下来，等待着总经理发话。

总经理一边整理自己手中的文件，一边说："小周，你来咱们公司也有好几年了，应该说，能力，各方面都不错，为什么昨天的工作会出现这样明显的错误呢？"小周咬住嘴唇，不说话，总经理又开始说了："像你这样明显的错误，就是才进公司三个月的新人都不会出

现，你进公司好几年了，却出现这样的疏忽，我确实很生气，也不知道当时你到底在想什么。"总经理的声音提高了，小周保持一副毕恭毕敬的神态，始终咬着嘴唇，不说话。

过了一会儿，大概是总经理觉得自己把该说的都说了，于是，语气转为温和："你说说，认识到自己的错误了吗？"小周小心翼翼地回答说："我知道了，不好意思，让经理操心了。"说完，牙齿又咬住了嘴唇。

在案例中，小周出现了几个"咬嘴唇"的动作。虽然这几个动作很常见，也很普通，但却可以泄露其内心的想法。在交流过程中，一个人不断地在咬嘴唇，那表示他正在思考对方所说的话，正在对自己的行为作出反省。而根据当时具体的语境，这样的判断是极为正确的。

牙齿和嘴唇碰撞到底有哪些秘密呢？

1. 说话时咬嘴唇

在日常交际中，出现咬嘴唇的动作，表明对方在自我谴责，自我解嘲，甚至自我反省。对于他人所说的话，他正在认真思考。

2. 牙齿咬住下嘴唇

在与人交流的过程中，一个人用上牙齿咬住下嘴唇，或者用下牙齿咬住上嘴唇以及双唇紧闭，那表示他正在用心地听另外一个人说话，他也许是在心里仔细地分析对方所说的话，也许是认真地反省自己。

心理启示：

在表情中，牙齿与嘴唇的碰撞，也会撞出不一样的火花来。通常情况下，一个人内心的秘密，会一一写在脸上，呈现在人们面前。但人们潜意识里往往会有想掩盖真实心理的想法，不过，某些面部表情的自然流露还是会泄露其真实的内心，比如牙齿和嘴唇碰撞的秘密，也许我们所看见的只是一个"咬嘴唇"的动作，但其心理到底是怎么样的，我们却无从得知，而在这一节里，我们就为你揭示了牙齿触碰嘴唇的秘密。

第10章　眼睛和眉毛，眉眼之间暴露的真实情感

在人的面部器官中，眼睛和眉毛无疑是最擅长于表露情感的。一个蹙眉、一个眼神，都可以泄露人们内心的真实情感，我们说"真实情感尽在眉眼之间"，这句话一点儿也不假。在本章，我们就带你一起揭露眉眼之间的秘密。

第一节　透视人心，眼睛是心灵的窗户

俗话说："眼睛是心灵的窗户。"尽管每个人内心所思所想不一样，但透过眼睛这扇透明的窗户，我们却可以看透一个人最真实的心理。那是因为一个人内心的各种情绪，诸如冲突、烦恼、愉悦，都会不自觉地透过变化的眼神流露出来。相比较脸部的其他部位，眼睛周围的肌肉更发达精巧，这不仅可以很好地保护眼睛不受伤害，同时还可以使眼部本能的动作反射性增强，可以以最直观的方式展现内心活动。比如，当危险物品来袭的时候，眼睛四周的肌肉会反射性地让眼睑立即合上；而当强烈的光线射来的时候，眼球内部的瞳孔会收缩，避免眼睛受到刺激。正因为眼睛具有如此的本能反应，所以可以说，眼睛所反映出来的情绪是最真实的。

那么，眼睛到底有哪些表情呢？

1. 眼睛上扬

眼睛上扬是一种假装无辜的表情，假如有人在说自己的坏话，那你做出这样的表情，就表明自己的确没有干过对方所说的那些事情，那定是别人故意造谣。当然，在一些外国人身上，会出现眼睛上扬、耸肩膀的动作，这表

示无所谓。

2. 眨眼

眨眼可以根据眨眼的频率分为好几种：假如是面对着你快速眨眼，那说明对方在暗示你，有的事情可以说，有的事情不能说，那是我们之间的秘密；假如是对方一个人在快速地眨眼睛，尤其是脸部朝下，那表示他快要哭了，情绪十分激动，这时很需要你的安慰；假如眨眼睛的幅度比较大，速度也比较快，那表示他不相信眼前所看到的一切，他需要睁大眼睛才能看清楚，自己是否刚才看错了。

3. 眼睛斜瞟

通常情况下，这样的表情多出现在女人身上。假如她第一次和男性见面就用斜眼瞟男性，那就是说她挺欣赏你的，你很帅，只是我很害羞，不敢正眼瞧你，不过我又很想看到你，没办法了，只有悄悄地看你。这个时候，假如你是一名男性，那你应该感到高兴，而不是生气人家没拿正眼看你。

4. 挤弄眼睛

朝对方挤弄眼睛是一种默契的表现，就好像我们常说的"我们做的事情天不知、地不知，只有你知我知"。当然，在生活中，也有人在扮鬼脸时挤弄眼睛，为的就是让自己的装扮更逼真，可以这样做的人一定是对你印象还可以，或者就是对方喜欢你，尤其是在小孩子身上，这样的表情十分普遍。

心理启示：

　　通过眼睛而延伸出来的眼球运动和眼神交流，可以看出一个人此时此刻的想法，是赞同还是反对，是欣赏还是厌恶，不管这个人心里想什么，眼神都会马上诚实地告诉我们。一个人内心所思所想，不用言语，就可以从眼睛里找到答案。在日常交际中，千万不要错漏了对方的眼神语言。假如他愿意与你平等对视，侃侃而谈，那定是胸怀坦荡，内心没有隐秘，而且充满了自信；假如他目光游离，不敢与你直接对视，那表示他不诚实，心中可能隐藏着不可告人的秘密。

第二节　眉毛也有属于自己的微表情

人的所有面部器官，都有其存在的意义，我们不能想当然地以为眉毛只是装饰作用。眉毛被流传得最广的作用，是配合人类的直立行走姿态，防止汗液、雨水等刺激源在重力的作用下直接侵害眼睛。假如我们有机会仔细观察眉毛，就能够发现每根发毛的走向，都是向上或者呈水平方向向两侧生长的，这样的走向能够有效地引导小滴液体避开眉毛下方的眼睛，从两侧流下。其实，除了眉毛所本身具备的原始功能以外，对我们而言，还有另外一种重要的作用，那就是表达"心意"。

眉毛的表情，主要是额肌收缩造成的上扬，皱眉肌主导收缩造成的皱眉，由眼轮匝肌和降眉间肌共同收缩造成的下压，等等。不同的眉毛表情，展现了不同的心理。

1.眉毛的正常状态

就绝大多数人而言，眉毛的正常形态是两道弧心向下的弧。但个体差异比较大，这还需要进行基线测试。基线也就是眉头与眉梢的连线。

2.眉毛下压

眉毛下压，也就是眉毛整体向下移动。因为眼轮匝肌的收缩运动参与，上眼睑也因此受到眉毛下降的压迫而向下闭合，遮住部分眼球，下眼睑呈现绷紧状态，眼睑整体呈现半闭合状态。假如是眉毛整体下压，那就表示这个人感受到了压力，下压和眼睑紧绷的程度越大，意味着压力也就越大，关注程度也就越高，比如，意外、不解、困惑、烦躁、厌恶等情绪。

3.眉毛抬高

通常情况下，不管是眉头的抬高还是眉梢的降低，都不会很明显，在更多的时候，这是一种相对位置的改变。比如，一个人在悲伤时，眉头可能皱在一起，也可能分开。紧皱在一起，表示还在集中精神悲伤，还在想着过去，不过理智还存在。而眉头分开，则是完全失神的悲伤特征。

4.皱眉

眉头向面孔中线皱起、下压，眉梢向面孔两侧的斜上方挑起，也就是眉头皱起，眉梢高挑。这样的眉毛表情是由两种神经系统状态复合而成：一是关注；二是准备进攻。这样的关注是十分严重的关注，为进攻收集信息；进攻时，能量外泄，面孔上的器官，在充沛能量的支撑下做出扩张动作，高挑双眉，睁大双眼，张开嘴大声吼叫，甚至鼻孔也会张大，并配合剧烈的呼吸。这表示此人处于十分愤怒的情绪之中。

5.眉毛高抬

出现这样表情的情形有两个：一是惊讶，二是对自己所说的话很有自信，甚至认为得到了听者的认可，类似于"你懂的"。不过，这两种情形下，上眼睑的配合是有区别的，惊讶时，双眉、上眼睑提升程度匹配，而自信时，眼睑仅仅是轻微提升。

心理启示：

虽然，眉毛只是面部器官中的很小的一部分，有的人的眉毛甚至不是特别明显，但作用却十分大。眉毛的一动一静，都可以在无形中透露自己的心境。假如不想让别人太看透自己，那么自己就得让自己的心态更成熟一些，最好是能处变不惊，不要让眉头泄露自己的内心的秘密。不过，反过来，我们可以根据别人眉头的微表情来判断对方处于何种情绪。

第三节　不同情感在瞳孔中的细微变化

有时候，我们对自己的身体了解得越多，对这些身体特征的利用也就越多。著名导演斯坦尼斯拉夫斯基晚年时甚至要求演员在表演时把自己的动作姿势降低到最低限度，要求"几乎任何动作都没有，只有眼睛在动"。不仅仅是这样，演员在表演时也会出现这样的身体特征。比如，在电视剧里，一些英雄被敌人逮捕的时候，那双瞪大的眼睛，就是对敌人诱惑的一种无声鄙视；反之，假如经过了许多磨难之后再次回到队伍中，那种温柔的眼神又是另外一种含义，这时瞳孔也会缩小很多。

眼睛瞳孔的变化也会表露一些真实的情绪，假如你仔细观察就可以发现：一个人感到愉快、欣赏、兴奋时，他的瞳孔就会扩大到平时的4~5倍；反之，假如一个人生气、讨厌、心情消极的时候，他的瞳孔就会收缩得很小。假如瞳孔没有什么很大的变化，那表示他对所看到的东西都漠不关心或者感到无聊。其实，不仅仅是人们的瞳孔才有这样的功能，猫的瞳孔也有这样的功能，其变化的大小和情绪有着很大的关系。所以，在生活中，我们要善于观察对方瞳孔的变化，并从中发现对方的心绪。

1. 瞳孔扩大

正常情况下，瞳孔是既不会扩大也不会缩小的，除非外界传递过来的刺激源异常强烈，才会给我们的瞳孔带来影响。而且，不管这个刺激源是有利的，还是不利的，都会导致我们的瞳孔扩大。比如，我们在非常高兴时，瞳孔会扩大；在极度兴奋的时候，瞳孔也会扩大；在极度恐惧的时候，瞳孔也会先扩大，似乎想看清楚那东西到底是什么，然后才会因恐惧而收缩。

2. 瞳孔收缩

当刺激源是不利的，而给我们心情带来消极影响的时候，瞳孔就会在不知不觉间收缩，那是人的一种本能的反应，希望通过收缩瞳孔来逃避某些对自己不利的事情。比如，我们在生气的时候，瞳孔会收缩；当我们讨厌一个人的时候，瞳孔也会不自主地收缩；当我们的情绪变得糟糕的时候，瞳孔也会收缩。

心理启示：

虽然，瞳孔变化属于微表情行为，但它所传递出来的信息是难以用意志来控制的。通常而言，瞳孔放大传达正面信息，缩小则传达了一些负面信息。比如，表示爱、喜欢或兴奋，瞳孔就会扩大；表示消极、戒备与愤怒，瞳孔就会缩小。听说老一辈革命家陈毅元帅喜欢戴墨镜，是因为他眼中容不得一点沙子，只要一生气，那眼神就十分吓人，不过这是外交工作应该注意的，因此他喜欢带墨镜。

在生活中，比如商场里的服务员走上前向我们推销，当他们按照观察推荐了我们喜欢的一款商品时，眼睛就会不自觉地放光，这就是瞳孔的变化。当然，再捕捉到眼睛的这些细微的变化，假如不是经过长时间细致入微的观察积累，是没办法做到的。因此，在生活中我们需要做一个有心人，从细微处观察对方瞳孔的变化，以此判断对方处于什么样的情绪。

第四节 眉毛形态所表达的情绪

与紧锁的眉头相反，有时候，我们的眉头处于舒展的状态，也就是当我们的精神处于愉悦状态，没有受到负面刺激，看到了自己十分关注的事物，眼睑正常睁开时的眉毛形态。对于大部分人而言，舒展的眉毛是两道弧心平行。当然，鉴于人的个体差异巨大，考虑到年龄、种族、性别、是否修饰过以及个人习惯和肌肉常态等因素，每个人舒展的眉头看上去不太一样，但整体上给人的是一种精神愉悦的感觉。

就好像舒展的眉头告诉你他的情绪一样，其实，眉毛也是可以表达出当事人的情绪的，下面我们就几种"眉毛形态"所表达的情绪一一分析。

1.扬眉

扬眉分为两种形态：双眉上扬和单眉上扬。生活中，当一个人的某种冤仇得到伸张的时候，经常会扬眉吐气。双眉上扬，是一个人在极度欢喜或极度惊讶的情况下才会有的眉毛动作，在这样的情形下，人的心情起伏一定很大。假如你想告诉对方什么事情，最好等他情绪平复之后再说。单眉上扬，则表示不理解、疑问，这表示当事人正在思考问题。

2.耸眉

耸眉，也就是眉毛先扬起，停留半刻之后下降的这个动作。通常情况下，还伴随着嘴角快速地往下一撇，而面部表情却没有特别的变化。这表示的是一种不愉快的惊奇或无可奈何。此外，当一个人在强调自己观点的时候，也会出现这样的动作，意为需要你同意其观点。

3.倒竖眉

倒竖眉，也就是眉毛倒竖，眉角不拉，说明当事人极度愤怒或异常气恼，也许是被人戏耍了，也许是被人背叛了。

4.锁眉

锁眉，指的是紧锁眉头，一副苦大仇深的样子，内心极度忧郁或正处于矛盾中，这时非常需要有人安慰。

5.闪眉

闪眉，也就是眉毛闪动，眉毛先是上扬，继而在瞬间下降，这是一种友好的情绪。当两位相恋的人相见，往往会出现这样的动作，而且经常会伴随着扬头微笑或者拥抱。假如是在说话时出现这样的动作，那就是为了加强语气，表示："你最好记住我所说的每一个字。"

心理启示：

眉毛可以呈现一个人内心最真实的情绪，比如，当一个人紧皱眉头的时候，我们一定不会说这个人心情很愉快；反之，当一个人舒展眉头的时候，我们绝不可能认为这个人闷闷不乐。在日常生活中，当我们无法确定对方处于何种心情的时候，就可以仔细观察其眉毛的形态，是皱眉还是闪眉，是耸眉还是眉头舒展，以此逐一推断对方处于什么样的情绪，同时也便于我们制订交流策略。

第五节　对视，眼神与视线的交接或转移

在人际交往中，眼神交流是相当重要的。因为从眼神的交流中，可以看出两人的心态、两人的关系，甚至是微妙心理的变化。比如，看视线是否交流，是否将目光投向对方；看视线注视的时间，是盯住一处不放还是匆匆一瞥；看视线的角度和方向，是迎面还是斜视，是由下而上还是由上而下；看视线的集中度，是凝神注视还是茫然。当然，通常情况下，直视与长时间的凝视对是私人占有空间或视力圈的侵犯，这都是不礼貌的。转移视线，回避对方的视线，是不愿意被对方看到自己的心理活动；张大眼睛则是对对方所谈论的话题十分感兴趣。

1. 眼神接触

当对方投来了关注的目光，两人视线接触，那表示对方对你有兴趣，想亲近你或关心你。如果对方完全不看你，那就是"完全不把你放在眼里"，这样的可能性比较多：或许是不想关注你，或许是看不起你的行为，或许是心里有鬼，对你怀有愧疚，或很在意你，但心里感到羞怯。

当然具体是什么样的情况，还需要根据实际情况而定。两个陌生人，偶尔视线相遇，通常会快速转移视线，自然地避开对方的视线，因为被对方注视太久，会觉得心理被看穿了，有一种被侵犯的感觉。

2. 视线转移

有时候，人们会主动移开视线，这是一种强势的表现；有时则会被动移开视线，也就是逃避他人的视线。在沟通过程中，假如自认为站在高于对方的地位，那个人就会先移开视线，这样做会让对方处于被动的位置。当两个人陌生人见面，快速移开视线的人，比较具有攻击性。在交谈过程中，回避对方的视线，不愿意接受对方的视线，不愿意和人进行对视，那表示当事人犯了错，心中有愧疚。

3. 长时间盯住一个人

通常情况下，一个人说得越多，看对方的时间就越短；听得越多的人，看对方的时间也就越长。人们认为，在交谈中一直不移开视线，始终注视说话人的眼睛是一个诚实的行为，但这给说话者却带来极大的不安。所以，要想看清对方的意图，必须观察他说话说到哪里，进行视线交流。当人们开始说话的时候，一定先把眼光从对方那里移开，这是一种避免分散注意力的方法。在开始说话时，视线交流的目的是通知对方要开始说话了，可以引起对方的注意；说话结束时抬起视线，意在想知道对方到底了解没有，并推断出对方的心理动态。

心理启示：

在日常交际中，我们经常会处于沟通的场合，这时就需要注意眼神的交流、转移以及移开。通常情况下，正常的眼神交流是时而交接，时而移开，因为在交际场合中，长时间地盯着一个人是一种不礼貌的行为，除非你的对象是艺术品、雕塑、风景、动物、舞台表演等。当你在看这些东西的时候，那就随心所欲地凝视，想看多久就多久，要看多仔细就多仔细。但如果我们所面对的是人，那就需要表现出应有的礼节和尊重。

第11章　笑容背后，每一个笑容里都隐藏着最真的微表情

笑是人类生存的一种本能，笑容是人类与他人交流的最古老的方式之一，可以说，笑容是全世界都懂的一种表情。然而，笑容并不像嘴角上扬那么简单，笑的种类成百上千，虽然人们几乎随时都能听见笑声，但只有善于读懂笑容背后的微表情的人才能听懂其中的信息。

第一节　什么事情挑动了笑神经

笑容，就好像间谍们发送的电码，需要特殊的密码才能解读出它所代表的真正意义。我们观察一个笑容，首先就是要辨别它是真笑还是假笑，这是很有价值的表情解读，笑容的真假可以让我们瞬间读懂在寒暄的两人之间的真正关系：是亲密还是疏远。甚至，我们还能够从笑容中判断出对方的想法和心理。

笑容是一种很复杂的生理运动，在没有刺激源，比如高兴的事情或幽默的笑话的情形下，我们可以试着微笑一下，这样就知道到底是什么调动了笑神经了。实际上，笑容是可以理解为将心理快感转化为生理快感的一种运动。笑容是人类最为复杂的一种表情，因为它可以适用于各种社会交往情境，人们可以在没有相应的准备的情况下，轻松地做出礼节性的微笑表情。

当一个人露出笑容的时候，看起来整个脸部都发生了显著的变化，变化程度之大超过了其他表情，这和痛哭处于同一复杂程度。实际上，笑容的肌肉动作比较小，不管是普通的微笑还是开怀大笑，都是由两组肌肉主导完成的。

1. 颧大肌

第一组是笑容的专用肌肉——颧大肌，它非常专业。它唯一的作用就是将

嘴角向两侧拉伸、向上提起，主导促成了整个下半脸的全部笑容形态，其他肌肉的运动都属于这个笑容绽开的参与部分。

2.眼轮匝肌

第二组是眼轮匝肌，这在许多表情中都会动用。比如，强烈的厌恶，上下眼睑同时挤压绷紧；愤怒，绷紧和变直的下眼睑；痛哭，眼睑的闭合。在笑容中，眼轮匝肌必不可少，假如笑容中仅仅有嘴部的动作，而没有眼部的动作，那就会使整个笑容看起来是皮笑肉不笑的感觉，给人的感觉是很虚假的。

那么，人为什么会露出笑容呢？

主要来自于内心情绪的一种流露，愉悦的情绪所流露出来的当然是自然的笑容。通常情况下，我们将笑容定义为心情愉悦的标志。不过，在现实生活中，有时候，在一些特别的情境下，人们因想掩饰自己真实的情绪，往往也会露出虚假的笑容，虽然，这样的笑容是极不真实的，但也属于笑容的种类。

心理启示：

笑容源自于内心的情绪的释放，不过，我们如何辨别一个人笑容的真假呢？在生活中，我们只需要观察对方嘴角肌肉的运动方向，就能够看出这个人是真诚地笑还是虚假地笑了。当他在真正微笑的时候，嘴角会向眼睛方向上扬。假如是假笑或"应付"的笑，嘴角会被拉向耳朵方向，嘴唇会形成长椭圆形，当事人的眼中也不透露一丝情感。在交际中，要注意观察对方是否是发自内心的笑，说不定你能猜到当事人心里在想什么事情呢。

第二节　笑容——没有你看起来那么简单

笑容，虽然很美，但没有我们看起来那么简单，也就是说，有时候我们所看到的笑容并不是真实的。正常状态下的笑容，是心情愉快的表露。比如，我国神话中的老寿星总是一副笑容可掬的样子，那不仅表示其心情比较愉悦，而且身体也比较健康。

对此，加拿大心理学院的克尔特纳博士研究了111名21岁学生大学时代的照片，逐一分析她们在微笑时嘴角上扬的弧度、脸颊因肌肉收缩而隆起的程度、眼角的皱纹、眼袋等，对她们进行测试。结果发现当年在合影中笑得富有积极情感的人，大多婚姻幸福、生活优裕。心理博士举例说，比如前第一夫人希拉里的笑容，便知道她婚姻生活艰苦；而好莱坞影星梅丽史翠普在婚礼上笑容可掬，双眼闪光，就知道她婚姻一定幸福。

除了正常情绪状态下的笑容，还有一些笑容是异常的：

1. 苦笑

苦笑的面部表情特征为张口困难，咀嚼肌抽搐，牙关紧闭，面部肌肉有轻微痉挛。这是心情不佳，勉强做出的笑容，也是典型的苦笑面容。

2. 傻笑

傻笑，也就是憨里憨气的笑，大多是人们看喜剧或看笑话时所露出的笑容。傻笑是一种难以控制的笑容，是不能自制的，无需任何刺激就会在任何情况下出现，且不带情绪特色。傻笑的面部表情会给人一种傻呆的感觉，这种特殊的憨里憨气的笑，看上去很可爱。

3. 假笑

有的人为了掩饰自己内心真实的情绪，会露出虚假的笑容。本来他们心情是忧郁的，但经常对人露出虚假的笑容。这样的笑容仅仅是用嘴角在微笑，其眼睛里并没有快乐的闪光。

早上，李女士走在路上，急匆匆地去公司上班。正在她走过步行街的时候，一位女孩子走了过来，伸出一张名片，说道："女士，不好意思，打扰您一下，可以耽误您三秒钟吗？"李女士扯动了嘴角，露出一丝微笑，没说话。这时那女孩子抓紧时间推销："像您这样年纪的女士，应该要学会保养自己的肌肤了，这是我们美容院最新推出的夏季保养肌肤计划，您看看吧。"说完，就拿出了一叠资料，李女士礼貌地接过来，微笑说道："不好意思，我上班要迟到了，咱们改天再说，好不好？"说完，就走了，转身将那叠资料丢进了垃圾箱，她脸上的笑容也不见了。

从这些不同种类的笑容可以看出，笑容并不像我们看起来那么简单。笑不一定代表开心，开心的人也不一定用微笑表示。因此，在生活中，当有人对我们露出笑容，千万不要简单地以为这是善意，而是需要仔细观察，看对方是否在笑容里隐藏了别的信息。

心理启示：

关于笑容，科学家有许多有趣的发现，比如他们吃惊地发现，10个月大的婴儿就已经会"皮笑肉不笑"了：当他们看到陌生人走近的时候，就会露出假笑；而只有妈妈靠近的时候，他才会露出真的微笑。在生活中，还有许多假笑，比如服务员、营业员、空姐等，他们的笑容大多是一种职业性的笑容，这就不是真实情绪的释放，而是一种职业需要所露出的笑容。

第三节　自然的笑容放松而到位

大量试验证明，因内心的喜悦产生的自发笑容，与故意收缩面部肌肉引起的伪装笑容是不一样的。自然的笑容放松而到位，因内心的喜悦，嘴角会上翘、眼睛会眯起，这时面部主管笑容的颧骨主肌和环绕眼睛的眼轮匝肌同时收缩。这是因为真心流露的笑容是自发产生的，不受大脑意识的支配。所以，当内心愉悦的时候，除了反射性地翘起嘴角之外，大脑负责处理情感的中枢还会自动指挥眼轮匝肌缩紧，让眼睛变小，眼角产生皱纹，眉毛也会微微倾斜。

而假如只是故意做出来的"笑容"，就只有嘴角上提，伪装的笑容是通过有意识地收缩脸部肌肉，抬高嘴角产生。与自然的笑容不同，这时眼轮匝肌不会收缩，因为眼部肌肉不受人的意识支配，只有真的心情愉悦才会发生变化。当然，在生活中，有的人假笑时动作很夸张，其面部肌肉强烈收缩，整个脸挤成一团，眼睛也眯起来了，其实这些都是假象。因为在这时，眼角的皱纹和倾斜的眉毛是没有办法假装的，换而言之，如果我们挡住一个人面部的其他部位，只露出眉毛和眼睛，假如是真笑，那依然可以看出来他是在微笑；假如是假笑，那我们就只能看到一双无神的眼睛。

原一平曾说："为了能够使我的微笑看起来是自然的、发自内心的真诚笑容，我曾经专门为此训练过，我假设各种场合和心理，自己面对着镜子，练习各种微笑的面部表情。"就是这样一位坚持微笑的保险推销员，他以灿烂的微笑征服了全世界。

有一次客户发飙了，但生性乐观的原一平依旧笑容满面地望着他："听朋友说您在这个行业做得很成功，真羡慕您，如果我能在我的行业也能做到像您这样，那真是一件很棒的事情。"听到这样一说，客户的态度稍有好转："我一向讨厌保险推销员，可是你的笑容让我不忍拒绝与你交谈，好吧，说说你的保险吧。"

在接下来的交谈过程中，原一平始终带着微笑，客户在不知不觉中也受到了感染，谈到了彼此感兴趣的话题时，两人都大笑了起来。最后，客户微笑着在单上签上了名字，与原一平握手道别。

在案例中，为什么原一平可以用微笑征服顾客？那是因为他的笑容是自然而真实的，因为生性乐观、善良，所以才会露出那么真实的笑容。这样真实而善意的笑容，定然能打动所有怀着敌意的人。

心理启示：

不过，在现实生活中，不管是自然的笑，还是假笑，只要投入地去笑，那对身心都是有益的。投入地去笑，也就是当我们心情不好的时候，也可以试着微笑，这样大脑的愉快中枢就会兴奋，也会刺激大脑中与愉快感觉有关的相关区域。因此，当我们感到失落、郁闷、难过的时候，可以对着镜子、咧嘴、提起嘴角，同时下拉眉毛，眯起眼睛，尽可能做出一个真笑的动作，这样就可以全身心放松。

第四节　付之一笑背后的真实回应

在生活中，我们经常见到这样的情形：当某人面对他人的讽刺或讥笑的时候，他基本不不会露出愤怒的表情，反而会露出笑容，这就是"付之一笑"。所谓付之一笑，也就是一笑置之，以笑容来表达自己所有的内心情绪，表示自己毫不在意。当事人出现这样的情绪，原因在于他并不在意外界刺激源带给自己的威胁，或者可以说，他可以轻松地解除这个威胁，因此，他会完全当这个威胁不存在。所以，我们可以说，付之一笑背后真正的回应是不想理会，或者心里毫不在意。

当我们在付之一笑的时候，需要注意：

1. 保持愉快的情绪

遭遇对方的言语攻击，我们需要做的就是不要激动，不要生气，尽量控制自己的情绪，不要露出愤怒的表情。在这时保持愉快的情绪，对反击对方是很有利的，一方面可以表现自己的涵养，另一方面保持平和的情绪，可以冷静、从容地思考出最佳的对策。

2. 含蓄地表达

对他人无理的言语攻击，我们不仅微笑面对，还可以含蓄地表达自己的不满情绪，但不宜锋芒毕露，而是需要旁敲侧击，可使对方无小辫子可抓，这样的表达方式更有效果。

3. 适当反击

面对他人的言语攻击，我们不仅要付之一笑，表达自己愉快的情绪，而且还需要作出适当的反击，一下子击中对方要害，使对方哑口无言，令对方刮目相看。

心理启示：

在日常交际中，当对方针对我们某些方面说出一些难听的话时，我们付之一笑。这个笑容，并不是真的表达了自己愉快的心情，谁听到那样的话，都会心生不悦。但为什么要露出笑容呢？关键在于迷惑对方，让对方以为我们根本不在意他所说的话，以此给对方一个打击。既然自己说了半天，也惹怒不了对方，那他肯定会偃旗息鼓，不再说了。而同时，我们所表达出来的"毫不在意"可以很好地保护自己，就相当于自己穿了一件"防弹衣"。

第五节　剖析欲笑又止的真实心理原因

欲笑又止，与欲言又止有异曲同工之妙，指的是，当我们想笑的时候，却又忍住不笑，这其中的隐情只有自己知道。在生活中，我们经常会看见这样的情景：有的人已经将嘴角上扬，但突然之间，却又停止了笑容的绽放，让自己的面部表情回归于正常情绪。换而言之，就是出现了半截笑容，然后就停止了整个笑容的绽放。对于这样的笑容，其背后到底有什么原因呢？

大致分析起来，有这样一个原因：

1. 一种礼节性的掩饰

在许多场合，比如有领导在的场合，假如领导在某些地方出了洋相，那作为下属，定是不敢笑出来的。但那搞笑的场景出现，却又刺激了人们的笑神经，这样的傻笑是难以自制。在不设防的情况下，他们笑了出来，正当他们想笑的时候，却发现领导还在这里，下意识的动作就是停止微笑，使自己的面部表情重新回归到平静，这其实是一种礼节性的掩饰。

2. 突然的一种愧疚

还有一种可能就是对当事人的愧疚，比如我们在说某一件伤心的事情，情绪还处于悲痛之中。这时，有人看了一个幽默的笑话或故事，突然情绪变得十分愉快，想笑，但当自己笑容露出半截的时候，他突然意识到当事人还处于悲痛之中，意识到在这种场合是不适宜笑的，于是立即停止了笑容的绽放，这是突然的一种愧疚。

3. 别有深意

还有一种情况就是当事人自我掩饰的一种做法，他停止笑容只不过是为了掩饰自己真实的情绪。比如，在某些电影情节中，坏人正在思考着自己策划的"蓝图"，想到即将实现的梦想，眼光就大放异彩，想要笑出来。但看看身边陌生的人，突然意识到不能让别人看到自己这样得意的情形，于是他的笑容才露出一点点就戛然而止了。

心理启示：

　　大致说来，欲笑又止背后的心理原因就是上述所说的情况。或许，有人认为欲笑又止的表情是不容易发现的，只要我们稍微疏忽，那对方就可能把笑容隐藏起来的。其实，掩饰技巧太高超的人也会露出破绽，只要我们能仔细观察，定能发现其中的秘密。毕竟"欲笑又止"，在于笑容已经露出来一些了，我们所需要发现的就是这个半遮半掩的表情。

第六节　剖析冷笑与苦笑的秘密

　　冷笑和苦笑是众多笑容中的两种，他们所呈现出来的面部表情与正常状态下的笑容差异不大，如果我们不深入地去推敲对方的真实心理状态，就没办法了解他人笑容的真意。

　　1. 苦笑

　　苦笑，是心情不佳而勉强露出的笑容。心里难过，但表现出来的是一张难看的笑脸，就好像是自嘲一样，想给别人安慰，就像自己不在乎导致苦笑的那件事。

　　在生活中，我们常常看到这样的情景：一个人肩上背着大挎包，手里拎着旅行袋，急匆匆地赶到火车站时，火车却开走了。这时他一边眼睁睁地看着火车离去，一边跺脚懊恼不已，但脸上却没出现懊恼的神情，反而露出一种笑容。在篮球赛中，一个球员打了个坏球，他就会摔球来泄愤，有时候也会边摇头边笑。这样类似的笑容，当然不是内心愉快心情的流露。

　　那个没能赶上火车的人和打了坏球的人一样，他们都是因为自己的狼狈和窘相，把自己作为嘲笑的对象，企图掩饰内心的焦虑感和失望感。这样的自嘲是为了安慰身边的人，更多的是通过笑的行为，让自己获得精神上的安慰，使得心里安宁。

　　2. 冷笑

　　冷笑，指的是并非发自内心的笑，往往是对别人的观点表示不赞同和不屑时的表情。在《红楼梦》中，宝玉笑道："还是这么会说话，不让人。"黛玉听了，冷笑道："他不会说话，就配戴金麒麟了！"冷笑的表情呈现是：眼神不屑，嘴角上扬。

有时候，一个人的笑容还会配合着其他的肢体语言，比如，有人在笑的时候，眼珠斜向一边，嘴角略有点歪斜。这样的笑就是一种冷笑，带有蔑视他人的意味。反之，当他觉得自己"比不上"或"不如"对方的时候，则会将下唇合在牙齿中。

在生活中，当人们自觉得高过他人，或对别人的观点表示不赞同和不屑的时候，他们就会露出冷笑的表情，以此表达出自己的内心情绪。

心理启示：

苦笑是一种勉强挤出的笑容。虽然当事人的面部表情所呈现出的是笑，但其内心却是很苦，或许在其心里有某些烦心的事情，因此，才会露出苦笑的表情。苦笑，是为了安慰身边的人，表示"我并没有烦心，我不是还在微笑吗？"而同时，这样的笑容对自己而言，也是一种安慰，相当于一种自嘲，别再为那些不值得的事情烦心了。

冷笑是一种讽刺的笑容，眼里满是不屑的眼神。有时候，当事人甚至不会将冷笑直接呈现在面部上，只会从鼻子里发出"哼"的声音，以此表现自己蔑视的意味。冷笑的背后，其实是一种对别人看不起的态度。在生活中，当我们看到对方在笑的时候，一定要观察对方是否在冷笑，如果是，那我们就应该注意自己的言行了。

第七节　有些笑容用来掩盖谎言

在日常交际中，有时候人们的脸色会莫名地露出一些笑容，这时我们就应该注意了，因为有些笑容是用来掩盖谎言的。人们在撒谎时为什么会露出笑容呢？或者说，为什么会借助笑容来掩饰自己呢？当人们在说谎的时候，第一感觉就是不要被人发现，因为撒谎本身对别人而言是有欺骗性的，但如何才能掩盖自己那些不小心露出的微表情呢？笑容，也只有笑容才能掩盖那些微表情，在人们看来，笑容是毫无威胁性的，如果自己在撒谎时露出笑容，那不仅仅可以骗到对方，而且还能够让对方对自己产生好感。所以，在生活中，我们不要总认为笑容就是善意的，而是需要读懂笑容背后的秘密，比如，有的笑容是用来掩盖谎言的。

早上，小张上班时在电梯里碰到了经理秘书小雯。小张想起了昨天的考核，心想，经理的秘书肯定知道结果，不妨问问她，自己心里也好有个底。

于是，小张打了个招呼："早啊。"小雯礼貌地回应："早。"小张接着说："这两天很忙吧。"小雯回答说："是的，你们最近正在考核，很多资料都需要收集，所以每天还得加班。"听到这样的回答，小张高兴了，看来她估计真的知道考核的结果呢。接着，小张有些兴奋地问："那你肯定知道考核结果了，你知道我的情况怎么样吗？先给我透露透露，我也好放下心。"小雯笑了："你们的考核结果是机密，这样的事情我肯定不知道了，我只是负责收集资料。"小张有些泄气："肯定是你自己不想说。"小雯笑了，回答说："我还真的不知道。"

电梯到了，一脸抑郁的小张走了出去，紧接着小雯也走了出来。出了电梯，小雯舒了一口气：真危险，再说，我可要露出破绽了。原来，小雯知道考核的一些事情，但这个事情是经理再三交代的，不等总的结果出来，不能随意泄露。为了守住这个秘密，小雯只好假装一副笑脸，在小张面前撒谎了。

当人们想要撒谎的时候，他们会想着找一个很好的掩饰物，这样自己在撒谎时才能镇定自若。而在上面这个案例中，小雯所借助的就是一张笑脸。当她在微笑的时候，潜意识里告诉自己：我只是在微笑，我并没有撒谎。以至于自己真的撒谎了，她也会觉得自己没有撒谎，于是乎，撒谎变成了一件极其正常的事情，她就不容易露出破绽了。

心理启示：

可以说，笑容是一个很好的谎言掩饰物。当人们露出微笑的时候，对方是不会感到受威胁的，即便他隐约感到对方是在欺骗自己，但他也会被那个笑容感染，因为他觉得对方的态度已经很友好，那肯定是没有欺骗自己。所以，当人们带着笑容撒谎的时候，这是很不容易被人察觉的，对此，在生活中，我们需要特别注意，小心对方笑容背后的谎言。

第12章　复杂表情，以细微变化辨别
真实与谎言

通常情况下，单一的表情，诸如喜怒哀乐，这是很容易辨别的表情。但若是较为复杂的表情，诸如喜怒交织，悲喜交加，这样的复杂表情，就难以辨别出当事人内心的真实情绪了。这时就需要我们通过细微变化辨别真实与谎言，从细枝末节中推断出对方处于何种情绪。

第一节　主要显露的表情并非真实情绪

有人说，面部表情是内心活动的真实写照。通过面部表情的变化可以窥探其心理，把握情绪变化的尺度，了解其情感活动的根源，因为表情是心灵信息传递的显示器。可以说，表情最能直接反映出一个人的情绪，假如借助面部表情来推测一个人的内心活动，这样就可以帮助我们在交际中更容易了解一个人的内心世界，进而掌握其心理，达到自己的目的。不过，是在大多数情况之下，在某些特殊情况下，只是粗略地观察对方的表情，并不足以了解到对方的内心世界，因为一个人脸上主要显露的表情并非真实情绪。

在公司里，小李和小张是死对头，虽然平时两人见面也是互相打招呼，但却是各怀鬼胎。

这天，应领导要求，小李和小张合作拟写出一份产品报告。小李露出满脸的笑容，说道："在公司里，谁不知道你文采最好，我觉得这写的工作就交给你了，我只需要把大概的内容说给你听就行了。"

听了小李的话，小张暗暗发笑：这小子太精明了，到时候交给领导，他肯定会说这个报告都是他的功劳，我只是负责代笔而已。但在表面上，他不动声色，依然是一副笑脸，回应说："这怎么行呢？到时候累倒了你，我可担当不起啊，我觉得，咱们一起想，然后一人写一半，这样才算是合作了。"小李的笑声变大了，但眼神里却是一种不屑的目光。

在这个案例中，虽然小李和小张脸上所呈现出来的表情都是"微笑"，但这微笑并不是其真实情绪，分明两个人各怀心思，都在想着如何打倒对方，以此达到自己的目的。在整个案例中，虽然他们在笑，但眉眼之中，以及言语的语调中，却可以听出另外一番意味。

每个人在呈现自己表情的时候，潜意识都会有一种掩饰内心真实情绪的想法。当他们心里感到苦闷的时候，他们反而会露出微笑；当他们感到心情很愉悦的时候，假如处于某种特别的情境，他们也会装出一副哭脸。而在平时的生活中，我们大多数粗略观察到的就是喜、怒、哀、乐，这到底是不是当事人的真实情绪呢？还有待查证，人们之所以呈现出一种主要的表情，那是为了掩饰自己不小心露出的微表情，也就是说，是为了迷惑对方。对此，一个人脸上所显露的表情并不代表真实的情绪。

心理启示：

生活中，人们通常凭借自己面部主要显露出来的表情来迷惑他人，比如他想在人前展示友好的一面，他就会露出笑容，而虽然我们所看到的是一张笑脸，但其真实情绪却并非如此。说得俗一点，这样的表情是做出来，是虚假的。因此，在生活中，我们需要从其主要显露的表情中去发现其中的微表情，这样才能推测其哪句话是真，哪句话是假，以此来判断真话与谎言。

第二节　主表情下的细微表情揭示真心

不知道你有没有仔细观察过，在每一个主要显露的表情之中，都会有一个细微的表情显现出来。只是，这个表情往往隐藏在面部主要表情之中，若是不仔细观察，是难以发现其中的奥妙的。最为关键的是，那些主要显露的表情之下的细微表情才是其真实情绪的呈现，那些微表情就隐藏在眉宇之间、眼神中、嘴角边，如果不仔细观察，是发现不了的。这样一来，我们就很容易被人欺骗。

梁惠王雄心勃勃，广纳天下贤才。有大臣多次向他推荐了淳于髡，因此，梁惠王频频召见了那位颇具才干的淳于髡，而且，每一次都屏退左右与他倾心交谈。但召见了两次，淳于髡都沉默不语，弄得梁惠王很尴尬。

事后，梁惠王责问大臣："你说淳于髡有管仲、晏婴的才能，我怎么没看出来，他只是沉默不语，我看你是言过其实。"大臣以此话问淳于髡，淳于髡只是笑了笑，回答说："确实如此，前两次我都沉默不语，但我不是故意的，而是另有原因。我也很想和梁惠王倾心交谈，但第一次，梁惠王脸上有驱驰之色，想着驱驰奔跑一类的娱乐之事，所以我就没说话；第二次，我见他脸上有享乐之色，是想着声色一类的娱乐之事，所以我也就没有说话。"

大臣将将此话告诉了梁惠王，梁惠王回忆了当时的情景，果然不出淳于髡所言。这时，梁惠王不禁佩服淳于髡的识人之能，也终于相信了大臣所言，开始重用淳于髡。

在这个典故中，淳于髡正是利用了梁惠王流露出来的细微表情，洞悉了其心理的真实想法，也是因为如此而赢得了梁惠王的尊重和信赖。由此可见，观其脸必先观其表情矣，在与人交往的过程中，不要错过对方脸上闪烁的细微表情，抓住它，你才有可能看清其真实性情。

细微表情是情绪的外部表现，这是由躯体神经系统支配的骨骼肌运动，是感情活动的外显行为，它所反映的是一个人的心理。我们可以说，表情是无声的语言，人们在与人相处的时候，即使他想掩饰自己内心的想法，但还是会下意识地从细微表情中表达出自己的情绪。对此，在与人接触的时候，我们需要仔细观察对方的神态，从细微表情中把握对方真正的想法。

心理启示：

> 　　在所有的生物中，人的表情算是最丰富也是最复杂的。据统计，人们的脸部能做出的表情多达25万种之多，恰恰是如此丰富的表情使得人们之间的交往变得复杂而细腻。在生活中，我们常常发现人们脸上的表情跟其内心的情绪恰好相反，这是为什么呢？
>
> 　　其实，这是人们在潜意识里不愿意让对方看出自己心理的变化，他们会用看上去比较自然的表情来阻止自己内心情绪的外泄，以此来隐瞒自己的真性情。那么，我们是不是就不能窥破对方的真实心理呢？当然不是，狄德罗在《绘画论》中说道："一个人，他心灵的每一个活动都表现在他的脸上，刻画得很清晰、很明显。"

第三节　复杂的表情需要分解后逐个剖析

　　生活中，对于复杂的表情，我们需要仔细分解之后再逐个剖析，这样才能推测出当事人处于什么样的情绪之中。一个人的喜怒哀乐即使掩藏得再深，也会通过神态表情泄露出来。一个眼神、一个皱眉、一个撇嘴都包含了丰富的信息，向我们清晰地展露一个人的内心世界。对此，我们需要观察一个人的复杂表情，从细微表情中把握对方的真实想法。

　　在火车上，大娘神情落寞地看着窗外，思绪不知道飘到哪里去了。想着已经十年没消息的女儿，她就忍不住落泪，想想那些日思夜想的日子，眼睛都快哭瞎了。虽然这件事已经过去十年了，但就好像发生在昨天一样，大娘无法忘记失去爱女的那种痛苦，她到底在哪里呢？这十年来，自己走过了大江南北，可就是寻不到她的踪迹，只要自己听说一点点消息，就会跑去询问，但最后却是一场空。

难道寻子之路要伴随自己一辈子吗？难道自己在生命的最后关头也找不到那个丢失的女儿吗？大娘的眼睛湿润了，眉毛下垂，整个人看上去很悲伤。这时揣在怀里的手机响了，大娘熟练地将手机掏出来，寻女之路将一个农村妇女锻炼成一个擅长使用现代化工具的人，那些日子确实不容易。大娘沙哑的声音："喂，您好。"电话里似乎传来了新的线索，大娘的眼神划过一丝光亮，眉毛也向上抬了抬，有些不相信："真的吗？"嘴角边不经意露出一丝笑意，等到她放下手机的时候，虽然眼里似乎还有泪，但看上去精神已经好了很多。

所谓的复杂表情，也就是两个或两个以上的表情的组合，比如悲喜交加，这个表情组合就是将喜悦的情绪和悲伤的情绪组合起来，所呈现在脸上的是：眼神中还有几许悲伤，可能脸上还挂着几滴泪水，但悲伤还来不及蔓延，那喜悦的表情却呈现在脸上了，这就形成了悲喜交加的表情。当我们在分析这个表情的时候，需要先分解悲和喜的表情，再逐一分析它们产生的来源，这样就可以知道对方的情绪是处于什么样的状态。

心理启示：

复杂表情的形成是在一个既定表情的基础之上，也就是说，一个复杂表情呈现的时候，定会有一个先呈现的表情。而当这个表情在呈现过程中的时候，外界信息突然发生了变化，导致当事人情绪发生波动，这样一来，由于前面存在的表情来不及消失，而由外界信息传递而来的情绪反映已经迫不及待地出来了。所以，在前一个表情尚未消失的情况下，下一个表情又出现了，这就形成了复杂的表情。

基于复杂表情的形成，我们在分析它的时候，应该先分解出来，比如，悲喜交加，先是悲伤还是先是喜悦，表情呈现的先后顺序，在当时的情境下，占主要情绪的表情呈现是悲伤还是喜悦，这都需要一一分析，然后再剖析悲伤和喜悦的形成原因，以及表情呈现。

第四节　虚假的表情难掩真实的心理

一个人的表情的外显通常被认为是"自然流露"，意思是指有所见或有所感而发，出自内心的自然本真，显示出的表情举止自然而然，但其中也隐藏了不少真性情，因为虚假的表情难掩真实的神色，你若仔细观察，必会窥探出不少秘密。比如，项羽和项梁看见秦始皇游览会稽郡渡浙江的时候，项羽脱口而出："彼可取而代也。"吓得叔叔项梁急忙捂住他的嘴，这表明项羽心直口快；而汉高祖刘邦在见到秦始皇的时候，则说的是"大丈夫当如是也"。两人截然不同的神色，表明了两人不同的心性。

有人说："人的面部表情是人的内心世界的显示器。"一般而言，人在心里感触到的喜怒哀乐都会表现在脸上，一个人高不高兴看他表情就知道了。但是，并不是每一个人的真实内心都反映在面部表情上的，有时候，他们为了寻求自我保护，会下意识地隐藏自己的一些真实情绪。不过，只要我们仔细观察，透过细微的表情，一样能捕捉到其中的秘密。

那么，如何从那些虚假的表情中捕捉他人心中的真实想法呢？

1. 面无表情者

有的人自作聪明地认为"面无表情"就是最自然的神态，其实不然。在日常交际中，许多人会"面无表情"地谈话、交流，轻易不肯说出自己的想法。其实，他们真实的内心不外乎这三种想法：一是敢怒不敢言；二是漠不关心；三是根本没有放在心里。当然，也有可能结果恰好相反，只是对方不愿意让你看出来而已。

2. 皮笑肉不笑

在生活中，有许多人经常会以虚假的笑容来迷惑他人，尤其是那些奸诈的小人，他们不愿意表露自己真实的想法，常常以皮笑肉不笑的笑容示人。其实，这时他们内心的想法恰恰是与脸部表情相反的，可能是很愤怒，可能只是想敷衍你，可能只是想亲近你，但其内心一点想亲近你的意思都没有。

3. 洞悉对手急躁、不耐烦的表情

人们在生活中学会了许多方法来掩饰自己的内心，当然，他们也知道在什么样的情况来该掩饰什么样的表情。比如，在商业会谈的时候，有的人总是显得急躁、不耐烦，眉毛时常跳动，这时，他们有可能没有诚心跟你合作，只是想趁早了事，还有一种可能就是他们只是想早点结束生意而去参加公司的晚会。

心理启示：

在生活中，一个人面部能表现出各种各样的表情。或许，在对方未开口之前，你就能从其面部表情中获得一些信息，了解到对方的情绪、气质、性格、态度等。俗话说："看人先看脸。"脸是一个人内心世界的外观，当然，所谓的"脸"，并不是指人的长相，而主要指的是面部表情，而且在这里，是那些主要显露在表情之下的细微表情。

第五节　复杂表情如何体现心理

早在古代，就有占卜看相的说法，大致的方法是凭着一个人的面部特征、相貌来预测其命运，或者只凭一个人的眉毛形状来下定论。其实，在科技日新月异的今天看来，这样所谓的相学都是不科学的，毕竟，只凭着一个人的眼、眉、耳、鼻的形状以及位置等脸部特征，是很难判断出一个人的心理的。然而，若是运用现代心理学，通过一个人的面部表情来判断对方的心理，如此识人心术才能准确地读出他人内心的悸动。一个人心理在想什么，会相应地反映在其脸上，这时他的面部表情就会泄露一些秘密，如果我们能恰当地识破这些秘密，那么，我们就能知道对方的真实想法了。

这天，张明接到了通知，下午将要与一个大公司的客户进行商业谈判。当然，张明并不是谈判代表，仅仅是陪同而已，真正的谈判代表是公司总经理李兵。

下午，张明忐忑不安地跟着李总走进了会客室，客户已经到了。彼此寒暄了几句，就进入了正题。张明忍不住看了对方一眼，发现对方脸上面无表情，冷冰冰的，似乎不带一丝情绪。他心一紧，好像真的碰到对手了，可怎么办呢？他抬头看了看坐在身边的李总，发现一向笑脸的李总居然也板着一张脸，张明可纳闷了：这是怎么了？两个人是仇人吗？随着谈判的进行，两人都面无表情，公事化地谈论着一些合作细节，不到一个小时，两人签了合同。

客户走了之后，李总呼出一口气，整个人显得格外轻松，脸上也露出了笑容。张明不解地问："李总，刚才，你们干嘛都板着脸？这样的谈判怪吓人的。"李总笑着解释："这位客户面无表情，想必是一个缺乏人情味的人，跟这样的客户交谈，我笑得再多也没用，还不如跟他一样，面无表情，这样一来，他会觉得跟我是同类，自然就没有了招架之力了。"

李总通过客户的面部表情判断对方是一个缺乏人情味的人，洞悉了对方真实的想法，李总保持同样的表情，以此达到了自己的目的。有人说："表情比嘴巴更会说话。"有时候，我们仅凭着一个表情就能揣测出对方的心理。从心理学上看，表情是一个人感情、意志等内部的心理活动的反映。因此，只要我们仔细观察对手的面部表情，就可以读懂对方的心，再对症下药，就能达到自己交际的最终目的。

1. 表情善变者

有的人会随着感情的变化而表情多变，时而喜悦、时而遗憾、时而气愤，其内心的感情变化，毫无保留地表现出来，这就是表情善变者。一般而言，表情丰富算是比较积极的心理，但是，对于表情善变着来说，却不是这样。

因为，大多数人都会习惯性地隐藏自己的某些情绪，像这样毫无顾忌地表现出来，却是另一种心理状态。这样的人大多自私自利，唯我独尊，只要一点点不符合自己的意愿，他们的表情就会大变。面对这样的人，如果他的表情开始变化，那么，你不妨先认同其想法，适当附和，等其情绪稳定下来之后再慢慢交流意见。

2. 表情丰富且喜欢笑的人

有的人表情丰富，而且经常会露出笑容。这样的人有着良好的人际关系，善于处理人与人之间的关系。而其善意的笑容时常给人以亲近的感觉，他们属于容易亲近的类型，性格大多外向，比较容易沟通。即使碰到不合的想法，他们也会详加考虑，喜欢为他人着想。与这样的人谈判，不得不说是一次愉快的沟通。

心理启示：

面部表情是一个人内心世界的真实映照，不过当其面部出现的是复杂表情，这时该怎么办呢？我们应该从其主要显露的表情中发现微表情，从而窥探其心理。比如，一个人脸上泛红晕，一般是羞涩或激动的表示，男女在相恋的时候，也时常会脸红；脸色发青发白则是生气、愤怒或受了惊吓的紧张情绪的表示。眉毛、眼睛、鼻子和嘴巴则表现了丰富而微妙多变的情绪，比如，皱眉表示不同意、烦恼，扬眉表示兴奋，眉毛闪动表示加强语气，眉毛扬起而又短暂停下，这表示惊讶或悲伤。

第六节　复杂笑容背后的秘密

在人的所有表情中，最常见的一种表情应该是"笑容"。在人际交往中，人们对于微笑是最没有抵抗力的。但是，谁能知晓，在笑容的背后或许是另外一张脸呢？笑容也分为很多种的，通过仔细观察，就会发现人们的笑容不外乎这几种常见的笑容，如微笑、轻笑、大笑、羞涩的笑，等等。微笑是指不露出牙齿的笑容，这是一种会心的笑法，有默契的暗示或者表示出事不关己的态度。

通常情况下，微笑都是一个比较善意的表情；轻笑的时候露出了上牙，嘴唇稍微裂开，这样的笑容一般出现在招呼新朋友的时候，作为打招呼的一种；

大笑通常是人们非常开心的时候所展示的，上下门牙全都露出来，并且发出了爽朗的笑声；人们在显得不好意思的时候，就会轻抿小嘴，露出一个羞涩的笑容。当然，这些笑都是不具备杀伤力的，在这里，我们所需要讨论的是另外一些隐藏着秘密的笑容。

下面，我们来分析一些典型的复杂笑容，为你揭开其真实的心理动机。

1. 笑里藏刀

我们千万不要以为那些喜欢笑里藏刀的人，就是"整天低着头""不敢去正视别人的眼睛""目光萎缩隐藏"。其实，并不是这样，现在很多笑里藏刀的人都已经脸皮厚到不会轻易心虚了。

但他们还是有一些特征的，主要表现在面部表情上面。比如，笑起来的时候，显得不够放松，举止轻浮，言语中有一些不检点的成分；目光虽然看似真诚，却四处游离，没有办法长期定位；他们唯恐自己的话语中有漏洞，一不小心说错话，因此他们所说的话都是经过大脑认真思考的。

2. 皮笑肉不笑

有的人的笑容显得很假，皮笑肉不笑，他们的笑容并不是发自内心的，而是做出来的。这样的笑容一般出现在一些老谋深算的高层人士脸上，他们大多比较有心机，做事也显得很沉稳。

3. 憎恨时的笑容

有时候，人们在愤怒或憎恨的时候同样会微笑。那是因为人们不想把内心的欲望或想法暴露出来，就强力克制住自己愤怒的情绪，勉强露出一个微笑。在与人相处的时候，如果轻易地流露出愤怒、憎恨、悲哀以及恐怖等神情，很容易招来很多麻烦，影响人际交往。所以，很多人都是通过微笑来压抑负面的感情，表现出喜悦和愉快的神情。

4. 说谎的笑容

说谎者常常是带着虚伪的面具，因此他们的笑容也是虚假的，他们会利用自己伪善的笑容来掩饰自己的谎言。美国匹兹堡大学的心理学教授杰夫里·考恩认为："我们可以说出每块肌肉动了多少次，它们停留多长时间才变化的，对方的表现是真实还是伪装的。"无论你面对的人是在撒谎还是心虚，你都可以通过对方的笑容来判断对方心里的真实想法，因为说话者虚伪的微笑在几秒钟就能戳穿他们的谎言。

心理启示：

　　心理学家认为，真正的笑容是均匀的，它们在面部的两边是对称的，它来得快，但消失得慢，因为它还牵扯了从鼻子到嘴角的皱纹，以及你眼睛周围的笑纹。而那些说谎者伪装的笑容则来得比较慢，而且它们出现在面部时是有些轻微的不均衡的，当一侧不是太真实时，另一侧想做出积极的反应，而眼部肌肉没有被充分调动。这一点我们可以通过观看电影或电视来发现，那些电影中的坏人经常露出的笑容是既冰冷，又恶毒的，所以他们的笑容永远到不了眼底。

下 篇

微表情与心理策略

第13章 手势姿态，你的一个动作就能给对方心理暗示

生活中，如果我们想表达某种看法中，在进行语言表达的同时，通常会习惯性借助各种手势。不过，很少有人知道，简单的手势姿态也可以透露出一些秘密，甚至给对方一些暗示。那我们如何才能用好手势语言呢？

第一节 某个手势透露其潜意识

在日常生活中，一个看似很普通的体态却包含着丰富的信息，一个人举止形态背后的潜意识才是我们所需要摸清的底牌。莎士比亚在《哈姆雷特》中说道："一个人表面上笑眯眯，其实心怀叵测。"试想，一个采取防卫、对抗姿态而又面带微笑的人，他或许是想以假笑来麻痹你，同时还在算计着如何拆你的台。大量事实表明，一些体态语言并不像表面看起来所表示的那样。就好像某个不经意的手势，也许恰恰透露了当事人内心的真实情绪。当然，如果我们不仔细观察，肯定不会洞察到对方的真实心理。

星期天，小娜与朋友丽丽约在了咖啡厅，小娜很想跟朋友谈谈自己最近烦恼的事情，希望能从朋友那里寻求到一点安慰。

刚见面，小娜的眼睛就红了，她开始哭诉自己的遭遇，而丽丽一只手撑着脸颊，呆呆地望着小娜。小娜并没有注意到丽丽的这一动作，每当说到自己遭遇很惨的时候，小娜都会习惯性地说："你说我倒霉不？"丽丽则会配合性地点点头，不过，那撑着脸颊的一只手却

一直没放下来。

小娜每次抬头看丽丽，发现她都是那样的动作，她猛然想起了自己昨天看过的一本书《身体姿势透露他的潜意识》，书里介绍如果有人以这样的姿势对着你，那表示对方无法专心听你讲话，只希望你快点结束话题，或者轮到他发言。在很多时候，他也并不是真的有什么话要说，只是觉得你的说话很烦而已。

在那瞬间，小娜回忆起之前每次找丽丽说话的时候，她都是这样的姿势，小娜有些不好意思地说："我说完了，最近你怎么样？你说说你自己吧。"果然，小娜刚说完，丽丽就将手放了下来，开始兴奋地谈起来了最近的一次约会。

在和朋友谈心事的时候，如果他的姿态如丽丽一样，用一只手撑着脸颊，那表示他是一个没有冲劲的人，他或许根本没仔细听你说话，只期待你早点把那烦人的谈话结束掉，然后他开始谈论自己的事情。事实证明，小娜的猜测是正确的，丽丽虽然表面上没说什么，但潜意识里并不喜欢听到朋友的哭诉，她更注重自己的感受。

下面，我们就简单分析其中几个手势的语言。

1. 手不停地抚摸下巴

在与你交谈的时候，如果对方用手不停地抚摸下巴，那表示他已经陷入了沉思中，连你说什么，他都没听见。如果你对此表示怀疑的话，你可以试着问他你刚刚在说什么，他一定回答不出来。

他们总喜欢想东想西，但从来不会想到去算计别人，只是在某些时候会陷入思考的迷宫中。同时，他会是一个比较敏感的人，如果你想告诉他什么事情，需要避免暗示，还是直接告诉他，省得他胡思乱想。

2. 叉腰姿势

在与人相处的时候，对方的姿势已经泄露了他对你的潜在态度，有的人潜意识里想给人留下这样的印象：身体强壮、沉着稳定，对别人的威胁不放在心上。对此，他们常常会做出叉腰的姿势。

3. 拇指托着下巴，其余的手指遮着鼻子或嘴巴

这样的人很有主见，你在说话的时候，他总是用拇指托着下巴，其余的手

指遮着鼻子或嘴巴，那表示他潜意识里根本不同意你的观点，只是不好意思说出来。他之所以做出这样的动作，就是潜意识里怕一不小心会说出来。

当然，用手遮住嘴巴或鼻子，在心理上可能有两种情况：一是想反驳你；二是指你在说谎。如果是他说话时遮住嘴巴或鼻子，那表示他"言不由衷"；如果你在说话的时候，对方保持这样的姿态，那就是不同意你的观点。

4.手掌向前推出

这样的动作经常性地出现在政治家身上，他们为了生存，需要对他人的攻击保持时刻的警惕。如果你仔细观察一下那些政治家的演讲，会注意到，他们在感到不安全的时候，常常会做出一些防御的手势。比如，将手横过身体，或者手掌向前推出，仿佛他们在躲避想象中的击打一样。

第二节　小手势背后的心理

法国散文家蒙田曾说："看啊，看看双手怎样允诺，怎样变戏法，怎样申诉，怎样胁迫，怎样祈祷、恳求、拒绝、呼唤、质问、欣赏、供认、奉承、训示、命令、嘲弄，以及做出其他各式各样变化无穷的意思表示，使灵活巧妙的舌头亦相形见绌。"从蒙田的叙述中，我们感觉到了手势语言的魅力。手势，就是指用手指、手掌、手臂的活动来表达情感，传递信息。

通常情况下，一个人无论是说话做事，都会附带一些手势，一方面可以强调和解释语言所传达的信息，另一方面适当的手势可以使说话的内容更丰富、形象、生动。对此，有人说："手势是口语表达的第二语言。"由于手势语是肢体语言的重要组成部分，因此，通过一个人所使用的手势，可以窥其真实的个性。手势语是一个人在说话过程中常用的一种动作语言，一举一动均是其真实个性的自然流露。对此，心理学家认为，不同的手势反映了当事人不同的心理活动，从某种程度上可以读出对方的真实个性。

　　某位英国记者在整理多张欧美首脑照片的时候，发现了一个奇怪的现象：从奥巴马、希拉里到卡梅伦、萨科齐，他们在讲话时都会摆出同一个姿势：伸出手臂，并用手指指向天空。尽管在很多时候，天空中什么东西也没有。

奥巴马在访问英国的时候，交谈期间，首相布朗和保守党领袖卡梅伦都不约而同地伸出了手指；希拉里在多次民主党总统候选人拉票集会期间，在向民众讲话的时候，她也伸出了手指；德国女总理默克尔和法国总统萨科齐在欧盟会议上，两人均是伸出手指，眺望远方。

对此，心理学家这样分析：欧美领导之所以在讲话时伸出手指指向天空，是因为在他们潜意识里，希望令自己看上去更具有领袖的气质，不想被观众认为是一个多余的人。英国心理学家马丁·斯金纳博士这样说道："首脑和那些即将成为首脑的人，都希望自己看上去像是一位真正的领导者。于是，在讲话的时候，他们在潜意识中试图摆出类似雕像的姿势。很显然，抬起手臂、昂起头的姿势无疑比光站着讲话更有活力，而眼睛向前上望去，使他们看上去更有远见。"

1. 十指交叉

这个手势动作是人们常用的一种动作，许多人以为这是自满的意思，其实并不是这样。十指交叉的动作是在隐藏自己内心的感觉，如果你在说话的时候，对方有这样的动作，那表示对方对你所说的东西并不感兴趣。如果对方将手松开了，这表示他有话要说，或者，想起身离开。在某些时候，十指交叉还表示内心焦虑、紧张。

2. 搓手

搓手这一手势并不是人们怕冷，而是表达了自己心中的某些期待。有的人搓手动作很快，那表示他对自己心中所想的事情跃跃欲试，而且抱着异常急切的心态。比如，有朋友说去踢足球吧，结果他就会快速地搓手，希望这一想法立即实现。有的人搓手动作比较缓慢，这表示他正处于作决定的紧要关头，犹豫不定，他正在考虑要不要去作那件事情。

3. 用指尖轻敲桌面

有的人喜欢用指尖轻敲桌面，桌面则会发出清脆的响声。这表示当事人正陷入思考中，或许正在思考解决问题的办法，或者正在犹豫要不要去做一件事。在某些时候，当事人觉得不耐烦的时候，也会通过这种手势动作来减轻心中的压力。

4. 背手

有的人喜欢将手放在背后，这样的人对生活充满了热情，对未来充满了希望，他们大多有着成熟的心态，遇到事情显得十分冷静，常给人一种镇定自若的感觉。不过，背手这一手势动作也大有不同，有的人喜欢用一只手抓住另外一只手的手腕，这表示当事人很紧张，他之所以出现这样的手势动作，只是想控制自己的紧张情绪。而且，这样的手势，如果手握的位置越高，那说明情绪紧张的程度就越高。

心理启示：

一个人的种种心理都能从千姿百态的手势中表现出来，通过手势，我们可以对一个人的性格特征和心理状态有一定程度的了解。在生活中，有的手势表明其洋洋得意，有的手势表明其非常忙碌，有的手势则表明对方有话要说。生活中，我们经常说"捏了一把汗"，这时，紧张的情绪一下子就出现在了脸上，原来，手的动作比脸上的表情来得更真实。

第三节　紧握的双手代表什么

在生活中，我们经常会看到有人习惯于紧握双手，这到底表示什么心理呢？当我们遭遇了一位刚刚创业失败的朋友，他向我们描述自己创业经历的时候，随着谈话的深入，他的双手会渐渐地握在一起，而且，随着讲述的继续，他的双手会越握越紧，以至于那紧紧靠在一起的手指都泛白了。有人形容，就好像两只手用胶水粘在了一起，动弹不得。其实，紧握双手表示一种内心的紧张感、焦虑感，或者是一种消极、否定的态度。伊丽莎白女王在出席皇室访问以及参加公众活动时最常用的就是这个手势，这时她会将紧握的双手优雅地放在膝盖之上。

在面试过程中，小王先是将双手平摊，放在自己的膝盖上。这时面试官提问了："你为什么会选择我们的公司呢？"小王顿了顿，整理好了思路，开始回答："在我的眼里，贵公司是一家以生产、销售为一体的知名公司，而且，我查阅了贵公司最近几年的发展历程，可以说，我对这样积极发展、蓬勃向上的公司很有好感……"

面试官对这样的回答似乎很满意，小王也松了一口气。但接着，面试官后面的问题就有点重量了："如果我们没有录取你，你会怎么想？""你对自己很有自信吗？"小王头上沁出了汗，双手渐渐握在一起，越握越紧，最后，手指竟然都显露出苍白的颜色。

双手握在一起，即便当事人还面带微笑，但也难以掩饰其心中的失落与挫败感。通常情况下，人们觉得自己所说的话缺乏说服力，或者是认为自己已经在这次谈话落败的时候，就会出现这样的手势：双手紧握。这样的手势大概有三种：将双手举至脸部，然后握紧；将手肘支撑在桌子或膝盖上，然后紧握；站立的时候，双手在小腹前握紧。

心理启示：

其实，在紧握双手这个手势中，双手位置的高低与当事人心理焦虑的强烈程度有着极为密切的关系。也就是说，假如当事人把两只手抬得很高而且双手紧握的时候，也就是双手位于身体的中间部位的时候，要想与之有进一步的沟通就会很困难。而假如当事人的双手位于身体下部的时候，这时与其交流就容易多了。

第四节　手摸鼻子和嘴巴会暴露谎言

当一个人用手摸嘴巴，这表示当事人试图抑制自己说出那些谎话，即便是用几根手指或紧握的拳头遮住嘴巴，这些手势所表现的心理都是一样的。在电视中，我们经常会看到这样的画面：当强盗或罪犯在和其他歹徒讨论犯罪计划，或者遭受警察审讯的时候，就常常做出这样的动作。假如一个人在说话时遮住自己的嘴巴，那他有可能在说谎。假如你在说话的时候，其他人用手遮住嘴巴，那就表示他们认为你可能隐瞒了某些事情。

　　　　没有来得及找好下家就辞职的小王，这段时间正忙着赶场面试。这天下午，他接到了两个面试通知，都是他比较喜欢的工作。于是，他把一家公司的面试安排在上午，而另一个安排在下午，中午还能吃个饭休息休息。

　　　　可是，等到面试那天，小王却破天荒地睡过了头，起来的时候已经九点半了。他急忙洗漱，整理面试资料，等赶到公司已经是十点半了。他刚气喘吁吁地坐下，经理就走了进来，没说两句，公司副总也走了过来，想看看这里的面试情况。

　　　　顿时，小王的紧张一下子就到了顶点，在介绍自己工作经验时自不觉地摸自己的鼻子，尽管他并没有感冒，也没觉得自己鼻子有多痒。副总脸上露出了不耐烦的表情，小王心更慌乱了，本来自己昨天还作了准备工作的，可是，一紧张什么都忘记了。一会儿，副总就出去了，剩下的面试官问了几个无关痛痒的问题，就匆匆结束了面试。小王明白，这次的面试完全让自己搞砸了。

有时候，当人们在撒谎时还会习惯性地触摸鼻子，有时只是略微轻触，几乎令人难以察觉。心理学家赫希称这个为"匹诺曹综合症"，这是根据那个著名的童话人物而命名的。匹诺曹每次撒完慌，木头鼻子就会变长，对此，赫希指出："人在撒谎时，鼻子会充血，通过摸鼻子或擦鼻子，这种感觉能够得以缓解。当然，也有人解释说，摸鼻子更多表现的是紧张的情绪，弗兰克就表示："关于撒谎的试验研究表明，摸鼻子并不是一种普通的欺骗信号。"或许，摸鼻子并不是每个人都适用的欺诈标志，它有可能只是适用于某些人。

心理启示：

> 心理学家发现，那些说谎者在撒谎时会下意识地抚摸自己身体的某些部分，其实，说谎者在撒谎时越是想掩饰自己的内心，却越是因为这些细微的动作而暴露无遗。当我们对那些说谎者进行仔细观察之后，我们会发现，他们在撒谎时会借助一些身体语言，比如，触摸自己或身上的衣物，掩口、摸鼻子，或者不断地拉扯自己的衣角，等等。

第五节　塔尖式手势能够展示你的权威性

塔尖式手势就是指将双臂放在桌面上，十指对应相抵，与拜佛的手势极为相似，但掌心是分开的。心理学家认为，那些自信的人经常会用到这样的手势，以显示自己的高傲情绪。有时候，上级对下级，也会出现这样的手势，所向下级传递的信息是"情况早在我的意料之中"。另外，这一手势在从事会计、律师等行业人身上，也使用得比较普遍。塔尖式姿势有公开与隐藏这两种形式，女性的塔尖式动作是隐蔽性的典型，她们坐着时会把手搁在膝盖上，在站着时将合着的手轻放在及腰的位置。研究专家发现，那些自视愈高的人，塔尖式的位置也就愈高。有时候，甚至会出现齐眉的动作，这样一来就像是从手缝中看人。

　　阿伟接到总经理办公室的电话，希望自己能过去一趟。放下电话，阿伟心里有点紧张，并不是因为总经理长得可怕，也不是因为总经理要批评自己，而是阿伟看见总经理塔尖式的手势就觉得紧张，不知道为什么，他总觉得这个手势有点慑人。

　　走进办公室，阿伟看到总经理正在批阅文件，阿伟松了一口气，心想，终于不会见到那个可怕的手势了。看到阿伟坐下了，总经理把文件整理好了，他开始将双臂放在桌面上，十指对应相抵。阿伟正在说话，突然看到这个手势，一下子就忘了说什么。尤其是总经理摆着这样的手势，双眼盯着自己，阿伟就觉得自己好像要上绞刑架似的。

塔尖式手势通常会出现在上下级之间的交流中，这个手势表现的是一种信心、权威。当领导指导下属，或者是给下属提出建议的时候，他们在说话时通常会使用这个手势。充满自信的领导经常会使用这个手势，以此体现自己的身份和自信。假如他对自己的答案很有信心，那习惯于使用这个手势的人还会将其演变成一种祈祷的手势，这样会让自己看起来更像是万能的上帝。

心理启示：

　　不可否认，塔尖式手势是一个充满自信的手势。在与他人的相处过程中，如果你希望你所说的话被对方接受，那么，就应该在心里树立信心，不要妄自菲薄。如此一来，你的身体语言就会像你的说话一样令人信服。通常情况下，我们在进行语言表达的时候，为了辅助语言的表达效果，会适当增加身体语言，在这时，自信的手势恰好能起到辅助语言表达的效果。

　　假如我们想说服对方，或者是想赢得对方对自己的好感，那我们则应当避免使用塔尖式手势，因为这个手势有时候会给人一种自鸣得意、狂妄自大的感觉。当然，假如你只是希望能让自己看起来自信十足，那塔尖式手势对你应该会有帮助。

第六节　说话时手势所表达的心理

　　手势是体态语言的主要形式，使用频率最高，而寓意深刻、优美得体的手势动作，常常能产生极大的魅力，激发听者的热情，加深听者对说话内容的理解，使说话获得成功。早在两千年前就有一位古罗马的政治家、雄辩家说过："一切心理活动都伴随着指手画脚等动作。双目传神的面部表情尤其丰富，手势恰如人体的一种语言，这种语言甚至连最野蛮的人都能理解。"

那么，在说话时手势所表达的到底是什么心理呢?

1. 拇指式：竖起大拇指，其余四指自然弯曲，表示强大、肯定、赞美、第一等意思。

2. 食指式：食指伸出，其余四指弯曲并拢。这一手势在演讲中被大量采用，用来指称人物、事物、方向，或者表示观点甚至表示肯定。

3. 食指、中指并用式：食指、中指伸直分开，其余三指弯曲，这一手势在一些欧美国家与非洲国家表示胜利的含义，由英国前首相丘吉尔在演讲中使用而大为推广。

4. 五指并用式：如果是五指并伸且分开，表示五、五十、五百……如果指尖向上并拢，掌心向外推出，表示"向前""希望"等含义，显示出坚定与力量，又叫手推式。

5. 拇指、食指并用式：拇指、食指分开伸出，其余三指弯曲表示八、八十、八百……如果并拢，表示肯定、赞赏之意；如果二者弯曲靠拢但未接触，则表示"微斜""精细"之意。

6. 仰手式：掌心向上，拇指自然张开，其余弯曲，这一手势包容量很大。地域不同，其意义有别：手部抬高表示"赞美""欢欣""希望"之意；平放是"乞求""请施舍"之意；手部放低表示"无可奈何""很坦诚"之意。

7. 俯手式：掌心向下，其余状态同仰手式。这是审慎的提醒手势，演讲者有必要抑制听众的情绪，进而达到控场的目的，同时表示反对、否定之意；有时表示安慰、许可之意；有时又用以指示方向。

8. 手包式：五指相夹相触，指尖向上，就像一个收紧了开口的钱包，用于强调主题和重点，也表示探讨之意。

根据手的不同形状和活动部位，手势动作可分为手指动作、手掌动作和握拳动作。这些手势语言具有多种复杂的含义，需要细心辨识和掌握。手势的部位、幅度、方向、急缓、形状、角度等不同，所表达的思想含义和感情色彩就有很大差别。我们在说话时不应该拘泥于某个固定的模式，而是要根据我们所说内容的不同，灵活运用不同的手势，以此让听者领悟话语里的真意。

心理启示：

当然，手势动作只有在与口语表达密切配合时才能准确地表达出当事人的真实心理。当我们在说话时，假如需要使用手势语言，应该与有声语言、面部表情、身体姿态密切配合，不能胡乱使用手势，以免听者会错意，影响自己的语言表达。

第14章　运用眼神，双眸的力量可以触动人心

在日常交际中，我们经常会用到眼神，并通过眼神的力量去触动对方的心理。在人的众多面部器官中，眼睛是最会说话的，一回眸，一眨眼，那都表示一种内心的流露，而我们则可以有效地利用眼神的力量，成功地引导对方。

第一节　眼神里隐藏的微妙心理

在生活中，双方是面对面地谈话，那么不可避免地，彼此都会有视线的交流与接触。相信在交流时，应该没有那种面对面谈话，却完全不看对方眼睛的人。当然，若是一直看着对方的眼睛说话，这也是不太正常的。一般而言，在西方，人们会一直盯着对方的眼睛说话。但对于一向传统内敛的中国人来说，大多数人会在交谈的时候，时而四目相对，时而转移视线。实际上，每个人的眼神里都会隐藏一些微妙心理。

谈判桌上，双方谈判已经进入最后阶段，却始终围绕着交货的时间点在争论。李先生直视着对方的眼睛，说道："由于我们公司目前的状况，必须在第四季度全部交货，这样才能保证我们公司的正常营运。"对方的视线马上移开了，似乎正在思考该怎么来回应这个问题。不一会儿，他抬头看了李先生一眼，马上又移开了视线，说道："李先生，我知道你们公司的状况，可是，在第四季度交货，确实有

些困难。"说完，视线由下而上，与李先生视线交汇，继续说："我希望李先生能够再宽限一些日子，这样的话，我们会加班加点，如期交货。"

李先生感觉到对方想拖延交货的日期，但又不想失去这笔业务。了解了对方如此微妙的心理之后，李先生直视谈判对方，做了最后的警告："从情况来看，你们在第四季度中交货确实存在一些困难，但如果你们不能交货，我们工厂的部分车间就会停工待料，造成生产上的损失。这样，我们不得不放弃与你们交易的打算。"对方低下了头，一会儿，迎头接上了李先生视线，咬牙说："好，在第四季度，我们会如期交货。"

在几番的眼神躲闪与接触中，李先生识破了对手的微妙心理：很想拖延交货的日期，同时，又不想失去这一笔交易。而后者才是谈判的重点，于是，李先生毫不妥协，坚持第四度交货。果然，两次催促下来，对方不得不答应了李先生提出的要求。

1. 眼神完全避开

有的人在说话时会将自己的眼神完全避开，眼睛不敢直视对方。这样的人，大多心中有鬼，有可能在他过去的谈判经历中出现了一些事情，使得他不敢面对比自己更正派的人。但是，偶尔，他也会主动迎上对方的视线，这表明其内心正在做挣扎，心中隐藏着一些东西，但是，又很想证明自己问心无愧。

2. 直盯着对方的眼睛

有的人在说话时直盯着对方的眼睛，不躲，也不避。这样的人有着较强的自信心，可以说他是有些任意妄为。他希望自己的表现能给人留下很自信的印象，实际上，他们对自己并不那么自信。当然，如果两个人总是直视对方，那么，谈话的气氛很容易陷入难堪境地。因此，他们大多会在视线接触后不久就转移自己的视线。

3. 紧迫逼人的眼神

有的人在看着对方眼睛时并不是温和的，而是紧迫逼人的。这样的人内心有些自卑，总感觉自己比别人差了那么一点点。但是，他们自己却没有意识到这样的心理，他们总是强烈地认为自己是正确的，在表达自己观点的时候，他们会紧迫逼人地看着对方的眼睛，好像在说："我说的是正确的吧！"而如此的眼神可以令身边的人闭上自己的嘴巴，同时，还会感受到那种威逼的力量。

心理启示：

在交谈过程中，双方都会去注意配合对方的气息，许多人都是下意识的动作，而且，在其中，两个人的眼神会交会，偶尔也会躲闪。比如，当对方所说的话令自己很想要表达自己观点与意见的时候，在那一瞬间，他便会直视对方的眼睛。对于他人所说的话，不管自己是同意还是反对的时候，如果觉得很有必要将信息传达给对方，那么，一般都是通过眼神来传达。如此看来，在语言交流过程中，对方的眼神里其实隐藏着道不出的微妙心理。

第二节　频繁眨眼会让人感到不可信任

在生活中，眨眼是非常正常的眼部动作，在安静、放松的状态下，人的平均眨眼频率是每分钟十几次。一般情况下，成年人只需要两三次眨眼就可以让眼球保持湿润。不过，当人们感到兴奋、烦乱、紧张或忧虑的时候，眨眼的频率会提高。而当人们的情绪处于正常状态，那眨眼的频率又会恢复正常。假如在一秒钟之内联续几次眨眼，那是神情活跃，对某件事物感兴趣的表现，也可能是思想斗争的表现。不过，在日常交流中，如果当事人频繁地眨眼，那表示其所说的话让人感到不信任。

小宋是一个漂亮的女孩子，但围绕在其身边的女性朋友却很少。那是因为当其他女性朋友围坐到一起的时候，所谈论的就是小宋喜欢眨眼睛的特点。

本来跟小宋关系还不错的小娜说："每次她在说话的时候，都会无辜地眨眼睛，而且这是不正常状态下的眨眼睛，因为她几乎是联续眨眼，即便她嘴里说着我是她很好的朋友，但在我心底还是不愿意去确认，因为这样眨眼说话让我难以信任她。""是啊，每次都是这样，我都不知道她说的哪句话是真的，哪句话是假的，反正我都不愿意跟她说话，害怕看到她在不停地眨眼睛。"坐在旁边的美美也表示深有同感，可能连小宋自己都不知道，原来是自己眨眼睛的动作让身边的朋友不再信任自己。

假如眨眼睛的时候，带动睫毛的振动很明显，用力地扇动眼睫毛，这就是一种卖弄的夸张动作，就好像在说："不是我的错，不是我做的。"但其眨眼的动作，却分明告诉别人：这事情跟我有一定的关系。不过，在我们说话时，有人眨眼睛，而且连续眨眼的动作夸张，眨眼的速度较慢，但幅度却比较大，这是一种不信任的表现，就好像在说："是真的吗？"这表示其对我们所说的话并不信任。

在正常而放松的情况下，人们的眼睛每分钟会眨眼6~8次，每次眨眼睛时闭上的时间却只有十分之一秒。不过，当人们处于压力比较大的时候，比如撒谎的时候，人们眨眼睛的频率就很可能显著提升。甚至，当人们眨眼睛的频率超过限度的时候，他会下意识地闭上眼睛，而不想让你看见其延长眨眼的间隔。那是因为人们在每次眨眼时，眼睛闭上的时间远远长于正常情况的十分之一。

🔑 心理启示：

在生活中，如果我们见到他人在说话时快速眨眼睛，那表示其所说的话是不可信任的。同时，我们在进行语言表达的时候，为了让其他人对自己抱以信任感，我们应该避免连续眨眼睛，尽量延长眨眼睛的间隔时间，这样就可以赢得对方的信任，从而达到有效影响他人心理的目的。

第三节　转动的眼球会将秘密吐露

可以说，眼神是一种无声胜有声的交流手段，不过，即便是没有眼神的交流，眼球本身的运动也会是一种语言。每天早上，当我们对着镜子，想想今天的工作日程，想想早上吃什么，这时你就会看到自己的眼球在运动，而且是向上运动。实际上，不管我们的思绪处于过去的回忆中，还是在幻想未来的蓝图，只要是有画面感的情景，这时眼球就会向上运动，进入视觉摄像。假如你是在认真听对方说话，那这时眼球则会在中间，这意味着你进入了听觉世界。而当你工作了一天觉得腰酸背痛的时候，你的眼球会向下运动，因为你被感觉、身体触觉的情绪所控制。

1. 眼球快速左右运动

对绝大多数人而言，眼球向左运动是回忆过去，向右运动则是对未来事情的幻想。当然，左撇子是例外。当人们的眼球向左运动的时候，他或许在想昨天做了什么事情，去了哪里，认识了哪些朋友；当他们的眼球向右运动的时候，他则可能是在想明天的工作，后天搬家的事情。

假如当事人的眼球出现了快速地左右运动的情况，那表达的意思又不同。比如，在辩论赛上，我们常常会看到那样的高频率的眼球运动，而且一般出现在受到攻击的一方。而那些被诘难的人，眼球会快速地左右运动，这表示他的大脑正在积极地思考，希望找到很好的办法来应对对方。由此可见，当一个人在费尽心思想问题的时候，就会出现这样的眼球动作。当然，当人们内心紧张不安的时候，也会做出这样的眼球左右运动的行为，他们希望自己能够集中精神收集信息，稳定心情。

2. 眼球在不同的位置所呈现的心理

在上面我们已经说过了，眼球在左边，表示视觉回想，也就是在回忆过去所见的画面和脑海里的场景，比如昨天吃了什么，工作做了些什么；眼球在右边，表示视觉想象，想象从未见过的生活，比如明天要去哪里；而眼球在中间，这表示听觉回想，回忆过去所见所闻。

假如是眼球处在中间向右，那表示听觉想象，在幻想从来没听过的声音，比如母亲在想象几个月大的孩子第一次喊妈妈的场景；眼球在左下，这表示听觉在发挥作用，这是在对自己说话，比如对自己说句鼓励的话；眼球处在右下，这表示内心感受，情感的触动，比如恋爱是什么样子的。

心理启示：

> 　　所以，当我们看到别人眼球上下运动的时候，就可以判断、推测出别人的内心活动，比如一个认真听你说话的人，眼球绝对不会向上翻起；一个正在思考的人，眼球也绝对不会不动。我们只需要记住：眼球往上的时候，这是视觉的、影像的；眼球在中间的时候，这是听觉的、声音的；眼球往下的时候，这是感觉的、身体的。

第四节　双眼斜视会让对方担忧或憎恶

　　一般而言，斜视的含义是较为丰富的，可能是表示感兴趣，或许是表示不确定，甚至表示敌意。假如当事人在目光投向侧方的同时，眉毛微微上扬或面带笑容，那就是感兴趣的表现，尤其是热恋中的女人，常常会将这样的行为作为求爱的信号。当然，假如当事人是斜视的目光，还有压低的眉毛、紧皱的眉头或下拉的嘴角，那就表示怀疑、敌意或者批判的态度，这会令对方感到担忧或憎恶。

　　在茶吧里，乐乐正在讲述自己引以为豪的欧洲之旅，但坐在其身边的那个朋友却始终以一种斜视的目光看着她，双眉压低、紧皱眉头、嘴角下拉，以一副不相信的表情看着乐乐。乐乐刚开始没觉得这样的眼神带给自己的影响，但很快，乐乐就觉得浑身不自在，说不清楚这种缺乏安定的感觉是从哪里来。

　　乐乐继续说着："那天，我们到了洛杉矶，那确实是一个美丽的地方……"说着说着，乐乐自己似乎也忘记说到哪里了："呃……我说到哪里了？"还是另外一位朋友的提醒，乐乐才想到自己说到哪里了。而这时，乐乐再次看到那位朋友斜视的目光，突然从心里产生一阵不快、厌恶的感觉，难道不相信我说的是真的吗？偏偏要以这种审视的目光来看我！乐乐越想越生气，下定决心不再跟这位朋友保持密切的关系了。

一个人视线的角度可以提供很多有效的信息，视线角度的动向，可以正确地指示出一个人内心处于不同因素为主导的状态中。当我们视线处于平行的时候，展示出理智、冷静、平衡的人际关系。与我们的朋友、同事以及许多同辈人，我们都会以平常心待之，这时视线是平行的，那脸自然是相对互视了，这就是所谓的"正视"，意味着"我们是平等的，谁也不比谁差，谁也不比谁强"。

假如一个人的关心和欲求加深，就会不敢正视，改成用斜视看对方，这表示对对方有兴趣，但不想被对方识破，一方面想了解地方，一方面又想隐瞒自己的内心。所以，当他试图掩饰自己注意对方的举动时，不是扭转头部，而是视线斜视。不过，就其他人而言，斜视会造成自己的担忧，甚至产生厌恶的感觉，就好像自己作为一个被审判的人似的。

心理启示：

在日常交际中，为了让沟通顺利进行，我们应该尽量正视对方，而不是斜视。斜视会给对方一种被审判的感觉，似乎对其所说的话表示怀疑、猜疑，虽然，单就斜视这样目光而言，斜视是一个很好的关注对方的视角，既不明显，又可以把对方脸部的细微表情尽收眼底，在生活中，一些有经验的销售人员会用这样的视线来与对方交流。但如果仅仅是日常生活中的交流，我们就尽量要避免用斜视的目光，这样只会让对方心中产生不悦，从而影响顺利沟通的进行。

第五节　判断对方眼神，揣测其心理

我们常说："眼睛是心灵的窗户。"在生活里，识别一种无声语言更重要，那就是眼神。在日常交际中，人与人之间的眼神交流，更能无声地传达出彼此之间的关系如何、默契如何。心理学家认为，眼睛是心灵的窗户，眼神则能传达一个人的心理，比如，一个人在表达反感或仇恨的时候，其瞳孔会缩小，还会透露出刺人的目光；反之，一个人对某件事情怀有极大的兴趣，则会睁大眼睛，以此表示赞同和好感。在生活中，我们要想轻松引导他人心理，就要学会判断对方的眼神。不管是谁，他都有平常人的喜怒哀乐，他眼神所传达的意思不可能与平常人相差得太远。

年底，由于业务量很大，职员们的工作十分紧张，小瑞也投入到了那紧张的工作中。

一天早上，老总突然召集大家开会。办公室里，老总对每一位进门的人都点头示意，但唯独小瑞进门的时候，老总却将头扭了过去。小瑞暗叫不妙，心想老总对我有成见了。果然，会议上，老总提出了一两个问题之后，就保持沉默，弄得大家都紧张兮兮的。半个小时后，老总才将目光尖锐地扫在小瑞脸上，说道："我对小瑞提出严厉批评，你知道吗？你昨天的品牌策划书竟连人家公司的名字都写错了，今天对方发传真过来了，说对我们的能力表示怀疑。"小瑞终于明白了，为什么之前老总没看自己了。

眼神中除了能看出上司与下属，权力与依赖的关系之外，还能揭示出更多的东西来。上司在说话的时候，眼神不看你，这可是一个坏迹象。他看都不看你一眼，目的就是想用不重视来惩罚你，说明他不想评价你。

俗话说得好："爬上窗台就不难看清屋中的情形，读懂人的眼神便可知晓人们的内心状况。"心理学家分析，如果一些人习惯于揣摩他人的心理，除了是要摸透对方的真实意图，希望可以引导对方的心理外，还有一个原因就是不自信和缺乏与他人沟通的能力，所以，他们对别人的心理总是猜来猜去猜不透。其实，如果你能读懂对方的眼神，就不难读懂其心理了。

那么，我们如何才能读懂他人的眼神呢？

1. 眼神所代表的含义

如果对方友好地看着你，甚至，不时地眨眨眼睛，那表示他对你评价较高，或许请求你原谅他的过错；对方在说话的时候，从上到下打量你，则表明他占据优势地位，拥有着支配的权力；如果对方用锐利的眼光盯着你，那表示他内心并不相信你，希望能说真话；对方一边说话，而目光却看向其他地方，那表示他不想与你交谈下去，想尽早结束谈话。如果对方闭上眼睛或者根本不看你，那有两种可能：一是他不想评价你，想用不重视你来惩罚你；二是他对此感到心烦或厌倦。

2. 领悟眼神背后的潜台词

有时候，对方的眼神加上语言表达，有可能所传达的却是另外一种意思。比如，领导经常会说"你看着办"，这时，如果你仔细观察他的眼神，你会发现，这句话根本不简单。如果上司是以喜悦的眼神，那潜台词则是"你的想法不错，看情况自己把握就行了"；如果对方是愤怒的眼神，那潜台词则是"上次的事情就没办法，这次可不要马虎大意，按照我的要求去办"；如果对方是悲哀的眼神，那潜台词是"反正没什么希望了，你想怎么办就怎么办吧"。

心理启示：

在生活中，与他人沟通，与其保持眼神接触，并对其眼神进行解读是很有必要的。从生物学上看，眼睛是大脑露在外面的器官，它与其周围的脸部是身体最具有沟通能力的部分。而眼神是运用眼睛的神态来表达情感、传递信息的无声语言。在面部表情中，它是最具生动、最复杂的表情。一般而言，在面对面的沟通中，眼神接触通常占全部时间的50%~75%，它的作用不下于声音。因此，在日常交际中，必须领会对方眼神的含义，如果我们能读懂对方的眼神，你也就了解了对方的心理。

第六节　眼神可能出卖你的"灵魂"

众所周知，眼神所透露出来的东西是最真实的，在日常交流中，目光的互相接触有时可以控制谈话的局面。举个例子，当有人说"他用十分轻蔑的眼神看着我"，就显示出交谈对象高高在上的态度。而当我们说"在你说话时请正视我的眼睛"，那就表示我们怀疑对方在撒谎。通常情况下，交流是面对面进行的，这时我们的目光大部分时间会停留在对方的脸上，因此，眼神中所传递出来的信息，是可以帮助我们解读其内心隐藏的真实心理的。基于眼神带来的这种影响，当人们第一次见面的时候，就会因为人们眼神所传递出来的东西，在很短的时间里形成对新朋友的第一印象。换句话说，有时候，眼神可能出卖你的"灵魂"。

三国时期，曹操派了一个刺客去刺杀刘备。刺客见到刘备后，没有立即下手，而是先和刘备"套近乎"，讨论削弱魏国的策略，刺客的分析深得刘备的欢心。过了一会儿，刺客还没有下手，诸葛亮却走了进来。这时刺客很心虚，借故上厕所。刘备对诸葛亮说："依我之见，刚刚那位奇士，可以帮助我们攻打曹操。"诸葛亮却连连叹道："此人一见我，神色慌张、畏首畏尾，视线低而流露出忤逆之意，奸邪的形态完全暴露出来了，他必定是一个刺客。"于是，刘备赶紧派人追去，但是那个刺客已经跳墙而逃了。

在这个案例中，诸葛亮之所以能够识破那个刺客，最主要的原因还是刺客的眼神暴露了太多的秘密，那种闪烁不定的眼神，即便是我们平常人看上一眼也会牢记在脑海中。在生活中，如果有人向我们投来不屑的目光，或许那些不太友好的人轻轻地斜视自己，那我们一旦察觉之后都是难以忘记的。当然，如果我们想成为诸葛亮那样，在短时间里通过对方眼神的变化看穿其内心，那确实是一件难事。

心理启示：

　　在生活中，描述眼神的词句是十分丰富的，比如"怒目而视""她的眼睛闪闪发亮""他的眼睛贼溜溜的""她的眼神恨不得杀了那个男人""她的眼神十分恶毒"，等等，我们在描述对方眼神的时候，会用到这些形容词。而按照这些形容词的描述，那表示我们是按照对方瞳孔的大小以及观察物体的方式，得出这些信息的。在我们所有的肢体语言中，眼神所传递的信息是最真实、最有价值、也是最准确的，因为它是传达身体感受的焦点。

第15章 语言操控，几句话就能扭转对方的心理

在日常交际中，除了运用到一些微表情，更多的是语言表达。如果我们想要影响到对方的心理，就需要将微表情和话语心理结合起来，通过几句话就可以扭转对方的心理，达到影响他人的目的。

第一节 巧妙寒暄，烘托氛围把控人心

游走在社交场合的我们虽然名片越来越多，但真正无话不谈的朋友却很少，似乎大多数都是场面上的朋友。与人见面，无非就是"您好""再见"，除此之外，似乎再也没有什么话可说了。对于交际场合中的朋友，即使打了招呼"您好"，还需要巧妙周旋几句才能说"再见"。许多社交高手擅长说场面话，几句寒暄下来，就拉近了彼此的心理距离。等到下一次见面的时候，那些场面上的朋友已经成为了很好的朋友。在生活中，客套的"场面话"是不可或缺的，它就犹如黏合剂，拉近了人与人之间的心灵距离。一旦缺少了适时的场面话，就会使整个交谈显得尴尬窘迫，甚至不知道下句话该说些什么。特别是对于那种还比较陌生的朋友，适时的场面话更不可缺少。所以，在日常交际中，我们需要适时说好场面话，达到烘托气氛，把控人心的目的。

公司为了庆祝新年的到来，特地举办了一次鸡尾酒会。销售部最年轻的经理小王也参加了。跟不同的客户寒暄了几句，小王就躲进了角落里喝橙汁，他不太擅长说场面话，所以，自己躲起来落个清静。

没想到，一个商人模样的老外却走过来打招呼，小王赶紧放下冰橙汁，与他握手。那位老外笑着说："为什么你的手冷冰冰的呀？"小王忙着解释，朝那杯冰橙汁乱指，老外马上摇头："不不不，你只需要说'但我的心是热的'就行了。"小王窘迫地笑了。

也许，老外并不关心小王的手为什么是冰冷的，而小王也没有必要解释为什么自己的手是冰冷的。当两个陌生人见面了，他们所需要的只不过是寒暄几句"场面话"，这样才能达到把控对方的目的。一般情况下，那些让人开心的场面话，定会对给对方留下深刻印象，无形之中就会拉近彼此的心理距离。

那么，我们在寒暄时应该注意哪些问题呢？

1. 真诚地赞美

有时候，我们需要当面称赞对方，比如称赞对方工作能力，称赞对方教子有方。诸如此类的场面话，有的可能是实情，有的可能与事实有一段差距，听起来虽然有点别扭，但只要不太离谱，对方听了都会感到高兴的，比如"这衣服穿在你身上再合适不过了"，短短一句话比一段话都能打动对方。

2. 场面话需要越精越好

场面话是人们在应对各种关系时的现象之一，这是日常交际的需要，但并不意味着你的场面话说得越多越好，而是越精越好。当你在洞悉了对方心理之后，只需要说出一句话就能有效地影响其心理了，比如"什么时候一起喝茶吧""你最近忙吗……我想请你喝茶"，前者比较真诚，后者因话太多而显得虚伪。

3. 随声附和

许多人往往希望自己的成就得到肯定与赞赏，因此，我们可以在交流时加入一些简单的语言，比如"对的""你说得对"等，以肯定对方的成就，这样会缩短彼此之间的心灵距离。

心理启示：

交际中总会出现各种尴尬、难堪的情境，这时候一旦开口不当，就会令场面越来越尴尬，最终影响整个人际关系的和谐。这时候，场面话成为了黏合剂，它能起到很好的烘托气氛的作用，从而达到把控人心的目的。

第二节　妙语开口，一下就能吸引住对方

在生活中，我们要善于以妙语开口，让自己开口的第一句话就能牢牢地吸引住对方。大量的事实告诉我们，要想在交往中给对方留下较好的第一印象，那就应该适时说第一句话，更关键的是，因第一句妙语所留下的第一印象将会在对方头脑中形成并占据着主导地位。在这里，会涉及首因效应，因此，当我们在进行语言表达的时候，也可以将其作为自己的心理策略，尽可能做到妙语开口，这样才能一下子就吸引住对方。

初次约会，她在车站等了一个小时，可他还没有来，她打手机，还是不通。最后，他终于来了，她并没有生气，反而亲切地说："路上堵车吗？人来了就好。"他有点不好意思，不过她的身影已经住在心里了。之后，两人聊了很多愉快的话题。

热恋中，有一次他出差在外，不小心把三千元弄丢了，那是他几个月的收入。在车站，他告诉了她，刚说了一句："我把三千元弄丢了……"她第一句话说的是："人没有丢就好……"他愣在那里，啥也说不出来。其实，她一直很节俭，不过她并没有埋怨。这一次，他坚定了娶她回家的念头。

结婚后，他工作忙，很少买菜。一个双休日，他拎了一袋蔬菜回来，她第一句话说的是："你辛苦了，有进步……不过，豆角有些老……"他很清楚，妻子对他买的菜并不满意，只是怕伤他的心，不埋怨罢了。

从初次约会、热恋到结婚，无论发生了什么事情，她所说的第一句绝不是埋怨，而是关心。所以，当她的第一句话说出的时候，他就认定了她，那句话奠定了和谐的基调，就这样让他们的感情持续升温。在日常生活中，很多时候就是因为第一句话没有说好，闹得彼此的关系很紧张。

雪后初晴的一天，作家盖达尔正在公园里兴致勃勃地堆雪人。忽然，在他身后响起了"咯吱咯吱"的踏步声，他回头一

看，一位年轻姑娘正向他走来。姑娘彬彬有礼地向他伸出右手说："我认识您，您是作家盖达尔，我读过您的全部著作。"盖达尔听了微笑着，十分幽默地说了一句："我也认识你，你或许是七年级或十年级的学生，我也读过你全部的书，代数、物理、三角。"这时候，姑娘笑着做了自我介绍，从此，他们相识并成为了好朋友。

第一句话表达了你的情绪与感情，你所想要传递给对方的信息全在第一句话里了，是好抑或是坏，都将有效地影响对方的心理。说好第一句话，往往能起到意想不到的效果。心理学家认为，在初次见面时，一个人的谈吐能在一定程度上反映出这个人的内在素养和其他个性特征。

那么，如何才能说出妙语呢？

1. 主动问候

当我们与陌生人初次见面的时候，应该主动问候对方，以谦逊的语气，体现出自己的坦诚、真挚和热情，神态自然，使用得体的语言，千万不要忸怩作态，故弄玄虚。在第一句话里，自己的思想感情要自然流露，以消除对方的戒备心理："您好，您就是张先生吧！经常听朋友提起你的名字，今天终于能亲自见上您一面了。"

2. 语言得体

我们所说出的第一句话要使对方能够听得懂，并且听进心里，这时候不要故弄玄虚，说一些不知所云的话。只有与对方心理相容才能激起心理上的共鸣，如果第一句话对方就不慎重，有可能会导致整个交流的失败。

3. 以赞扬为基调

第一句话要以赞扬为基调，尽量谈论对方颇为得意的方面，比如"您可真有气质""听说您的书法很大气，今天见你算是知道什么叫'人如其字'"，等等。当然，这样的赞赏并不是毫无诚意的恭维或拍马屁，而是发自肺腑的语言，这样才能激起对方的自豪和信任感。

心理启示:

在人际交往中,人们往往注意外表、服饰、表情的"首因效应"。其实,"首因效应"带来的影响并不仅仅局限于外表、服饰等,还表现在见面时所说的第一句话里的微表情,而且,该效应带有比较鲜明的情绪色彩,很容易影响对方的心理。所以,当我们说好了第一句话之后,奠定了整个谈话的基调,吸引住了对方,话题才会源源不断而来。

第三节 登门槛效应,话要一步步说进人心

登门槛效应,也称得寸进尺效应,是指一个一旦接受了他人的一个微不足道的要求,为了避免认知上的不协调,或想给他人以前后一致的印象,就有可能接受更大的要求。这种现象,犹如登门槛时要一级台阶一级台阶地登,这样能更容易更顺利地登上高处。其实,每个人都有一种在他人面前保持形象一致的心理需求,他们不希望自己被看做是反复无常、莫名其妙的。基于人们这样的心理,我们需要巧妙利用登门槛效应,一步步说理,才会令对方欣然接受。

在钟表店里,一只组装好的小钟,放在了两只老钟的当中,其中一只老钟对小钟说:"天啊,这么小的钟等你一年走完3200万次恐怕便吃不消了。"小钟吃惊地说:"要走那么多次,我可办不到。"另一只老钟说:"别听他胡说,你只要每一秒'滴答'一下就可以了。"小钟将信将疑说:"啊,这么简单吗?"就这样,小钟很轻松地在每秒的"滴答"声中,不知不觉走完了一年,他回过头一算,果然摆了3200万次。

美国社会心理学家弗里德曼与弗雷瑟在1966年做了这样一个现场实验：实验者让助手到两个居民区劝人们在房前竖一块写有"小心驾驶"的大标语牌。在第一个居民区向人们直接提出这个要求，结果遭到很多居民的拒绝，接受的仅为被要求者的17%。在第二个居民区，先请求各居民在一份赞成安全行驶的请愿书上签字，这是很容易做到的小小要求，几乎所有的被要求者都照办了。几周后再向他们提出竖牌的要求，结果接受者竟占被要求者的55%。

同样都是竖牌的要求，却产生了截然不同的结果，为什么呢？原因在于当你想对方提出一个微不足道的要求时，对方难以拒绝，否则，就显得太不近人情了。于是，一旦接受了这个请求，就仿佛跨越了一道心理上的门槛。当再次提出较高的请求时，这个要求和前一个请求有了继承的关系，对方就容易顺理成章地接受。

在日常生活中，我们如何使用这一效应呢？

1. 降低要求的"门槛"

如果你想要顾客购买自己的糖果，需要降低自己要求的"门槛"，不妨先说"这是我们店刚进的新品种，清甜可口，甜而不腻，请您随便品尝，千万不要客气"，对方在"恭敬不如从命"的心理状态下品尝了糖果，这时候你再提出"购买"的要求，对方一定不会拒绝的。

2. 先提出一个微不足道的要求

一般情况下，男生都是这样"追求"女孩子的："这道题我不是很理解，你能帮帮我，给我讲解一下吗？"之后呢，紧接着："顺路，我送你回家吧！"……就这样一步步"说服"对方成为自己的女朋友，而且，由于是遵循了"登门槛效应"，在整个过程里，对方不会有不安的感觉。

3. "哪怕一分钱也好……"

心理学家D.H.查尔迪尼代替某慈善机构做一次募捐活动，他对一些人说了一句话"哪怕一分钱也好"，结果这些人的募捐要远远高于另外一些人。当我们再向对方说出"哪怕……也好"的时候，就会产生登门槛效应，使得对方欣然接受我们的请求。

心理启示：

> 登门槛效应给我们的启示就是，当我们需要向对方提出一个比较大的要求时，可以先不直接提出，因为这个要求很容易被对方所拒绝。在这时，你可以先提出一个较小的要求，一旦被答应，再提出那个较大的要求，这时候才会有更大的被接受的可能性。当我们在说服对方的时候，也需要灵活运用这一效应。

第四节　巧用强势语言让对方听命于你

在某些场合，为了达到说服对方的目的，我们需要适时运用强势的语言表达一种坚定的立场，迫使对方听命于我们。虽然，在日常交际场合，我们并不提倡用强势的语言，因为这或多或少会给对方造成一定的伤害。但是，在一些特殊的场合，比如谈判场合，就需要运用强势的语风。俗话说："商场如战场。"谁利用语言占据了上风，谁就会成为最后的大赢家，这时候，强势的语言会成为一种巨大的力量，它会向对方施加一定的压力，迫使对方妥协，最终达到自己的目的。所以，在一些比较特别的场合，我们可以运用强势的语言，迫使对方听命于自己。

那如何才能让语言彰显出一种逼迫人的强势力量呢？

1."长话短说"

我们在进行语言表达的时候，尽可能"长话短说"，只需要把自己的意见表达清楚即可，无需在那里啰唆，一旦你说得太多，就有可能会消减"强势"的语风。比如"在这个问题上，没有什么可商量的"。

2.逼人的语调

为了增添强势的语风，我们需要使用"咄咄逼人"的语调，向对方施加一定的压力，影响其心理，迫使对方作出让步，最终达到自己的目的。

3. 毋庸置疑的语调

当我们在阐述自己的意见或想法的时候，需要运用毋庸置疑的语气，坚定自己的立场，这样的语言表达方式自然令对方感受到压力，不得不服从于我们。

心理启示：

在很多时候，人们好像误解了"强势语言"这一说法。于是，他们对于别人的事情都要强势过问，说话语气也很强势，口头禅经常是"你错了""我跟你说"，或者在说话时喜欢用食指戳着对方，总想教导对方怎么样，不管对方听不听，等等。其实，这样的行为只能表现出你是一个强势的人，不会真正地使对方服从于你。真正强势的语言是巧用"坚定的语调、逼人的语气"，呈现出强势的态度。

第五节　先抑后扬的表达，让对方更易接受

生活中，每个人对于未知的东西总是有着很高的期望值，他们总希望能得到一些高于自己期望之上的东西。这是人们的一种普遍心理，基于这样的心理，如果我们可以先降低对方心中的期望值，然后再提出自己的要求，这样反而会让对方更容易接受。本来，在对方的心中有一个既定的标准，如果在此时我们给予一定的否定，则会让对方心中出现一个落差，他或许认为自己的愿望无法得到满足了。就在对方心里产生落差的时候，再给予及时的心理补偿，这样一来，对方就更容易接受了。

章经理经过慎重考虑，决定给刚刚聘请的广告策划员小王15万元的年薪，这个薪金数虽然不高，章经理认为小王会接受下来的，唯一担心的是怕这个问题处理不好，影响他的积极性、创造性。老成持重的章经理想出了一个妙法，他对小王说："鉴于咱们公司的实际情

况，只能付给你10万元的年薪。"稍一停顿，章经理接着说："不过15万元也可以考虑，你认为如何？"小王一听"10万元"，就有点儿不乐意，"期望值"随之降低了，当听到"15万元"时，心里就有点儿高兴了。他爽快地说："我听经理您的。"章经理说："15万元相对于公司的其他人员来说，已经很高了。实话和你说，我这个做经理的对此也犹豫不决，不过，只要我们齐心协力，顽强拼搏，就是砸锅卖铁，我也要把15万元钱发到你的手上。"小王心里感到热乎乎的。

在这个案例中，章经理运用了冷热水效应，使小王对并不算高的薪金，不仅不灰心丧气，反而感到心情愉快。鲁迅先生说："如果有人提议在房子墙壁上开个窗口，势必会遭到众人的反对，窗口肯定开不成。可是如果提议把房顶扒掉，众人则会相应退让，同意开个窗口。"鲁迅先生的精辟言论实际上就是对冷热水效应的最好解释，如果先让对方尝尝"冷水"的滋味，就会使他心中的"期望值"降低，因此他对获得的"温水"也感到满足。

1. 先贬低自己，以获得良好的评价

第一次登台演讲的王女士的开场白是："我是一个普普通通的家庭妇女，自然不会说出精彩绝伦的话语，因此恳请各位专家对我的发言不要笑话……"听她这样一说，听众心中的"期望值"降低了。最后，当她简单朴实的演讲结束之后，听众感到这已经在自己期望之外了，心中会自觉地认为她的演讲达到了很高的水平。

2. 先摆出最糟糕的结果，以满足对方心理

当既定事情已经发生的时候，你可以先说出最糟糕的结果，令对方抱怨，再说出实际的结果，令其满意。比如，"如果你妻子和儿子都离开了怎么办？"假设最糟糕的情况，再接着说："至少你现在有漂亮的妻子和可爱的儿子，你应该为此感到高兴啊！"

3. 先提出苛刻要求，以获得对方同意

当遇到难以说服对方的时候，不妨先提出苛刻的要求，令对方惊慌失措，在心理上压倒对方，然后再提出一个折衷的要求。比如，经理对员工说："公司研究决定派你去远郊区的一个公司上班。"员工一听"远郊"，心就凉了半截，经理再提出合适的要求："不过，还有一个近郊区的公司，你愿意去吗？"

心理启示：

在生活中，当我们想要褒扬一个人的时候，不妨先批评他，这样会让我们的褒扬更深入人心。人的心理就是这样的，当他们要求比较高的时候，被人否定了，就会自觉地降低内心的期望值。这时对方再提出一个恰到好处的要求，而且这个要求还在期望值之上，那对方心里肯定会十分愿意接受了。

第六节　言语激将让对方更易动心

三国时期的诸葛亮就十分善于运用激将法：在马超率兵来犯时，张飞请令出战，诸葛亮却故意说："马超勇猛无比，在渭水把曹操杀得大败，看来只有调回关羽来才行。"这一下激恼了张飞，他立下军令状，出战马超。张飞本来是一员猛将，而自傲的情绪有可能会影响他能力的发挥，但诸葛亮的激将法起了重要的作用，使张飞在愤怒之下迸发出更大的力量。而显示诸葛亮善用激将法的还有另外一个例子。

面对着号称百万雄师的曹军，孙权想与之决战，但又举棋不定。诸葛亮说："曹军势不可挡，不如投降算了。"孙权非等闲之辈，乃争强好胜、不甘居人之下的一代英才，听了诸葛亮的话，火一下子就蹿了上来，反问道："那刘豫州为何不降呢？"诸葛亮说："刘使君乃汉室之胄，雄才大略，英才盖世，岂能甘心投降，任人摆布呢？"诸葛亮见孙权抗曹之火被激将起来，这才详尽地向孙权分析了孙刘联军抗曹的有利条件，最终坚定了孙权抗曹的决心。

诸葛亮并没有说东吴如何兵精粮足、人才济济，也不说地势如何险要，而反说曹军如何势大，假劝孙权投降，这样就激起孙权争胜、不甘寄人篱下之心，完成了其联吴抗曹的任务，这里他用的就是激将法。

  吴先生是一家大型企业的总裁，他因为善于激发员工的好胜心而创造了一个又一个的奇迹。一次，吴先生新研发了一个新产品，他需要一位卓越的推销人才去为新研发的产品打通市场，这是一件异常艰巨的任务。吴先生经过几番斟酌，选定了公司里一位颇具能力的新员工。

  "带着新产品去打通市场，怎么样？"吴先生轻松地问被召见的新员工，"我现在急需要一个有能力的人去给我做销售顾问。"

  那位新员工大吃一惊，他当然知道这件任务的艰巨性。他不得不考虑自己的能力，考虑这是否是在自己的能力范围之内。

  吴先生见他犹豫不决，便微笑着道："害怕了？年轻人，我不会怪你，这本来就是一件艰巨的任务，它更需要一个有能力的人来负责！"

  这句话激起了那位新员工的好胜心，他最终接受了挑战，带着新产品开始了漫漫的销售之路。

  每个人都有自尊心，有时候是因为某种原因使其自尊心受到压抑，出现自卑、气馁等现象。这个时候，你就应该直截了当地给他以贬低、羞辱，刺痛之，激怒之，"冷水"浇头，就能使他精神一振，让他的自尊心从压抑状态中解脱出来，从而精神面貌焕然一新。

心理启示：

  好胜心与迎接挑战是每个人的天性，在生活中，只要我们善于用激将的语言，就一定能激发出对方内心的热情，并会使他努力按照我们的要求去做事。同时，言语激将也是最容易让对方动心的。每个人在潜意识都会有隐藏的一股力量，当有人用言语刺激的时候，人们就会从内心迸发出一种前所未有的自信，他们相信在那一刻自己是最有能力的，这对于他们而言，心里是十分受用的。

第七节　话不说尽，让对方能够意犹未尽

心理学认为：好奇心是个人遇到新奇事物或处在新的外界条件下所产生的注意、操作、提问的心理倾向。人的本性是不满足的，而好奇心就是人们希望自己能够知道或了解更多事物的不满足心态。对于人们这样的心理，我们在进行语言表达的时候，应该巧妙设下"好奇陷阱"，激起对方想了解的欲望，让对方能够意犹未尽。

周末，默默约了好朋友梅子一起逛街，可是，默默发现一路上梅子都心神不定的，好像发生了什么事情似的。默默好心问道："梅子，你怎么啦，今天看起来心情好像不太好。""哎，我也不知道该怎么说……还是算了吧。"梅子吞吞吐吐地说。"到底什么事情，大家都是朋友，你可以说出来，看我能不能帮上忙。"默默沉不住气了。"昨天我接到爸爸的电话……"

"欲说还休"的姿态恰好可以引发对方的好奇心，当你说了一半而又停住的时候，对方就可能想知道"你究竟怎么了""出了什么事情吗"，在强烈好奇心的驱使下，对方会主动开口说"我能帮上什么吗"。

有时候，我们应该说一句，留一句，如果把内心的全部想法说出来，那就没什么意思了。同时，对方也没有想进一步了解的想法了。说话说到意犹未尽，有些想法的表达适当含蓄或委婉一些，让其余的未表达的部分留给对方去猜，这样反而会激发对方的好奇心理。

1. 设下"好奇陷阱"

有时候，对方可能根本不知道你有求助的意思，所以，你要巧妙设下"好奇陷阱"，通过自己的语言或行为透露给对方"自己有可能出事了"，这样他反而会主动问你"出了什么事""需要帮忙吗"。

2. 留下悬念

如果对方主动问你"出了什么事情"，你可以设计悬念"我也不知道怎么说……还是不要跟你说好了""其实都是小事，你还是不要知道好了"，这样对方会继续追问，迫切地想了解你的情况。

心理启示：

　　说话要言简意赅，意犹未尽，给对方留下一个想象空间，这样才会吸引对方继续听下去。有的人说话毫无技巧性，总是开口就说，一说就完，他把所有的事情都说了，别人听了也就完了。好的口才操纵家，总会先说一部分，剩下的那部分让别人去猜，这样既达到了说话含蓄的目的，同时还可以逐渐影响到其心理，吸引对方继续听下去，达到操控人心的目的，其实，这就是隐藏在话语中的微表情。与表情相似的是，就好像"犹抱琵琶半遮面"的意境，给人以无限向往的感觉。

第16章 捕获软肋，从最"软"的地方开始心理攻势

生活中，每个人都有自己的软肋，也就是弱点、缺陷，而这是其心理最薄弱的地方。当我们在进行话语操纵的时候，需要捕获对方的软肋，从最软的地方进行心理攻势，这样就能以语言来影响对方心理。

第一节 了解对方性格，操纵心理软肋

中国人历来相信事在人为，几乎所有的事情都是人做出来的，因此，人与人相处，则要以人为主。不过，若非理念相同，人们之间很容易产生"道不同，不相为谋"的隔阂。但问题是，那不同的理念又来自哪里呢？无非是一个人的性格使然，因彼此之间的性格、脾气不同，所以才会产生不同的想法和办事性格。然而，每个人的性格都是有心理软肋的，也就是说存在一些性格缺点。基于这样的道理，假如我们想要操纵一个人的心理，不妨先了解其性格，再通过对其心理软肋进行攻势，方能达到操纵他人心理的目的。

在赤壁大战之后，曹操败走。对于曹操的逃亡路线，诸葛亮料事如神，料定曹操一定会走乌林，取道荆州，从葫芦口往西去，由华容道逃走，结果真的是这样。

对于诸葛亮的正确猜测，人们大多会说诸葛亮料事如神，神鬼莫测，还会作法借风，差不多是鬼神之道，难以揣测。实际上也没这么

玄乎，他的神奇也是有章可循的。对曹操逃亡路线的准备猜测，诸葛亮是基于两个方面：一个是对地形的熟悉；二就是对曹操性格的了解。特别是料定曹操走华容道，假如仅仅从地形角度考虑，就会得出相反的结论。正是基于对曹操性格的准确了解，诸葛亮才作出这一判断的。

看过三国的人都知道，曹操的性格弱点是多疑。当时，摆在他面前的是两条路：一条是宽敞的大路；一条是崎岖的华容小道。华容道不是一般的难行，需要伐木叠桥。而且远远的看见华容道的高山之处有烟火，就好像有伏兵埋伏。不过，曹操多疑，他认为那是诸葛亮故意搞鬼，放烟火吓人，认为真正的伏兵是藏在大道旁。最终，因狐疑的性格，他最终选择了走华容道。从这里看出，诸葛亮对曹操狐疑的性格可以说是了如指掌。

说到三国，我们不得不说一个因性格缺陷而死的人物——周瑜。俗话说："性格决定命运。"人们在关键时刻所做的决策往往是由其性格所决定的，而其决策则促成其命运。周瑜不聪明吗？火烧赤壁退百万曹兵，可算是一代奇才，不过，他眼里终究容不下一个诸葛亮。有人说周瑜是诸葛亮害死的，否也。那是他自己的性格软肋害死了自己，诸葛亮只是起到了推波助澜的作用，最终，其性格弱点导致了自己的死亡。临死还质问老天爷："既生瑜，何生亮？"周瑜的例子告诉我们，当我们了解了一个人的性格，就可以顺势操控其心理软肋。

心理启示：

在日常交际中，我们要善于用各种方法去了解对方的性格，尤其是特别全面的性格。大凡一种性格脾气，都有其缺陷、弱点，只要我们能利用这个"软肋"，那就一定能顺势操控这个人的心理，从而达到自己的目的。

第二节　看穿对方需求点，巧用利益吸引

在日常交际中，我们要善于看穿对方需求点，巧"利诱"，以足够的诱惑，使对方动心，毕竟，看得见的利益比空口说话更有效果。在很多时候，当我们提出自己请求的时候，对方会表现得犹豫不决，或直接婉言拒绝，在这关键时刻，我们应该以利益来引诱对方，令其答应我们的请求。而且，我们应该明白这个道理：在这个世界上，除了父母，没有谁有义务来帮助你。因此，在我们向对方提出请求的时候，需要清楚，对方为什么而帮你，自己凭什么能够让他来帮你。在生活中，许多人都是为利益而生存，那么，我们不妨直接告诉对方在帮助自己之后将会获得什么样的利益。本来，人与人之间的关系大多是建立在互惠互利的基础之上的，当对方意识到自己在付出之后会有所获得的时候，他一定会毫不犹豫地答应我们的请求。

公元前659年夏天，晋国兴兵攻伐虢国。伐虢就必须经过虞国，但是如果虞国不借道给晋国，晋国就束手无策。大臣荀息建议晋献公把自己国家的两件国宝——千里马和玉璧送给虞国国君虞公，晋献公接受了荀息的建议，于是，晋献公向虞国国君传递出这样的信息："只要你借道予我，我就把两件国宝送给你。"同时，派人把千里马和玉璧送给虞公。虞公不听谋臣宫之奇的劝告，借路给晋国。晋军经虞国到达虢国，攻占了虢国的都城，迫使虢国迁都到上阳。

公元前655年，晋国聚集精兵良将，再次向虞国借路攻伐已迁都上阳的虢国。虽然宫之奇劝说虞公道："虢、虞两国相互依存，虢国灭亡了，虞国也就日薄西山了。所谓'辅车相依，唇亡齿寒'，说的正是虢、虞两国今天的形势。还请大王三思而行。"可是虞公再次拒绝宫之奇的劝告，借路给了晋国。晋国灭虢之后，回国时顺路灭掉了虞国。

晋献公的"利诱"之计正好击中了虞国国君爱财的特点，如此一来，虞公

自然同意了晋国"借道"的请求。而且，即便身边大臣极力规劝，虞国国君居然答应对方的再次"借道"，以至于最后葬送了自己的国家。由此可见，利益的诱惑性之大。

1. 给对方尝甜头

有时候，不妨可以给对方一点好处，这样对方也会从中获得一些恩惠。比如："你过来我包你车费，还请你到处转转，咋样""只要你给我把这件事办好了，我就送你一个爱马仕包包。""我前天在上海给你捎带了一条裙子，你看什么时候过来拿去吧！"

2. 送礼

当然，要想对方能够尝到甜头，送礼是最恰当不过的了。在日常生活中，我们常说"礼多人不怪"，在送礼之风越来越盛行的现代社会，拜访朋友稍点东西，看望老人买点补品，逢年过节更是礼不断。在这样的大趋势下，如果我们空着手，什么都不表示，那许多事情也就无从下手。其实，在反复送礼、回礼的过程中，你会发现礼物让彼此之间的距离更近了，那么，再谈其他事情就更容易打动人心了。

心理启示：

> 俗话说："无利不起早。"没有一个人愿意去做那些没有任何价值的"无用功"，只要你了解了对方这样的心理，继而主动满足其欲望，他就会乐意为你效劳。"以利诱之"，对方会觉得这次不会白忙活，因此，他们在办事的时候，就会主动地帮你解决问题。

第三节　利用对方的劣势扭转出自己的胜势

有时候，当我们无计可施的时候，还可以利用对方的劣势扭转出自己的胜势。因为每个人所处的角度和位置不一样，那围绕其身边的利弊条件也是不一样的。在某些情境下，对于他人而言是劣势，但对我们自身而言却是优势。这时我们就应该进行巧妙利用，借力而行，顺着别人搭好的梯子往上爬，这样才能快速地达到自己的目标。

成吉思汗被世人赞扬"一代天骄"，可是，成吉思汗在历史上几次大规模的战争中都处于劣势，为什么大多数都以胜利而结束呢？

其实，成吉思汗善于利用外力来为自己打天下，也就是以对方的劣势扭转成为自己的优势。他利用了札木合、王罕与蔑儿乞人之间的宿怨，利用塔塔儿人与王罕的旧仇，利用札木合与王罕之间的嫌隙，逐个击败了对手；成功地分化了阿兰人与钦察人，然后各个击破，最后征服了整个东欧草原。他在对每一个敌人的时候，又利用敌人内部矛盾，如利用札木合与他一些下属的矛盾，利用王罕父子的矛盾等。在扩张过程中，他利用金、夏之间的矛盾，攻下西夏，从根本上清除了两国联合御敌的可能；而在攻打曲出律时，他又利用西辽的阶级矛盾与宗教矛盾，分化瓦解了曲出律的势力，使强大的西辽变得不堪一击。

每当成吉思汗征服了一个地区，他就把所俘获的俘虏杀了，妇女掳为己有，儿童抚养长大，成了蒙古的新生力量，不杀的男丁、士兵则编入了军队，充当伪军去进攻敌人。所以，在随着蒙古大军的扩张过程中，成吉思汗的军队不少反而多了起来。另外，他还常用俘虏去攻打敌人，当攻下了一个地方之后，他就把那些俘获的百姓放在军队前面，让那些百姓充当挡箭牌，一般守城的人见了自己的同胞都会手软，不忍下杀手，自然大大削弱了对方军队的战斗力。

本来，在多次战斗中，成吉思汗都是处于劣势。但是，他善于利用周边的矛盾，以对方的劣势扭转局面，使自己重新处于优势地位。成吉思汗借助了敌人的劣势，成就了"一代天骄"的美名。在他兵力还不是很雄厚的时候，他就先后联合了札木合和王罕，依靠联合他人的力量来成就自己的事业，最后成为

了草原霸主。

心理启示：

在某些时候，我们需要借力行事。在通往成功的路上，仅凭我们的一己之力是难以达到目标的。如果我们希望能够扭转自己的局面，以优势姿态去迎接人生道路上的挑战，那就要善于利用对方的劣势扭转出自己的胜势，就好像是三月里的风筝，凭借风的力量，才得以冲破蓝天白云。

第四节 "心软"之人最怕他人的眼泪

我们应该知道这个道理，"心软"之人最怕他人的眼泪。他们总是不由自主地同情弱者，不愿意袖手旁观置之于不顾，而比较容易答应弱者的请求。当对方不愿意或正在犹豫的时候，我们不妨开口就"装可怜"，使出"有效的眼泪"，激起对方的保护欲，一旦对方觉得你的说法真实可信，他很有可能就会作出让步，答应你的请求。当然，使出"有效的眼泪"，要放得下面子，做个可怜人，以情乞悯，以达到自己的目的。

在日常生活中，当人们在讲述自己经历过的生活，比如幼年丧父、生活艰苦等不幸的经历时，旁边那些心软的人都会不由自主地宽慰，并给予一定的帮助。"有效的眼泪"虽然并不是被人们常用的一种方法，但却是非常有效的一种方法。所以，在日常交际中，应该巧妙地运用这一方法，开口"装可怜"，使用"有效的眼泪"，激起对方的保护欲。

鲍尔温交通公司总裁福克兰，在年轻的时候因巧妙处理了一项公司的业务而青云而上。他当时是一个机车工厂的普通职员，由于他的建议，公司买下了一块地皮，准备建造一座办公大楼。居住在这块土地上的100户居民，都得因此而迁移地方。但是居民中有一位爱尔兰的老妇人，却首先跳出来与机车工厂作对。在她的带领下，许多人都拒绝搬走，而且这些人抱成一团，决心与机车工厂一拼到底。福克兰对工厂领导说："如果我们建议通过法律途径来解决问题，就费时费钱。我们更不能采用其他强硬的办法，以硬对硬，驱逐他们，这样我们将会增加更多仇人，即使建成大楼，我们也将不得安宁。这件事还是交给我来处理吧！"

这一天，他来到了老妇人家门前，坐在石阶上独自地流起了眼泪。这种行为自然引起了老妇人的注意。良久，她开口发问："年轻人，有什么伤心事吗？说出来，我一定能帮助你。"福克兰趁机走上前去，他擦擦眼泪，没有直接回答她的问题，却说："您在这时无事可做，真是天大的浪费呀！我知道您有很强的领导能力，实在是应该抓紧时间干成一番大事业的。听说这里要建造新大楼，您是不是准备发挥超人才能，做一件连法官、总统都难以做成的事：劝您的邻居们，让他们找一个快乐的地方永久居住下去。这样，大家一定会记得您的好处的呀！"第二天，这个强硬顽固的爱尔兰老妇人便成了全费城最忙碌的妇人了。她到处寻觅房屋，指挥她的邻人搬走，并把一切办得稳稳妥妥。办公大楼很快便开始破土动工了。而工厂在住房搬迁过程中，不仅速度大大加快，而且所付的代价竟只有预算的一半。

在这个案例中，福克兰装出一副可怜的样子，用哭声打动了老妇人的心，使对方心甘情愿地为福克兰办成一件大事。事实上，我们只要善于抓住人性的弱点，这样就能使自己在行事中获得成功。

1. 用哭声打动对方

三国时期，蜀主刘备是精于哭道的高手，于是，有人戏称"刘备的江山是哭出来的"。虽然，这样的说法有失偏颇，但是，"哭"的确是打动心软之人的"秘密武器"，在提出自己诉求的时候，不失时机地流下几滴眼泪，会激发对方的保护欲，必然会爽快地答应你的请求。

2. 表示自己的无助

在提出自己诉求的过程中，你不妨通过语言表现自己的无助，比如："我也是没有办法，不然，我是无论如何都不会来麻烦你了，还希望你能够帮我这个忙。""现在我是一点办法都没有了，希望你能帮忙出个主意。"对方看到你无助的样子，定会毫不犹豫地答应你请求。

心理启示：

生活中，那些心软的人是最见不得别人的眼泪。即便他刚开始态度还蛮强硬，但假如在恰当时机流下几滴眼泪，他定会心软，马上改变注意。当然，并不是每个人都会心软，我们在使用"有效的眼泪"的时候，也需要事前了解这个人到底是怎么样的性格，是否是心软之人，否则，既浪费了自己的一番表演，反而成不了事。

第五节　利用权威效应，博得崇拜者的信任

权威效应，又被称为权威暗示效应，是指如果一个人地位高、有威信，就会受人敬重，而他所说的话以及所做的事情就很容易引起别人重视，并让他们相信其正确性，即"人微言轻、人贵言重"。"权威效应"的普遍存在，一方面在于满足了人们的崇拜心理，威信、权势对于每个人来说都是一种强大的吸引力，崇拜心理的作用使得他们对那些权威人士所说的话深信不疑；另一方面由于人们都有"安全心理"，人们总是认为权威人物才是正确的楷模，听信他们的言论会使自己更具安全感，增加不会出错的"保险系数"。

美国心理学家们曾经做过一个实验：在给某大学心理学系的学生们讲课时，向学生介绍一位从外校请来的德语教师，说这位德语教师是从德国来的著名化学家。试验中这位"化学家"煞有其事地拿出了一个装有蒸馏水的瓶子，说这是他新发现的一种化学物质，

有些气味，请在座的学生闻到气味时就举手，结果多数学生都举起了手。

本来那只是没有任何气味的蒸馏水，但由于"权威"的"著名化学家"的语言暗示而让许多学生都认为它有气味。这个实验，直接体现了人们所具有的"安全心理"。同时，人们还有一种"认可心理"，也可以称为"崇拜心理"，他们总认为自己的言行要与权威人士保持一致性，自己只有相信权威人士的言论，才能得到各方面的认可。所以，这两种心理就诞生了权威效应。

1. 借用名专家的话，比如"某专家认为"

很多健康专家认为，晚上身体往右侧睡才是最健康的睡姿。于是，当你在向朋友或家人证实这言论的真实性的时候，不妨可以这样说："健康专家都这么说，难道还有假？"比如，在每一只牙刷上面都会标明"牙医建议，三个月更换一只牙刷"。

2. 借用各行业权威人士的话

在每个行业都有相应的权威人士，比如文学领域里的茅盾、鲁迅，艺术领域里的梵高、贝多芬，等等。当我们在强调语言是多么重要的时候，不妨搬出语言大师林语堂的言论"语言不是一般的工具，使用起来不同于其他工具"。

3. 借用位高权重人士的话，比如"市场认为""国家主席说"

最近几年国家经济飞速发展，但物价也猛涨，对此，国家相关权威人士表示会抑制部分经济泡沫。于是，在平日闲聊中，邻居大妈可能更愿意相信物价不跌反涨，你就可以搬出权威人士的话："央行行长都发话了，要出台一系列措施，抑制物价……"

4. 借用上司的言论婉拒对方

很多时候我们不知道该如何拒绝，可以借助上司的言论进行拒绝，比如："前几天经理刚宣布过，不准任何顾客进仓库，我怎么能带你去呢？"或者说："这件事我做不了主，我会把你的要求向领导反映一下，好吗？"

心理启示：

在现实生活中，利用"权威效应"的实例很多，比如，在拍广告时请权威人物赞赏某种产品，在辩论说理时引用权威人士的话作为论据，等等。相传，南朝的刘勰写出《文心雕龙》后由于无人重视，他想请当时的大文学家沈约审阅，但沈约却不予理睬。后来他装扮成卖书人，将作品送给沈约。没想到沈约阅后评价极高，于是《文心雕龙》成为中国文学评论的经典名著了。因此，在日常交际中，我们利用"权威效应"，能够达到引导或改变对方态度和行为的目的，通过"权威言论"来影响其心理，操控其心理。

第六节　以对方最关心的人和事来铺展话题

著名口才大师卡耐基说："即使你喜欢吃香蕉、三明治，但是你不能用这些东西去钓鱼，因为鱼并不喜欢它们。你想钓到鱼，必须下鱼饵才行。"简单地说，当我们在与对方进行语言交流的时候，需要"忘记"自己的兴趣与爱好，用对方的兴趣爱好来展开话题，这样会使彼此之间的沟通更加顺畅。在沟通过程中，谈论对方的兴趣与爱好，这样能让对方感觉到受重视、受尊重，继而赢得了对方的好感与信任。许多人习惯于谈论自己的兴趣爱好，从来不考虑对方，这样的人永远不会得到对方的认同。所以，赢得对方好感与信任的诀窍在于，以对方最关心的人和事来铺展话题，谈论他最喜欢的事，达到影响他人心理的目的。

一位漂亮的女郎在首饰店的柜台前看了很久。售货员问了一句："这位女士，您需要买什么？""随便看看。"女郎的回答明显缺乏足够的热情。不过，售货员发现这位女士总是有意无意地触摸自己的上衣，好像对自己的上衣很是满意，售货员忍不住说："您这件上衣好漂亮呀！你的眼光真不错。""啊？"女郎的视线从陈列品上移开了，移到了自己感兴趣的上衣上面，"这种上衣的款式很少见，是在隔壁的百货大楼买的吗？"售货员满脸热情，笑呵呵地继续问道。

"当然不是，这是从国外买来的。"女郎终于开口了，并对自己的回答颇为得意。"原来是这样，我说在国内从来没有看到这样的上衣呢。说真的，您穿这件上衣，确实很吸引人。""您过奖了。"女郎有些不好意思了。"只是……对了，可能您已经想到了这一点，要是再配一条合适的项链，效果可能就更好了。"聪明的售货员顺势转向了主题。"是呀，我也这么想，只是项链这种昂贵商品，怕自己选得不合适……"

人类本质里最深层的驱动力就是希望具有重要性，而且，一个人的兴趣与爱好是其人生中最看重的一部分，他希望自己的兴趣与爱好能够得到别人的认同与肯定。一旦你在谈话中巧妙地说到了他的兴趣所在，他就会转变之前的冷淡态度，开始滔滔不绝起来，在自己感兴趣的事情面前，任何人都会激起一种谈话的欲望。

1. 找到对方的兴趣点

每个人都有自己的兴趣爱好，因此，在谈话过程中，我们要想办法找到对方的兴趣点。可以在与对方交谈之前做好准备工作，打听对方有什么兴趣爱好；也可以通过自己的观察或提问来获得对方感兴趣的事情。

2. 话题先从对方的兴趣说起

在沟通过程中，为了获得更多有关对方的信息，也为了满足其自尊心，我们需要让对方尽可能地多说话。所以，话题要先从对方的兴趣说起，这样顺势展开的话题会利于整个沟通的顺利进行。

心理启示：

　　如何展开话题、打开对方的话匣子呢？最好的方法就是先从对方最关心的人和事谈起，这样会使整个谈话过程变得愉悦而畅快。当然，在这其中，我们可以通过提问这样的方式来深入了解对方的心理需求、心理动机以及所感兴趣、关心的事情，顺势展开话题，对方就会侃侃而谈。

第17章　先发制人，占据主动把控
　　　　对方心理动向

　　在战争中的双方，先采取行动的往往会处于主动地位，可以制服对方，这就是所谓的"先发制人"。在日常交际中，为了占据主动，把控对方心理的动向，我们更应该先发制人，这样才能真正达到操控其心理的目的。

第一节　利用首因效应，让对方对你"一见倾心"

　　在生活中，我们要善于利用"首因效应"，给对方一个好的第一印象，让对方对自己"一见倾心"。一个人的形象魅力大多体现在第一印象上，何谓第一印象？第一印象是两个陌生人相见形成的最初印象，是通过对他人衣着、谈吐、风度等的观察给多方做的初步评价。第一印象对人的整个形象形成举足轻重，它往往是继续交往的根据。简单地说，能否给他人留下良好的第一印象，往往决定着你是否能赢得他人的好感。

　　阿东是公司的人事部经理，曾面试过上千人，为公司发掘了不少优秀的人才，不过，阿东非常看重一个人的第一印象。

　　有一次，阿东无意中看见了一个应聘者的简历，高学历、出色的工作履历让阿东这个阅人无数的经理也心动了。还没有见到那个人，阿东已经给他打了很高的分数，甚至，求贤若渴的他推迟了其他的工作，专门为这个应聘者安排了一场面试。

　　这天中午，在约定的面试时间里，阿东见到了那位"优秀"的应聘者，只见他身穿浅黄色的衬衣和灰色西裤，头发有些凌乱，胡须也没有修剪。这样形象顿时让阿东大跌眼镜，这和想象中的样子差距也太大了吧。在阿东的指引下，面试者在对面坐了下来，这时正值盛夏季节，一股怪味扑鼻而来，阿东寻找源头，竟发现是对面那个人身上散发出来的。阿东仔细打量，发现面试者身上本来穿的是一件白色的衬衣，但由于汗渍长期的积累而泛出了黄色，就连深色的西裤也依稀看到汗渍和油污。这时，阿东心中的好感已经荡然无存。简单地聊了几句就结束了面试，而阿东决定了不再录用他，尽管内心觉得很遗憾，但他坚信自己的判断。

虽然，我们常对自己说"不要以貌取人"，但几乎所有的人都无法做到这一点，而且，很多人习惯在初次见面就以貌取人。所以，在日常交际中，我们的服饰、发型、手势、声调和语言等时刻都在影响着他人对你的判断，不管我们愿意与否，我们都在留给对方关于自己的印象。

1. 外表装饰

虽然，一个人的相貌是自己无法决定的，但服饰却是完全取决于自己。俗话说："三分长相，七分打扮。"我们的服饰装扮需要保持整洁、得体、自然的原则。另外，还需要注意细节修饰，有的人穿名牌衬衫，但从不熨烫，有的脚穿名牌皮鞋但从不擦干净，这些都会让你的完美形象大打折扣。

2. 行为举止

一个人的动作常常令他的气质、性格表达得淋漓尽致，粗俗的行为总是令人生厌的，这就要求我们注意自己的行为举止，待人接物面带微笑，注意分寸和距离，尤其是与异性交往，举止不可轻浮，以避免不必要的误会。

3. 得体的语言

初次与人见面，特别是在一些正式场合，不要随便说"哎哟""噢"之类的感叹词，这些词说多了会令人生厌。说话之前要思考，不要信口开河，这样给人一种不诚实、不认真的感觉。另外，我们要准确、清楚地表达自己的意见，在语言表达过程中，避免使用粗俗的话语，避免尖刻、损人的谈话，也不要为抬高自己而故意贬低他人。

心理启示：

　　第一印象一旦建立起来，对后面获得信息的理解和组织有强烈的定向作用。由于人们具有保持认知平衡与情感平衡的心理作用，他们更倾向于使后来获得的信息的意义与已经建立起来的观念保持一致，而人们对于后来获得的信息的理解，往往是根据第一印象来完成的。所以，在日常交际中，我们要时刻保持一个得体、优雅、文明的外在形象，给他人留下一个良好的第一印象，在见面的一瞬间赢得对方的好感。

第二节　事先分析他人心理，筹划步步为营

　　当我们想要与对方一起谈论某件事情的时候，往往会出现这样的状况，由于其心理的难以琢磨，导致我们最后沟通的失败：不是无功而返，就是产生矛盾冲突。不管是什么情况的出现，都会导致我们最后的失败。对此，如果我们要想在沟通中获得成功，那就在谈话之前根据对方的一些言行特点分析其心理特征，步步策划，争取每一句话都能说到对方心里，这样我们就能赢得对方的好感，从而让整件事情顺利发展下去。

　　某催款小姐到一公司催款已经很多次了，每次都无功而返。有一次，她在总经理办公室等候，观察进进出出的人总是夸总经理点子好，主意不错，而总经理本来板着的脸孔会露出得意的微笑，陷入自我陶醉之中，办什么事他都一一批准，顺顺当当。催款小姐发现了这位总经理好大喜功、经不起吹捧、爱面子的弱点，于是开始对症下药。在以后与总经理的交谈中，催款小姐对欠款公司的发展、规模、能量、信誉等展开了评论，讲得有根有据，头头是道，还不时透露出敬佩之意，总经理越听越高兴，索性自己也开始滔滔

不绝地讲起"治厂经"，这位小姐马上变成了一个耐心的听众，偶尔说几句助兴的话，总经理觉得两人谈得很投机。催款小姐见机成熟，便恭维说："总经理，像您这么稳重成熟，思考周密，一般人很难做到啊！"一句话又引起对方把自己的经历和盘托出。最后转入正题，催款小姐叹道："难啊，就像我催款一样，总也不见效，对上面不好交账。你这么洒脱的人，给我办了，有为难之处吗？"总经理先是重复了领导们有统一的意见，不能随便支付欠款，但他还是沉思了一会儿，爽快地拍板说："你也跑了好几趟了，很不易。下个周一，你找王副总经理拿款吧！我给你打个招呼就行了！"终于，坚冰迎刃而解。

在这之前，由于催款小姐并不了解那位总经理的心理特点，因此每次催款都是无功而返。最后，她通过对总经理日常工作的观察，终于了解到总经理原来最喜欢听好话，喜欢被人称赞。了解了总经理的心理之后，催款小姐步步策划，句句说到总经理的心里，自然取得了总经理的信任，再适时把自己的难处一说，那总经理自然就把事情给解决了。

心理启示：

在生活中，我们在与人沟通的时候，常常会遭遇失败。其实，究其原因在于我们无法了解到对方的心理。俗话说："知己知彼，方能百战不殆。"在与对方沟通之前，我们需要了解其心理特点，从而在正式沟通过程中，我们就可以拿出一套自己策划出来的交流方案，诸如对方喜欢听什么样的话，他的兴趣爱好是什么，他不喜欢听什么样的话，等等。这样我们就能句句对准其心理，我们所说的每一句话，对方听在耳里，那都是甜在心里。这时我们再说出自己的要求，定能得到对方的允许，那这样的沟通也算是相当成功的。

第三节　丑话说在前，让对方无力狡辩

在日常生活中，我们经常听见这样的话："我可把丑话说前边了，到时候出事了可别怪我。"一般而言，当我们对他人的人性之善毫无信心，又对事态的发展毫无把握的时候，就会自然地想以"丑话"来推卸责任。把丑话说在前头，意思就是把原则性的东西先摊开了说，以免后面发生了不可预测的事情，即便事情发生了，对方也无力狡辩，而自己也能全身而退。不过，就中国人而言，大多数人说话比较含蓄委婉，唯恐话语中的不敬之词得罪了别人。其实，虽然这算是礼仪之邦值得推崇的言行，不过，太过于客气对自己往往是一种伤害，对别人则是一种纵容。尤其是对于私人利益方面，若不是把丑话说在前面，那最后定会成为对方辩解的理由。

老李和老王合资创办了一个公司，开始的时候，他们并不愿意谈论股权分配问题。只是对外声称彼此是"平等的创业伙伴"，而且私下也说"我们两个还有什么不好说的，以后再谈这个话题吧"。谁料，公司运营三年之后，老王决定退出，两人在股权分配的问题上有了分歧。老李说："我为公司做的贡献最大，我当然应该持有百分之五十一的股权。"而他的朋友老王却坚持说："三年前我们说好是一人一半，为什么现在你要食言？"

估计许多人都经历过这样的事情，由于是朋友，当彼此合作做生意的时候，不愿意生分地说到股权分配的问题，只是表示是"平等的创业伙伴"，而且，两人在私底下也会说"我们两个还有什么不好说的，以后再谈这个话题"。结果，等到几年之后，才发现并不是这样一回事，就因为当初不想说丑话，最后搞得两个人连朋友都做不成了，各自都在那里为自己辩解。

丑话先说，也就是"先小人后君子"，这是很讲究原则性的，如果没有原则，就很容易被太聪明的人钻了空子，最终自己也脱不开干系。与人共事，需要事先把条件和要求讲清楚，必要时可立下字据或者签定合同，虽然不能指望法律一定能解决未来可能发生的问题，但这却是一种约束。

1.先商量再共事

在很多时候，人们对一些问题难以启齿，感觉说出来容易伤感情，所以选择完全回避这个问题，或者只是进行模棱两可的约定，或者拖延这个问题的讨论。从心理学角度看，我们对于身边的每一个人都是无法相信的。所以，对于一起共事的人，一定要先商量，达成一致的协议，再一起共事。

2.白字黑字写清楚

不聪明的人讨厌，无法跟他打交道；太聪明的人更讨厌，跟他打交道容易吃亏。大部分人都存在着一种侥幸心理，自认为可以捡到便宜。所以，对一些重要的事情最好是写一份字据或者签合同，白字黑字写清楚，不给任何人钻空子的机会，这样避免惹下麻烦、埋下祸根。

心理启示：

当然，那些丑话并不是好听的话，就因为这个原因，许多人不愿意把丑话说在前。在当初的时候，他们宁愿不去估计后面的结果，都以为事情会朝着美好的方向发展。不过，在这个世界，许多事情的发展并不在我们思维的范围之内，它常常脱离于我们所想象的范围。对于这样的情况，我们就应该把原则性的摊开了说，把丑话说在前头，这样避免以后出了事情，对方会争辩。当我们把丑话说在前头之后，对方定然是没办法狡辩的。

第四节 摆明道路，不要给对方太多选择

在日常生活中，当我们与人就某个问题作讨论的时候，需要对某些选择性的东西摆明，不要给对方太多的选择。你所给出的选择太多，那对方给出的答案就很容易脱离自己掌控的范围，那我们就无从回应了。当然，这是基于人们的一个微妙心理。我们都知道，当我们在问对方"是不是？"这个问题的时候，对方的回答一定只有两个，要么"是"，要么"不是"，除了此外，别无

其他的选择。但如果我们表示"你觉得怎么样",那这样的答案就太宽泛了,我们根本无法估计对方想说的答案是什么。

美国电机推销员哈里森,讲了一件自己亲身经历的趣事:

有一次,他到一家新客户的公司去拜访,准备说服他们再购买几台新式电动机。不料,刚踏进公司的大门,便挨了当头一棒:"哈里森,你又来推销你那些破烂了!你不要做梦了,我们再也不会买你那些玩意儿了!"总工程师恼怒地说。

通过哈里森的了解,事情原来是这样的:总工程师昨天到车间去检查,用手摸了一下前不久哈里森推销给他们的电机,感到很烫手,便断定哈里森推销的电机质量太差。因而拒绝哈里森今日的拜访,推销便是无门啦!

哈里森冷静考虑了一下,认为假如硬碰硬地与对方辩论电机的质量,肯定于事无补。他便采取了另外一种战术,于是说道:"好吧,斯宾斯先生!我完全同意你的立场,假如电机发热过高,别说买新的,就是已经买了的也得退货,你说是吗?"工程师点点头:"是的。"

哈里森继续说:"当然,任何电机工作时都有一定程度的发热,只是发热不应超过全国电工协会所规定的标准,你说是吗?"工程师点点头:"是的。"哈里森笑着说:"按国家标准,电机的温度可比室内温度高出42℃,是这样的吧?"工程师点点头,不过说道:"但你们的电机温度比这高出许多,喏,昨天差点把我的手都烫伤了!"

哈里森接着说:"请稍等一下,请问你们车间里的温度是多少?"工程师回答说:"大约是24℃。"哈里森笑了,说道:"好极了!车间是24℃,加上应有的42℃,共计66℃。请问,假如你把手放进66℃的水里会不会被烫伤呢?"工程师点头:"那完全是可能的。"这时,哈里森才说:"那么,请你以后千万不要去摸电机了。不过,我们的产品质量,你们完全放心,绝对没有问题。"结果,哈里森又做成了一笔买卖。

在这个案例中，哈里森最终推销的成功，不仅仅在于电机质量真的不错，还在于他了解人们微妙的心理变化。当只有两个"是"与"不是"选择在这里，人们选择了这个就不会那个，那这样一来，整个话题的走向是掌控在我们手里的。而且，通过我们所给出的选择，也能轻易地猜测到对方的心理。

心理启示：

在正式沟通中，我们要善于摆明道路，一条或两条，给出明确的指向，不要给对方太多的选择。想必，我们都做过选择题，下面只有几个答案，不是选这个就是选那个，除此之外，我们别无选择。在沟通中也是一样，如果我们将选择权交给对方，那其心理的变化也是我们不容易捕捉到的。

第五节　在其不意，令对方措手不及时赢得先机

在心理学中，出其不意的策略，也就是说在沟通中占优势的一方采用出其不意策略，目的是在给对方施加压力，迫使其以己方最有利的条件达成协议。比如，从时间上给对方突然造成压力，突然宣布截止日期，或加快沟通进度，延长沟通的时间，取消沟通之间的休息，等等；或是向对方提出其意想不到的问题，对沟通中的某些条件提出新要求，或作出新的让步；或采取对方事先不能料及的行动，比如沟通中途换人，另外有人突然加入到沟通中去；还有就是公布一些让对方大吃一惊的消息，比如向对方透露一些很重要的统计数字和我们对这件事情的解决方案，等等。

其中，在商业谈判中，我们就经常会用到"出其不意"的策略。谈判桌上面对咄咄逼人的谈判对手，就好似战场上遇见了一位凶神恶煞的对手。这时

候，我们就要学会出其不意，认清对方的真面目，使用以柔克刚或者请君入瓮的心理战术，令对方不知所措，败下阵来。

1. 以柔克刚

当得知了对手强硬的风格之后，可以雪藏最优惠的条件，提供只给予了一点优惠的条件，而对方奋力争取下来的谈判结果，实际上早就在己方的控制范围之内。

2. 反复提问

为了使对方"泄密"，你可以对你知道的问题反复提问，试探对方的诚实度。必要时可以向对方成员提问，由于不可能每个人都能回答得滴水不漏，你自然会从中获得一些信息。

3. 围魏救赵

当对方提出一些难以接受的要求或意见时，己方不要受对方牵制，而是应该针对前面谈判中对方提出拒绝己方意见的某些重要问题，以攻为守，再次要求对方退让，这样对方就忙于招架了。

心理启示：

通常情况下，人们对于既定事情的发展有一种预测或推断，他们猜想这件事的走向具体是怎么样的。这样一来，他们的心里是镇定的，但一旦情况出乎自己意料之外，他们就会感到措手不及，稍有慌张，就容易露出破绽。而出其不意的策略，正是针对这样的情况，一旦对方露出破绽，那其心理防线就会坍塌，即时我们就可以达成自己的目的了。

第六节　适时施加压力，令对方暴露自身弱点

通常一个人的行为不仅仅受理智的支配，同时也受感情的驱使。在沟通过程中，我们可以适时施加压力，妙用激将法，用话语促使对方放弃理智，凭

着一时的感情冲动去作出一些决策或决定。假如我们想达到一定的目标，而对手又是一个心烦气躁的人，这时施加压力是最合适不过了。用语言激怒对方，刺激对方的自尊心和虚荣心，使其理智程度降到最低限度，从而实现自己的目标。比如："不是我小看贵公司，估计你们压根就拿不出足够的资金来购买咱们的产品，我即便是再降价，你也只是说说而已。"任何一个对手听了这样的话都会怒火攻心，在这样的情况下，他们很容易就会为了证明自己的能力而做出不利于自己的决策。当然，我们也就能顺利达到自己的目的了。

某橡胶厂有价值200万元的进口的现代化生产设备，但由于原料与技术力量跟不上，搁置了4年都没有使用。后来，新任的厂长决定将这套设备转卖给另外一家橡胶厂。在正式谈判之前，该厂了解到对方经济实力雄厚，但基本上都已经投入了生产，如果要马上拿出200万元来添置设备，有很大的困难。还有就是对方厂长年轻好胜，从来不甘示弱，经常以拿破仑自诩。了解到这样一些情况后，橡胶厂派了张小姐作为谈判代表前去进行洽谈合作。

谈判桌上，张小姐说："昨天在贵厂转了一整天，详细地了解贵厂的生产情况。你们的管理水平确实令人信服，您年轻有为，能力非凡，真让人钦佩。"那位厂长谦虚地回答："哪里哪里，我向小姐致意，还恳切希望得到小姐指教。"张小姐回答说："我向来不会奉承，实事求是是我的本性，贵厂今天办得好，我就说好；明天办得不好，就会说不好。"

那位厂长说到了设备的事情："小姐对我厂设备的印象如何？不是说导入一套现代化的设备卖给我们吗？"张小姐回答说："贵厂现有生产设备，在国内看，是可以的，至少三五年内不会有什么大的问题。关于转卖设备的事，只有两个疑问：第一，我怀疑贵厂是否真有经济实力购买这样的设备；第二，我对贵公司是否有能力使用这套先进设备表示怀疑。"

对方厂长听到这些，觉得受到了轻视，十分不高兴，他炫耀地介绍了自己橡胶厂的实力，当即答应买下那价值200万元的设备。最终，张小姐成功地将"休息"了4年之久的设备转卖给了那位厂长。

施加压力，促使对方暴露弱点，这样的方法经常会出现在现代谈判中。每个人都有自尊心，他们最讨厌的就是自己的自尊心被轻视的情况。在谈判中，如果直截了当地给他以贬低、羞辱，刺痛之，激怒之，"冷水"浇头，就能够促使其丧失理智，而作出有利于我方的决定。

在实际沟通中，我们该如何施加压力呢？

1. 因人而异

当然，施加压力需要因人而异，也就是搞清楚对方的性格脾气、思想感情和心理。对于那些富于理智的明白人，则不应该使用这种方法；对那些自卑感强、谨小慎微以及性格内向的人，也不应该使用这种方法，这样只会让他们丧失信心，甚至愤怒。

2. 拿捏好一定的"火候"

在沟通中向对方施加压力，还需要掌握好刺激的火候。如果火候太过，会给对方造成一定的压力，使对手产生逆反的心理，可能他们还会坚持自己的观点；若是缺少火候，不疼不痒，则难以达到刺激的目的。

心理启示：

当一个人在面对压力的时候，定会心神大乱，他没有办法以冷静的状态思考问题。这时他的一言一行都很容易出现慌张的痕迹，自然容易暴露出弱点。因此，当我们遭遇那种比较冷静型的对手，不管我们说什么，他都处于冷静的状态，就不妨使用这样的方法，向其施加压力，迫使其主动暴露弱点。

第七节　巧设悬念，利用对方好奇心来主导事态

人们心理的特点之一就是好奇心。好奇心是个体在遇到新奇事物或处在

新的外界条件下所产生的注意、操作、提问的心理倾向。同时，好奇心也是引导一个人所作所为的内在动机之一，促使其不断寻求解答，不断思考的重要特征。在生活中，我们每个人都是有好奇心的，比如遇到某个新奇的问题会打破沙锅问到底，在这时候人们的行为将会变得异常热忱，他会突然地对这件事非常感兴趣，仅仅因为好奇心。

对此，在沟通过程中，我们可以在话语中巧设悬念，故意刺激对方的好奇心。假如他本来不想讨论这件事，那就提出一些悬念，引起对方的注意，继而假装不想继续说这件事情。那后面，对方的心理以及行为就逐渐被我们所引导了。

> 莱芬维尔是著名的管理工程师，有一次，他想说服一个分部负责人更换一种新式指数表，而这个负责人是个刚愎自用的人，他拒绝在自己的部门做任何的改变。
>
> 于是，莱芬维尔夹着一个新式的指数表去找他，手里拿着一些文件去征求他的意见。当他们在讨论文件的内容时，莱芬维尔不断地把指数表从左腋换到右腋，如此反复。终于，他问莱芬维尔："你夹着什么东西？"
>
> 莱芬维尔随意地说："哦，是这个吗？这只是个指数表而已。"
>
> "我看看行吗？"那位负责人问道。
>
> 莱芬维尔假装要走，对他说："你不会看这玩意儿的，这是专门给其他部门用的，你们用不着。"
>
> "但我确实想看看。"
>
> 于是，莱芬维尔故意装作很勉强的样子，给他看那个指数表。在那位负责人仔细端详那个指数表时，莱芬维尔随便但十分详尽地向他介绍了它的功用。
>
> 终于，负责人大喊一句："谁说我们用不着？见鬼！我找这东西可找了好长的时间了！"

当莱芬维尔不断地将那指数表从左腋换到右腋，这样反复几次之后，已经引起了那位负责人的注意。于是，他忍不住问了："你夹着的是什么东西？"而后来，莱芬维尔假装随意的回答更勾起了那位负责人的好奇心。最终，当莱芬维尔知道那位负责人已经备受好奇心的煎熬的时候，他把指数表拿出来了。也正因为这样，那位刚愎自用的负责人算是接受了莱芬维尔的建议。

心理启示：

在某些时候，当我们的沟通陷入无计可施的时候，也就是说，不管我们怎么说，对方就是不感兴趣，甚至开始将注意力转移到别的事情上去了。这时我们就应该在话题中巧设悬念，提出问题，刺激对方的好奇心，这样我们就可以利用对方的好奇心来引导事态的发展，自然也就很容易达到自己的目的了。

第18章 灵巧问话，掌握提问的心理策略

在沟通过程中，为了有效地促进交流的顺利进行，必须经过提问和回答这一环节。适当的提问以及灵活地回答对方问题，这就是说话之道了。沟通是两个人的互动，也就是彼此交换想法和意见，共同体验谈话带来的愉悦感。然而，提问也是涉及心理策略的，假如我们能够熟悉一些提问的心理策略，那定会促成一次顺利的沟通。

第一节 把问题细分，让对方更易回答

我们所提出的每一个问题，要具体集中、细致有条理，不能含糊不清，不能太宽泛。如果我们所问的问题太宽太大，会导致对方不知道该从何处回答，而且，还有可能造成你的问题变得无趣，导致话题直接走入死胡同。

大多数的记者都善于提问，而且，他们很清楚自己的目的。一位记者曾这样讲述了自己提问的一次经历："有一次，我采访一些到日本打工的农民，我猜想下面的观众一定想知道他们在日本工作和生活的情况。这一类问题是一定要问的，但是，如果我这样问：'你在日本怎么样？'那么，采访者可能不知道该如何回答，于是，我将问题细分了一下，问了'你在日本有没有最难忘的事情，给我们讲讲好吗？'如此一来，对方只需要讲一两件事情，我们就了解了他在日本工作和生活的情况。"从记者的经历，我们不难看出，当提问变得越细的时候，对方就越容易回答，同时，我们更容易掌握沟通的主动权。

　　某商场，一位大叔正在电风扇专柜前驻足。一位销售小姐走向

前，销售小姐："大叔，这几天天气热起来了，您今天来是想看看电风扇吧？"大叔回答："对呀！""那您是想看台式的还是落地式的呢？"销售小姐继续问道，大叔想了想："放在客厅用，落地式应该好一些吧？"销售小姐点点头："对，在客厅用落地式的比较适合，因为它外形美，有气质，还具有装饰房间的功能。来，落地式风扇都在这边，您是需要我为您有针对性地介绍还是想自己先慢慢挑选一下？"

潜能大师安东尼·罗宾说过："对成功者与不成功者最主要的判断依据是什么呢？一言以蔽之，那就是成功者善于提出好的问题，从而得到好的答案。"销售小姐具体的提问恰到好处地引导了话题，而且，从顾客的回答中，销售小姐了解了其要求，从而灵活运用了销售策略。如果销售小姐泛泛而问："大叔，请问您需要点什么？"如此笼统的话题，不仅顾客不好回答，销售小姐本身也难以掌握话题的走向。

如何提出让对方更容易回答的细问题呢？

在正式交流中，有的问题太泛泛而谈，让人难以回答，有的问题太笼统了，答案并没有在自己掌控的范围之内，那么，如何才能提出让对方更省力的具体问题呢？我们可以先将大的大的问题细分，问几个是非题或选择题的具体问题，把对方有兴趣的话题找出来，再继续往下问。

心理启示：

在沟通过程中，善于提问是很有必要的。一个好的问题可以引发出一个愉快的话题，而一个愉快的话题可以促进此次沟通的成功。当然，提出的问题应该尽量细致，做到有的放矢，切不可漫无边际、泛泛而谈，面对不同的谈话对象需要提出不同的问题。有时候，对方有可能是一个很健谈的人，如果你只是泛泛而问"今天过得怎么样"，他可能就会从早餐开始一直谈到今天的天气、交通状况等等，如此漫无边际的谈话，从中你既不会得到自己需要的信息，也不会感到愉快，只会感到相当烦躁。

第二节　配合动情表情，让提问更真挚动人

　　提问，指的并不是简单地将问题用生硬的语气提出来，而是还需要配合适宜的表情和语气，这样的提问才会更加真挚动人。在生活中，人们的提问往往总是不足的，表现不尽如人意。有的提问磕磕绊绊，话不连贯；有的声音发颤，语不成句；有的辞不达意，不知所云。而有的电视台主持人在提问时，一拿起话筒，面对摄影机，脸上便会露出一副深情款款的表情，就好像在表演诗朗诵般，让人疑惑他是不是在演出。恰如其分的提问，应该是作出与语境相配合的表情、动作，在声音方面也需要配合当时的语境，这样才能让提问更加动人，对方也才容易被这样的提问所打动。

　　提问，不仅仅是将问题提出来，而是需要思考，如何才能打动对方，让对方主动向我们敞开胸怀，袒露自己的心事。提问的目的就是希望能听到对方的回答，如果我们的提问被对方拒绝回答，那就宣告我们提问的失败。对此，如果我们想要一次次有效的提问，那就要把自己融入到提问的语境之中，切合语境，配合以相应的表情和语调，或微笑，或悲伤，或同情，这样才能让对方愿意将自己想说的说出来。

心理启示：

　　好的提问，不仅会让被提问者感觉到我们的真挚，而且还能够帮助我们了解到一个好的故事，这样我们才能从提问中有所收获。

　　假如我们的提问空洞而乏味，语言生硬，语调平淡，那是很难问出好故事的。我们只是将问题"朗读"出来而已，这样的表演是难以打动听众的，当然，他也就会寻找一些理由来拒绝回答我们的问题。所以，为了让自己的提问有所收获，我们应该配合好的表情，比如询问一些悲伤的事情，就流露出肃穆的神情，询问开心的事情的时候，就要面露笑容，这样才能让自己的提问更加动人。

第三节 掺杂无关紧要的话题让对方不知所图

在日常交际中，每一次提问都包含着一个目的，有可能是纯粹地与他人建立和谐友好的关系，有可能是自己想从对方回答中获取一些信息。但是，无论是什么样的目的与意图，若是清晰地呈现在问题中，那么，很有可能会令对方产生一些不好的感觉。对方会认为，你的提问、交谈都存在着一定的企图，他会不自觉地选择戒备的心理以保护自己，这样，也就影响谈话的进一步进行了。另外，对于国际商业谈判如此重大的场合来说，更不应该彻底地暴露自己的意图、目的，凡事都应该慎重，这样，我们才能"知己知彼，百战不殆"。那如何才能不让对方感觉到自己提问的核心呢？这时我们可以在提问中掺杂一些无关紧要的话题，这样对方就不容易听出提问的真实目的了。

周末，朋友聚会，大家惊讶地发现，离婚多年的王女士竟然快结婚了。自从上一次不幸的婚姻之后，王女士就打消了结婚的念头，突然出现了这样的消息，朋友们十分惊讶，纷纷询问："他到底是谁？"王女士笑着回答说："一个会提问的人，每一次约会，我都是不知不觉中答应的。"

然后，王女士讲述了第一次约会的情景：刚开始见面，他就问我："网球和电影，你更喜欢哪一种？"我回答说："我喜欢看电影。"他接着又问："国产片和外国片，你是喜欢外国片？"我笑着回答："是的，但是附近的电影城正在上演的是张艺谋的新片，我也很想看。"他也笑着说："这样好了，这个周末我们一起去看。"我就不假思索地回答："好吧！我们去看。"

说完，王女士满脸幸福："每一次和他说话，他总是问这问那，而我根本不知道他为什么会这样问，糊里糊涂就回答了，结果，我就这样被他'骗'走了。"

王女士未来的老公的高明之处就在于：他从来不透露自己提问的真实意图，而是问东问西，实在让人摸不着头脑。因此，王女士很轻松地就走进了"套圈"，不知不觉就答应了对方的邀请。通过王女士的例子，我们不得不说

"有效的提问真的是一种智慧"。

1. 模糊问题

虽然，我们提倡在提问时所提出的问题需要具体，但在某些时候，我们需要模糊问题，也就是说，不把问题明确地提出来，而是提出一些有关核心问题的其他问题，这样就可以模糊我们所想提出的真实问题。自然，对方也就不知道你所提出问题的真实目的了。

2. "问东问西"

在许多场合，我们经常看到这样的提问画面：有的人对一些人问了许多乱七八糟的问题，看似无关紧要，但到最后，他却从这些问题中得出一些有用的信息。善于提问的人，看似问东问西，却是有规律可循的。之所以问东问西，那是因为掺杂了一些无关紧要的话题之后，对方就猜不透我们问题的真实意义。

心理启示：

人与人之间的相处尚且这样，那么，对于蕴涵着重大利益的商业谈判，每一个提问更是不容马虎。有可能，在谈判过程中，稍微不注意就会透露出自己的意图，让对方占尽先机，从而损失一笔大买卖。有时候，模糊其辞的提问还能够引起一个新的话题，而对方却茫然不知。

第四节　说些自己的秘密，来引出提问

有时候，即便我们配合了很好的表情和语调，但对方对于我们的提问还是会不理不睬，但他们眉眼之间好像有什么难言之隐，这时该如何让对方开口呢？作为提问者，需要考虑到自己所提出的问题的敏感性，如果你想让对方开口回答这个问题，那就不妨先说出自己的一些秘密，以此引出提问。这样在话题的延伸之下，对方会觉得这个问题是合理的，自然就愿意作出该有的答案了。

　　乐乐看上去心情很不好，眉头紧蹙，似乎发生了什么事情。朋友小媚是一个乐于关心朋友的人，她看见乐乐这样子，很是心疼，前几日耳闻她正在跟男朋友发生矛盾，难道是分手了？

　　中午吃饭的时候，小媚关切地问道："乐乐，怎么了？"乐乐抹了抹自己眼角不小心掉下的泪水，匆忙地回答说："我没事，沙子吹进眼睛去了。"小媚知道乐乐心中的难受，自己前两个月才从失恋的阴影中走出来，现在是自己开导朋友的时候了。

　　为了能让乐乐对自己袒露内心的痛楚和纠结，小媚跟乐乐说起了自己的事情："在两个月以前，我比你更痛苦，我都想去自杀了。三年多的感情说没就没了，一下子心里空荡荡的，我删除了所有与他有关的东西，但却删不掉内心的记忆，那段时间，我最害怕的就是失眠。为了不让自己失眠，我每天晚上喝酒，为的只是让自己安然入睡。一个月过去了，我发现自己还活着，真的，虽然我瘦了很大一圈，但我确实还活着，我觉得应该为自己做点什么了，再也不要这样颓废了。于是，我换了新工作，换了新环境，换了新发型，整个人清爽多了，我觉得其实单身也不错。前两天，在大街上碰到了前男友，我竟然没怎么感觉，只是恍惚之间有点那么难受。你跟你男朋友还好吗？有什么伤心的事情，说出来就好了。"

　　听了小媚的话，乐乐再也忍不住了，大哭了起来，把头放在小媚的肩膀，哭着说道："姐姐，我跟男朋友分手了……"

　　其实，这个心理策略就好像"交换秘密"一样。当我们想要撬开对方的嘴巴，知道其关于一些事情的情况，那就先说出自己的秘密，然后引出问题。这时对方已经听到了你的秘密，自然会觉得不好意思，同时会觉得既然你也愿意拿出秘密来分享，难道自己还隐藏着秘密不说吗？这时对方就会有一种"交换秘密"的想法，也就是说出自己类似的经历，最后，双方还会讨论这其中不可思议的问题，并希望能达成一致的意见。

心理启示：

有时候，为了让对方回答自己的问题，我们也可以适当说出自己的一些秘密。当然，如果通过叙述自己的经历或故事提出问题，且这样的经历或故事大概是相似的，效果会更好。就好像案例中一样，小媚过去失恋的经历跟乐乐现在的情境是相似的，有着同样的感受，更容易打开对方的心扉。即便对方不想袒露自己内心的秘密，但如果遇到相似经历的人说出了秘密，他内心的防线也会坍塌，他会愿意将自己内心隐藏的事情说出来。

第五节　妙语发问，圆润地提出尖锐问题

"曲径方能通幽。"提问也是一样的道理，在现实生活中，许多人热衷于直截了当地提问，不修饰、不绕圈子，虽然，这样的提问比较真实，但是，它有时候不具备实际操作性。因为提问的目的是引起谈话双方的兴趣，为话题做好铺垫，这样才有助于话题能够顺畅地进行下去。而提问最为关键的一点是，营造出和谐的谈话氛围。直截了当的提问极有可能会伤了对方的面子，或者令对方感觉到难堪，破坏了原有的和谐气氛。因此，在提问的时候，我们应该妙语发问，圆润地提出尖锐的问题，否则，你难以将话题继续下去。

1.试着了解对方的处境

沟通是建立在平等的基础之上的，自己没有必要带着某种优越感去看待别人，一旦你有了某种优越感，就会导致沟通的失败。所以，面对别人的不幸遭遇，或者面对别人难以开口的问题，不要粗鲁地带着尖锐词语直接质问，而应采用谈话的方式，试着了解对方的处境。当你发现自己所提的问题比较尖锐的时候，尝试着倒推两三步，试着去理解对方所处的境地，尽量把问题变得圆润而委婉。

2.必须提出尖锐的问题，可以适当借助"抽象的第三方"

当然，如果是遇到公事上的问题，你必须提出尖锐的问题，可以"拿抽象的第三方来当替死鬼"。比如，主持人在访问官员一些贪污的新闻、性丑闻的时候，就会抬出第三方来提醒那些官员，比如"您就任即将满三年了，媒体记者们在报道您的政绩时，恐怕也一定会提到，一直都没有得到您亲口澄清，有关两年前的那则受贿事件的传闻"。

3.把刺耳的字眼换成"具体陈述"

可以尽量把对方听来刺耳的有审判味道的字眼，改成用一些"具体陈述"。比如当你想要问对方关于抄袭这样敏感的问题时，可以换一种具体的陈述"某学术期刊上面有篇论文跟你上个月发表的那篇，内容上有重叠的部分，大概有五千字"。虽然这样的"具体陈述"有点费时间，但却显得很具体，听起来没有直接指责的意味，只不过告诉对方你在就事论事而已。

心理启示：

陶行知说："发明千千万，起点在一问。禽兽不如人，过在不会问。智者问得巧，愚者问得笨。人力胜天工，只在每事问。"其中，"问得巧"就是圆润地提出尖锐的问题。这样的提问方式，会很好地照顾到对方的心理，很容易被人接受，而我们也可以得到如期的答案。

第六节　旁敲侧击，从其他问题中找出正题的答案

有时候，在提问时我们还可以采取"旁敲侧击"的方式，多问几个与主题相关的问题，然后在这些问题中找出正题的答案，这也是一种有效的提问方式。当主题变得太庞大，或者说我们无法用直接的方式提问的时候，就可以采取这样的方式。当然，我们所询问的其他问题，必须是与正题相关的问题，否则，即便提问再多，也无法找到正题的答案。

学生们在学习贾平凹的《风筝》这篇散文的时候，有位老师采用了两种截然不同的提问方式：

第一种提问：

老师：我们在做风筝的时候，心情怎么样？你是从哪些词句中体会到的？请把相关的句子画出来。

老师：请把做风筝时的快活读出来。

第二种提问：

老师：这一段话是介绍我们小时候做风筝的情景，请大家认真默读课文，看看我们做的是一只怎样的风筝。

学生：我们做的是一只蝴蝶样的风筝。

老师：还有不同看法吗？

学生：是一个什么也不像的风筝；是一个叫做"幸福鸟"的风筝；是一个带着憧憬和希望的风筝。

老师：风筝完工前，我们的憧憬和希望是什么？

学生：希望做出来的风筝很漂亮，像一只美丽的蝴蝶。

老师：我们精心做着，可做出来的风筝——

学生：什么也不像了。

老师：你一心想把事情做好，很认真地做了，结果做得很糟糕，这时候，你的心情会怎么样？

学生：伤心，难过，觉得没劲，打不起精神。

老师：做了个"四不像"的风筝，可我们为什么依然快活呢？

学生：只要风筝能飞起来就行！因为是自己亲手做的，再丑也喜欢！我们更在乎做风筝的过程。

老师：是呀！在我们看来，过程比结果更重要。这小小的风筝里，承载的是单纯的童心，是简单的幸福，是童年的快乐呀。让我们带着自己的理解，美美地读一读吧。

前一种提问方式：做风筝的时候，心情如何？比较简单，学生只需要在课文中简单地搜索，稍微"编辑"一下就可以做出回答。而后一种提问方式，则是旁敲侧击，引领学生在言语的丛林中反复走了几个来回。最后，让学生有了全面而深刻的感悟，把散文读出了情感、读出了味道。

心理启示：

同样一个主题，提问的方法和角度是多种多样的。问得旁敲侧击则巧，问得直接则显得愚笨。提问的目的是为了获取答案，指明方向，促使双方之间的沟通，是为了启发对方，让对方有话可说，而且说得精彩。假如是十分直接地提问，目标意识太过于强烈，雕刻的痕迹太过于严重，那对方就很容易产生厌倦和排斥之感。俗话说："欲速则不达。"提问也是一样的道理，智慧的提问，是旁敲侧击，既能"山重水复"，又能"柳暗花明"，旁逸斜出以求出其不意，曲径通幽巧入世外桃源。

第七节 制造共鸣，表达对对方回答的理解之情

在日常交际中，要想与对方成为朋友，就要学会分享他的思想和情感；要想对方能够敞开心扉，就需要解除他的心理防线。尤其是在提问的过程中，我们要给予那些回答问题的人及时的反馈，制造出共鸣，表达对对方回答的理解之情。绝大多数人在面对陌生人的时候，都会不由自主地在心里建立一道心理防线，在他眼神里满是戒备和冷漠。但是，如果你能够让对方感觉是同等位置的人或者正好你们的喜好兴趣都是相似的，那么在你们之间就会产生共鸣。他会觉得你是可以信赖的朋友，是可以谈心诉苦的朋友，自然就会对你敞开心扉。

人与人沟通是很难在一开始就产生共鸣的，尤其是当我们试图说服对方或者对他人有所求的时候，可是，如何从中寻求到共鸣呢？共鸣是一种强烈的心理感应，意味着双方之间有共同的心理体验。所以，当对方在回答我们所提出的问题的时候，我们需要及时给予反馈，表达出对对方回答的理解之情。

伊丽莎白·洛亚科是一位澳大利亚人，她采用了分期付款的方式买了一部车子。但是由于种种原因，她已经有六周的时间没有按合同交款了。一个星期五的上午，负责洛亚科买车付款账户的一名男子给洛亚科来了电话，他在电话铃愤怒地告诉洛亚科，如果下周一上午不把钱交上的话，他们将采取进一步的行动。刚好又是周末，洛亚科没有筹到钱。于是这名男子星期一在给洛亚科的电话里说了更多难听的话。当时洛亚科先真诚地道歉，说真的是给他带来了很大的麻烦，而且因为自己六周没有付款，一定是客户中最让他头疼的。这名男子听了洛亚科这一番话后立即改变了态度，说洛亚科并不是最让他烦心的，并且还举了几个例子来说明。他说有一个客户经常撒谎，有心躲着不见，还有的非常不讲理。洛亚科没有说话，只是静静地听，让他把心中的不快都说出来。最后，还没有等洛亚科提出什么要求，这名男子就主动说如果洛亚科不能马上交还欠的钱也可以，只要洛亚科在本月底先付给他20美元，然后，在她方便的时候再把其余的钱交给他就可以了。

洛亚科真诚地道歉后，双方谈话的气氛开始发生了变化。洛亚科开始并没有为自己争辩什么，而是表达出自己的理解之情。那位男子语气也开始变化，他发了自己的牢骚后，居然也没有继续追问付款的事情，而是相同地站在洛亚科的角度上，再给洛亚科宽限时日，这样，双方都愉快地结束了谈话。

1. 站在对方的角度想问题

如果我们在听取别人答案的时候，能从对方的观点去想，站在别人的立场分析事情，就能够得到对方的认可和信赖，并拥有良好的人际关系。出于换位思考，可以感同身受地体会他人的难堪、苦恼，因此，在人际交往中，我们希望得到他人的支持，希望别人能感受我们所感受的，最好的办法就是让对方站在自己的立场看待问题。这样，他就能真切感受我们所面对的难处，自然而然就会全力支持我们。

2. 重复对方回答中的某些话语

当我们提出问题之后，对方定会针对我们的提问做出一些回答，这时我们应该仔细倾听对方的回答，并适当重复其中的某些话语，表达出自己的理解之情。这样，对方就能感觉到我们内心的真挚，自然会对我们产生好感。

第19章　心理强攻，强势气场能够震慑人心

在生活中，我们要善于运用微表情所带来的心理效应，有效运用心理强攻，以强势的气场震慑人心。微表情与心理学也有着紧密的联系，诸如说话时的表情、语气，自然会给对方心理造成一定的压力，促使其遵从我们的意愿。

第一节　不要随意笑，巧用严肃表情威慑人心

虽说，爱笑的人运气不会太差，但是，如果一个人整天脸上挂着微笑，就很难给人一种威慑的感觉。相反，人们所感觉到的是亲切与温柔，因为笑容是毫无威胁感的。在生活中，我们并不主张板着一张脸，但在一些特殊情境中，假如我们能摆出一副严肃的表情，定能威慑人心，这是一种心理强势。所以，不要随意笑，在某些日常交际中，我们更需要巧用严肃表情威慑人心。

在生活中，我们都会有这样的感受：那些喜欢笑的人更容易接近，而那些表情严肃的人，则会令人退避三舍。那是因为表情严肃的人给人心理一种威慑感，让我们难以接近，即便他言语不温不火，但给人们的也是一种可怕的感觉，这就是表情传递出来的心理强势。尤其是对于领导者这个特殊身份而言，他们通常是不会随意笑的，太过的笑容会消减他们本身的威慑力。因此，在他们脸上大多时候出现的是一种严肃的表情，这是一副令人敬畏的表情。领导的身份与地位，加上这样一副严肃的表情，就会自然而然地迸发出一种威慑力。

在整个谈判过程中，王经理一直是板着一张脸，表情严肃，话不多，只是简单地几句话。作为陪同的下属小张却纳闷了，这王经理向来是一副亲切的笑脸，怎么到了谈判桌上就像换了一个人似的。再看

看对方的谈判代表，也是一副严肃的表情，这使得小张将想笑的欲望硬生生地压了下去。虽然，他并知道为什么大家会变得这样严肃，他只知道如果自己在这时笑出来，那肯定会破坏谈判的气氛，并影响到谈判的最终结果。

谈判结束后，小张随着王经理一起出了门，这时王经理才呼出一口气，露出满脸的笑容。小张有些不解地问："王总，怎么刚才你不笑，现在出了门却笑呢？"王经理意味深长地说："你不知道吗？笑容也不是随便就可以展现出来的，尤其是在遇到谈判对手的时候，我们更要保持一副严肃的表情，这样才会给对方一种威慑感。否则，你若是一脸笑容，那定会给对方一种好欺负的感觉，那在谈判中，我们定会吃亏。"哦，原来，表情还有这么一大学问，小张恍然大悟。

当我们需要给对方一种威慑感时，那就不要露出笑容，而是保持严肃的表情，这样才能将威慑感传递到对方心理，给对方一种震慑的感觉。随意的笑容，也就是不管在什么场合都露出笑容，那只会给对手一种"好欺负"的感觉。所以，在一些特别的场合，不要随便露出笑容，而要巧用严肃的表情威慑人心。

心理启示：

> 在日常沟通中，我们要善于通过言语、表情给对方一种心理攻势，这样才能顺势掌控其心理。在表情中，严肃、威严的表情是相当具有威慑力的，这样的表情不仅仅能掩盖我们内心的真实情绪，而且还可以给对方一种心理上的攻势，令人难以招架。

第二节　心理强攻，不给对方过多思考空间

在日常交流中，我们要善于营造一种心理强攻，就是不断地用语言来攻击

对方心理的薄弱点，不给对方太多的思考空间，令其招架不住，自然会无言以对。心理强攻这个策略的关键点在于，要不断地重复之前所说过的话，一句句击中对方心理，这样才会让对方毫无招架之力。否则，一旦我们在进行言语表达时，出现了点点松动，在无形之中就给了对方一些思考时间，他自然就可以回应了，那这样的心理强攻就是一种失败。

　　一位年轻人突然接到命令，是到某银行的一个实力雄厚的分行任行长。这位年轻人受命来到分行，大家见到分行行长非常年轻，一点都不威严。银行中经验丰富的老职员们都发牢骚说："难道就让这小子来指挥我们？"

　　但是，令大家都没有想到的是，分行行长一到任，就立即把老职员一个个找来，连珠炮似的问起了问题。

　　"你一周去B食品公司访问几次？每个月平均能去几次？"

　　"制药公司的职员是我们的老客户，他们在我们银行开户的百分比是多少？"

　　……

　　就这样，在大家诧异的眼光中，这位年轻的分行行长就问倒了所有的老职员。

年轻的分行行长知道自己的年轻肯定不能让老职员们信服，而且经验也不如老职员们丰富，于是他聪明地避开正面的交锋，而是一到任，就立即把老职员一个个找来，问起了问题。年轻分行行长在这里使用的就是"问题攻势"这个方法。连珠带炮的问题其实也就是一次心理强攻，这样的方法使得他问倒了所有的老职员，他已经在气势上占了上风，以后银行的老职员定会信服他。

有研究者发现，这种连珠炮似的发问就像"蜜蜂振动翅膀发出的令人烦躁的声音"，并把它叫做"蜂音技巧"，就是一种用让人心烦的聒噪声来驳倒对方的战术。人们往往对涉及很详细数字的问题，不可能立即回答出来，所以这个战术对于在谈话中取得上风十分有效。假如对方能够一下子就回答出来，那你就可以继续追问："除了这些之外，你还能举出什么例子吗？"等问题，不给对方过多的思考时间，直到对方哑口无言。

心理启示：

在谈话中巧妙地使自己原本处于下风的姿态转换为瞬间占据上风，这样就更容易让人信服，对此，我们通常所采用的就是心理攻势。在上面我们说到的"问题攻势"就是连续地向别人提问，如果这个时候你采取故意问对方你知道的事情，也许会被认为是不怀好意。

当然，问题攻势的目的就是对方丧失气势，给对方心理强大的震撼力，所以你在这个时候，绝对不能心软，要尽量使用这个办法，压倒对方，使自己处于上风的位置。既然通过蜂音技巧展开问题攻势的目的是驳倒对方的，那么一定要记住，所提出的问题要抽象、模糊，尽量找对方不好回答的问题。对方越回答不出来问题，你占据上风的优势就越明显，你就越有可能取得对话中的胜利，就更容易说服对方。

第三节　人善被人欺，强硬点才有人敬

俗话说："人善被人欺，马善被人骑。"在现代社会，这好像就是真理。一个人太善良了，总会受人欺负，因为善良的的人总会一次次忍让，一次次忍受着别人带来的痛苦，他可以一声不吭。那些善良的人总是不想去伤害别人，面对别人的欺压也会选择不计较。不过，我们需要知道，善良并不是忍让的代名词，我们可以默默无闻地去帮助别人，不过，当有人欺负到你头上的时候，适当的反击是很有必要的。俗话说得好，总不能叫别人骑到头上拉屎都不吭一声吧。即便是再温顺的马也会有踢人的时候，当我们遭受别人欺负的时候，需要适当强硬一点，这样才会有人尊敬自己，才不会那么毫无原则地欺负自己。

小娜和美美是朋友，美美是一个性格乖巧的女孩子，小娜却是大大咧咧，十足的男孩子性格。

　　两人大学毕业后在同一家公司上班，美美性格多内向软弱，平时同事需要帮忙的时候，她从来不拒绝，时间长了，大家都知道办公室新来了一个"善良"的妹妹。而小娜则不一样，她是一个比较强硬的人，对于自己可以伸手帮助的事情，一定帮忙，但如果是自己也做不了的事情，她会马上拒绝。当然，大家都知道美美容易相处，而小娜不容易相处。

　　三个月之后，美美每天的工作痛苦不堪，不仅需要做好自己份内的工作，而且还得帮同事做这做那，每天到了下班时间，她都不能离开公司，加班所做的不是自己的事情，而是同事的事情。看见美美这样子，小娜忍不住说话了："你性格怎么会是这样懦弱？你以为这是善良吗？我知道你善良，不忍心拒绝别人，但你越是这样善良，别人越会想欺负你。做人就是要强硬点，有原则，这样别人才会不那么随便地欺负你。你瞧瞧，我跟你同时进公司，也是新人，为什么他们不欺负我，专欺负你？那是因为你表现得太善良了。美美，现代社会，人善被人欺，你不知道吗？"

　　生活中，我们很容易对"善良"这个词语产生误解，从小我们就被教导，做人要善良。但是，长大后我们才知道，所谓的善良并不是懦弱。善良是一种好的心态，但并不意味着我们善良到毫无原则地被人欺负，不管别人对我们做了什么，我们都可以忍受，这不是善良，而是懦弱。善良也是有底线的，在大原则条件下，我们可以伸手帮别人做一些力所能及的事情，不过，如果已经背离了原则，许多的事情还需要我们承担，那这就是愚蠢的善良了。

心理启示：

　　在生活中，我们并不主张成为一个欺凌别人的人，但我们自己需要强硬一点。对于别人所提出的一些要求，若是在自己力所能及的范围之内，那可以答应下来。如果超出了根本的原则范围，那就委婉拒绝，不要总觉得自己就是"垃圾桶"，管他好坏东西都往里面扔，这不是善良，而是愚蠢、懦弱。

第四节　别给对方留退路，只给两种你想要的选择

在日常沟通中，如果我们想要操控对方的心理，那就别给对方留退路，只给两种自己想要的选择，这样一来，对方定会选择其中之一。而不管他选择哪一种，那对我们而言都算是达到了目的。有时候，在与别人的交流过程中，我们会觉得掌控不住话题的走向，以及对方的心理。其实，究其原因，在于我们给出的选择太多了，以至于对方就朝着自己所想要的选择去了，而我们只能摇头叹息。

在交流的过程中，别想着给对方留退路，只给对方两种自己想要的选择。虽然，这样的交流方式看上去略显霸道，但事实就是这样，只有当我们只给出两种自己想要的选择，那对方就会选择其中之一，那我们就可以顺势掌控其心理。

有一次，一个素昧平生的女人，约小李在一家咖啡厅见面。经过一阵子的交谈，小李才发现对方原来是推销英文会话录音带。虽然他想中途离去，但对方谈话的技巧，令他毫无招架之力。

小李刚开始就直截了当告诉她："我想到补习班去学习英文。"当他想以此话拒绝时，对方立即回答："不错，正如您所说的一样，在补习班学习效果更佳，但这套教学录音带，正是采用补习班的教学方式。"小李又反驳道："价钱太高了。"对方又答："不错，正如你所说的，价钱是高了些，但为了发挥与补习班同样的教学效果，我们花了相当多的苦心，由于这是十分昂贵的产品，因此可以采用分期付款的购买方式，我们有良好的售后服务，保证让您满意。"对方反复地从小李说话的内容里找出切入点，让其非买不可。

那位女推销员成功的谈话技巧，使得她每次都掌握了说话的主导权，从而轻易地掌控了顾客的心理。她反复肯定地接下对方的话头，道出自己想要的两个选择，再巧妙地道出自己的主张。在小李看来，他自己的话被对方接下，并且对方给予了肯定和接纳，等他再回过神来，自己已经中了销售员的圈套。

推销员的技巧在于，她能从对方的谈话内容中，找到一个突破口，先是肯

定和接纳对方的意见，再从对方的观点和意见出发，提出自己的观点和意见，这样就轻易把谈话中的主导权握在手里，使得对方不得不听从自己的观点和意见，以此来达到推销的目的。同样的道理，在平时的谈话中，我们要善于掌握话语的主导权，这样一来，对方就会按自己的观念和意见思考问题。对于成功说服别人，也就起了事半功倍的效果。

心理启示：

在生活中，当我们需要在沟通中达到一定的目标，那就一定要记住，不要给对方太多的选择，只需要把我们想要的两个选择放在其中即可，这样对方定会钻进我们早已经设好的"圈套"，那话题的走向定会按照我们所预想的方向发展，这时我们也可以顺势掌控对方的心理，从而更快速地达到自己的目的。

第五节 提升说话的音量与气势，令对方不敢违抗

人们在说话的时候，需要迸发出一种力量，而且极具感染力，这样对方才不敢违抗，也才能更好地彰显出自己的心理强势。如果有人说话声音很小，软绵绵，没半点力度，毫无生气，死气沉沉，那对方定然会产生一种轻视的心理。如何让自己说话更有气势？除了让自己的语言变得更简洁，那就是有意识地提升自己说话的音量，比如，当有人宣布某事，如果将声音放低，人们根本无法听清楚，那就消减了说话者的气势。在日常沟通中，说话要潇洒一些，音量要大一些，有意识地调控自己声音的大小，使每句话都迸发出它应有的力度，这样才能彰显出我们本身的气势，才能给对方以震撼的感觉。

在生活中，我们发现：有的人说话很有气势，有的人说话却像催眠曲一样，令人恹恹欲睡。那就是当事人不善于提升自己的音量，有可能原本是一种

气势磅礴、彰显力度的话，但从他嘴里说出来，却好像棉花一样软绵绵的。而且，我们都会有这样的经验，当自己的音量放低，顿时觉得说话没什么气势；若是提升自己说话的音量，那气势一瞬间就出来了。对此，我们在说话时更应该提升自己的音量，不仅仅是需要别人听到，而且还需要带给对方一种心理震撼的感觉。

那如何才能让自己的说话更有气势呢？

1. 投入自己的情感

演员之所以打动人，是因为他的全情投入：该哭的时候要哭，该笑的时候要笑。所以，我们在说话的时候，不要抑制自己的情感，也不要掩饰自己内心的狂热。在说话过程中，你完全可以通过自己的意愿去给语言添枝加叶，表现出自己的热忱，自然，你的声音也会变得热烈起来，你所的话语自然也会显示出它应有的力度来。

2. 表现热烈

当我们在说话的时候，应是满心企盼的神态，而不是像个要登上绞架的人。有时候，轻快跳跃的脚步也许大部分是装出来的，但是却会为你制造奇迹，并会令对方觉得你有自己非常热切想要谈的事情。在正式说话之前，深呼吸，不要靠着讲桌，头抬高，下颌仰起。你就要告诉对方一些有价值的事情，因此你全身每一部分都应该清楚无误地让他们明白这点。

3. 声音大一点

有时候，你所在的说话场所，有可能是容纳几百人甚至上千人的大厅。即便是有扩音器，但如果你的声音如蚊子一样小，那么对方依然会听不到你在讲什么，而预期的说话效果也达不到。因此，说话的时候，声音大一点，若能设法将声音传至大厅的后方，那么，你所说的每个字都是很有力度的。

4. 语速快一点

说话的语速能激起对方情感的波澜，引起对方思想感情起伏变化，语调的抑扬顿挫、轻重缓急以及举止等要素，有秩序、有规律、有节拍地组合，便形成了说话的节奏。而只有使你的语速快一点，才能够营造出那种紧张、富有激情的气氛，才能够感染对方，给对方心理一种强势。所以，尽可能让自己语速快一点。但是注意一点，再快也要保持口齿清楚，而不是只注重快而不注重效果，否则就是本末倒置了。

5.语气长一点

我们在说话过程中，尽量使自己的语气长一点，给人意味深长之感。这样，对方就会被你的语气所感染，提高了他们听你说话的兴趣。

心理启示：

在说话时，要想给对方一种强大的心理气场，话语必须具有感染力，"生命、活力、热情"是我们说话所具备的条件。因为对方的情绪完全是受说话者所左右的，你只有在说话中注入热情，才能很好地感染对方。要想使自己的说话极具感染力，有效调控声音是重要内容。声音抑扬顿挫，如此，你所说的每句话才能彰显出它应有的力度，也才能达到自己说话的最终目的。

第六节 咄咄逼人，让对手无从向你攻击

语言是人们进行思想情感交流的重要工具，而语言的表达方式则是多种多样，时而柔和，时而犀利，时而强势。在这其中，"舌战"是人们语言的激烈形式之一，同时，舌战也是一场智力的较量，这时候我们需要运用"咄咄逼人"的说话方式，适时说一些"硬话"。"咄咄逼人"的说话方式是指在语言表达的内容中有比较犀利的成分，相应地对语调、语气都有特殊的要求。把"咄咄逼人"的语风隐藏在话语中，通过语言真正击中对方的要害，使其有所顾忌，令其知难而退，最终达到影响他人心理的目的。

那如何才能使自己的说话显示出咄咄逼人的气势呢？

1.柔中带硬的语气

为了使整个语言表达彰显出咄咄逼人的气势，我们在说话时需要使用柔中带硬的语气。换句话说，我们说话的态度是柔和的，但话语中却包含着强硬的成分，这样咄咄逼人的语气会令对方刮目相看，比如"听你这一说，我确实

没有见过你们这样独特的礼貌方式"。

2.巧用"绵里藏针"

我们在说话时需要巧用"绵里藏针"，关键在于你的"针"既要硬，又要扎得准，这样才能击中对方的要害，令其刮目相看。

3.委婉含蓄的表达

咄咄逼人的气势是隐藏在字里行间，不需要直接用强硬的话说出来，因而，我们在进行语言表达的时候，需要使用委婉含蓄的表达方式，把话说得很艺术，又能对他人心理造成影响，让对方明白你话里的锋芒所在。

心理启示：

　　咄咄逼人的说话方式，我们主张在日常生活中少用，这样的方式更适合在遭遇对手的时候，比如谈判桌上，以语言的强硬，给对手一种咄咄逼人的气势，迫使对手放松心理防线，找不到缺口向我们发动"攻击"，这样有利于我们赢得谈判最后的成功。

第20章 赢得人心，不知不觉中让对方喜欢并信任你

在日常交际中，最绝妙的心理策略就是赢得人心。在言语的碰撞中、在思想的交流中、在行为的变换中，不知不觉之间，让对方更喜欢自己，更信任自己。掌控心理的关键在于赢得人心，如果我们赢得了对方的好感，难道还愁掌控不住对方的心理吗？

第一节 耐心倾听，让人感到你是值得倾诉的对象

英国管理学家L.威尔德有一句十分经典的话："人际沟通始于聆听，终于回答。"在沟通过程中，一问一答之间可以使人受益无穷。对于人际交往来说，倾听是人与人之间沟通的基础，但在现实生活中却没有多少人真正掌握倾听的艺术。这就是心理学中的"威尔德定理"，它给我们的启示是"倾听永远凌驾于说之上"。倾听是一种美德，没人会喜欢开口就叽叽喳喳的鸟儿，他们更喜欢能够认真倾听自己说话的人。在生活中，如果你能恰到好处地将这一美德表现出来，让对方感到自己是一个值得倾诉的对象，赢得主动位置，那么绝对是无往不利的。

小罗是一个很受欢迎的人，他常常会接到不同的邀请，而在各种社交场合，他都能和大家打成一片。朋友小林十分敬佩他，不过，他始终没能找到小罗的秘诀。

有一天晚上，小林参加一个小型的社交活动，一到场他就看见

了小罗和一个气质高雅的女士坐在角落里。小林发现，那位年轻的女士一直在说，而自己的朋友小罗好像一句话也没说，只是偶尔笑一笑，点点头。回家的路上，小林忍不住问小罗："刚才，那位年轻的女士好像完全被你吸引住了，你是怎么做到的？"小罗笑着说："刚开始我只是问她：你的肤色看起来真健康，去哪里度假了吗？她就告诉我去了夏威夷，还不断称赞那里的阳光、沙滩，之后顺理成章地，她就开始讲起了那次旅行，接下来的两个小时她都一直在谈夏威夷，最后，她觉得和我聊天很愉快，可是，我实际上并没有说几句。"

看完了这个故事，想来，我们应该清楚小罗为什么总是那么受欢迎了吧。是的，原因就是认真地倾听，他的耐心倾听让别人认为他是一个值得倾诉的对象。其实，在沟通过程中，倾听是对谈话者最基本的尊重，同时，也是有效沟通的前提。懂得倾听，认真地倾听，让对方感受到你的注意力，让他觉得你对他所谈的内容很感兴趣，那么，你对他的心理距离就会缩短。在这样友好的氛围中，对方更容易对你产生好感，你也就顺理成章地赢得了人心。

有一次，乔·吉拉德拜访了一个有趣的客户，一开始，客户就喋喋不休地谈论自己的儿子，他十分自豪地说："我的儿子要当医生了。"乔·吉拉德惊叹道："是吗？那太棒了！"客户继续说："我的孩子很聪明吧，在他还是婴儿的时候，我就发现他相当聪明。"乔·吉拉德点点头，回应道："我想，他的成绩非常不错。"客户回答说："当然，他是他们班上最棒的。"乔·吉拉德笑了，问道："那他高中毕业打算干什么呢？"客户回答："他在密歇根大学学医，这孩子，我最喜欢他了……"话匣子一打开，客户就聊起了儿子在小时候、中学、大学的趣事。

第二天，当乔·吉拉德再次打电话给那位客户时，却被告知他已经决定在自己手中买车，而客户的原因很简单，他说："当我提起我的儿子吉米有多骄傲的时候，他是多么认真地听。"

认真地倾听，使得乔·吉拉德打动了顾客，赢得了一份订单，如此看来，"倾听"确实是一个讨人喜欢的行为。在日常交际中，我们习惯用语言来交流思想，用心来沟通感情，但是，沟通与交流仅仅需要的只是语言吗？这是否定的，在很多时候，我们都很容易忽视了耳朵的作用，也就是倾听。倾听是一种交流，更是一种亲近的态度，只有倾听才能领略别样的风景，只有倾听才能真正地赢得人心。

1.少说多听，使你受益无穷

布里德奇说："学会了如何倾听，你甚至能从谈吐笨拙的人那里得到收益。"倾听并不是没有任何意义的随声附和，一个优秀的倾听者可以从说话者那里获取大量的信息，赢得对方的喜欢，达到打动人心的目的。

2.倾听也是需要技巧的

不过，倾听也是有技巧的，除了听之外，需要适时地重复对方话语中的关键字眼。当然，倾听比说话更需要毅力和耐心，假如你只是埋头玩自己的手机，或者把头瞥向一边，这样无疑会打击说话者的积极性。

3.倾听是沟通的前提

只有听懂了别人表达的意思的人才能沟通得更好。倾听是说话的前提，先听懂别人的意思，再表达出自己的想法和观点，才能更有效地沟通。同时，听懂了别人的意思，我们才有机会掌握沟通的主动权，如此，也更容易打动人心，达到办事成功的目的。

心理启示：

或许，有人错误地理解多说话才能把握沟通的主动权，才能赢得人心。其实，多说话会给我们带来很多负面的影响，多说有可能会使他人对你产生戒心，认为你有某种企图；说得太多了，他人会对你敬而远之，因为他没有义务当你的倾诉桶；况且，说话这件事，说得多了，难免会出错；有时候，说得太多，暴露的信息太多，就会被别人看穿。所以，做一个懂得倾听的人，并将这样的美德沿袭在自己身上，我们将会成功地赢得人心，获取更多的信息，顺利掌控主动权，有效地打动人心。

第二节　运用赞美之词让对方更喜欢你

在今天这物欲横流、人际关系隔膜极深的浮躁社会里，精神的慰藉成为人们心里无限的渴望。许多人不轻意对他人流露赞许的情感，让美好的言辞硬生生地压抑在心底深处，人类情感的交流也就渐渐走向沙化的荒漠。人与人之间的肯定和赞许，在很大程度上，能架起心与心相通的桥梁。人们之间的相互赞美可成为人际关系趋向友好和改善的润滑剂。学会赞美别人，必定能够融化人与人寒冷的坚冰，必定能洞穿相互间心灵的隔膜。意外的赞美常常会使人喜悦倍增，拉近彼此之间的距离，从而让对方更喜欢自己。

某大商场的一个服装店员每个月业绩都是第一，她的同事百思不得其解，于是等这位店员开始上班时，就不时细细观察她的一言一行。一会儿有一个很瘦的妇女来了，她在店里挑中了合适的款，店员便从衣橱里取出大一号的尺寸。那位妇女当然知道自己穿几号衣服，她对店员说："不行，我是穿小一号的。"此时，这位店员惊讶地说："啊！真的吗？可是我一点都看不出来呀！"店员的同事们知道她业绩为什么这么高了，因为不时对顾客送上赞美之词，这样不但使顾客心花怒放，也使自己的销售业绩蒸蒸日上。

服装店员懂得在什么时候适时地赞美顾客，就会让顾客心情愉快，心情愉快的顾客在购物的过程中也会没有太多的计较，这样店员就能轻松地拿下这单生意。以此类推，店里的服装就容易在这么轻松的气氛中售出去，那位店员的业绩很高也是自然的。就连在生活中不经意的一句赞美都能收到这么大的成效，更何况是人与人之间的交往呢？人总是喜欢被赞美的，即使明知对方讲的是奉承话，但是心里还是免不了会沾沾自喜，这是人性的弱点。学会在交际中恰当地赞美他人，可以让你轻松赢得人心。

卡耐基讲过这样一个故事：
有一次，卡耐基到邮局取寄一封挂号信，人很多。卡耐基发现那位管挂号信的职员对自己的工作已经很不耐烦了，可能是他今天碰到了什么不愉快的事情，也许是年复一年地干着单调重复的工作，早就烦了。因此，卡耐基对自己说："我必须说一些令他高兴的话。他有什么真的值得我欣赏的吗？"稍加一观察，卡耐基立即就在他身上看到了值得自己欣赏的一点。

因此，当他在接待卡耐基的时候，卡耐基很热诚地说："我真的希望能有您这种头发。"

他抬起头，有点惊讶，面带微笑。"嘿，不像以前那么好看了。"他谦虚地回答。卡耐基对他说，虽然你的头发失去了一点原有的光泽，但仍然很好看。他高兴极了。双方愉快地谈了起来，而他说的最后一句话是："相当多的人称赞过我的头发。"

卡耐基说：我敢打赌，这位仁兄当天回家的路上一定会哼着小调；我敢打赌，他回家以后，一定会跟他的太太提到这件事；我敢打赌，他一定会对着镜子说："我的确有一头美丽的头发。"想到这些，我也非常高兴。

卡耐基只是意外地赞赏了那位职员，就使本来显得不愉快的职员开始露出笑容，并愉快地和卡耐基聊起来。如果卡耐基什么话都没有说，那位职员虽然碍于工作不得不管理挂号信，但是态度上肯定不是面带微笑。至少，在卡耐基的赞美声中，他开始愉快工作，而不是仅仅当工作一样死板地处理。学会真诚地赞美他人，并让它成为一种习惯，那么，你就会发现找到一个人值得赞美的地方是一件多么容易的事情。而赞美别人，不仅让他感到喜悦，还可以让其对自己产生莫名的好感。

在生活中，如何才能说好赞美之词呢？

1. 从细节处赞美

那些有经验的人常常会抓住某人在某方面的行为细节，巧言赞美，这样就很容易赢得对方的好感。因为细节的赞美，不仅给对方带来心理上的满足，而且，还会增进彼此的心灵默契程度。你能观察对方那些尚未被人发现的细节优点，那就表明那些赞美是发自你内心的，如此自然而又真诚的赞美足以打动人心。

2.挖掘他人身上的闪光点

每个人都有自己的长处，我们在赞美他人的时候，关键在于你是否"慧眼识珠"，能否发现对方身上的闪光点。有的人常常埋怨别人身上没有优点，不知道该赞美什么，其实，这恰恰说明了你缺乏发掘闪光点的能力。

3.赞美的角度要新颖

每个人都有许多优点和长处，我们对他人的赞美要独具慧眼，善于发现对方身上的"闪光点"和"兴趣点"，从新颖的角度赞美，这样将起到事半功倍的效果。

心理启示：

在潜意识里，我们都渴望别人关注的眼睛，渴望别人的赞美。由此及彼，别人也渴望我们的赞美。所以，学会赞美别人往往会成为你处世的法宝。或许他不会因为我们一句意外的赞美而彻夜不眠，但是他会为了我们一句不经意间的赞美而喜悦，也会对我们产生好感。一句意料之外的赞美之词，会让他兴高采烈，从而轻松地帮助我们赢得人心。

第三节　了解对方兴趣，找到共同话题

人类本质里最深层的驱动力就是希望具有重要性，而且，一个人的兴趣与爱好是其人生中最看重的一部分，他希望自己的兴趣与爱好能够得到别人的认同与肯定。一旦你在谈话中巧妙地说到了他的兴趣所在，他就会转变之前的冷淡态度，开始滔滔不绝起来。在自己感兴趣的事情面前，任何人都会激起一种谈话的欲望。所以，如果你想让对方对你的谈话感兴趣，那就只能以对方的兴趣来展开话题，这样才能有效地影响其心理，令之后的沟通畅通无阻。

在日常交际中，我们需要了解到对方的兴趣，然后找到双方之间的共同话题，这就是所谓的"投其所好"。虽然，"投其所好"通常被视为一个贬义词（在某些时候是因为有的人有其不可告人的目的），但是，如果为了赢得别人好感，这就是光明正大的"投其所好"。

美国的一家化妆品公司曾有一名优秀的"推销冠军"。有一天，他还是和往常一样，把公司里刚出的化妆品的功能、效用告诉顾客，然而，听他介绍的女主人并没有表示出多大的兴趣。于是，他立刻闭上嘴巴，开动脑筋，并细心观察。突然，他看到阳台上摆着一盆美丽的盆栽，便说："好漂亮的盆栽啊！平常似乎很难见到。"

"你说得没错，这是很罕见的品种。同时，它也属于吊兰的一种。它真的很美，美在那种优雅的风情。"

"确实如此。但是，它应该不便宜吧？"

"这个宝贝很昂贵的，一盆就要花700美元。"

"什么？我的天哪，700美元？那每天都要给它浇水吗？"

"是的，每天都要很细心地养育它……"女主人开始向推销员倾囊相授所有与吊兰有关的学问，而他也聚精会神地听着。最后，这位女主人一边打开钱包，一边说道："就算是我的先生，也不会听我嘀嘀咕咕讲这么多的，而你却愿意听我说了这么久，甚至还能够理解我的这番话，真的太谢谢你了。希望改天你再来听我谈兰花，好吗？"女主人爽快地购买了化妆品。

在案例中，女主人特别喜欢盆栽，而这一细微之处被推销员发现了，于是，他通过女主人的兴趣爱好愉快地展开了话题，使女主人的心情变得愉悦起来，最后，推销员赢得了女主人的好感，从而也达到了自己的目的。

1.找到对方的兴趣点

每个人都有自己的兴趣爱好，因此，在谈话过程中，我们要想办法找到对方的兴趣点。可以在与对方交谈之前做好准备工作，打听对方有什么兴趣爱好；也可以通过自己的观察或提问来获得对方感兴趣的事情。

2.话题先从对方的兴趣说起

在沟通过程中，为了获得更多有关对方的信息，也为了满足其自尊心，我们需要让对方尽可能地多说话。所以，话题要先从对方的兴趣说起，这样顺势展开的话题会利于整个沟通的顺利进行。

心理启示：

　　说话者在说话之前需要考虑：这个话题是不是可聊的共同话题？对方会不会接得下去？如果说话者引起的话题只是自己感兴趣的话题，那么这次谈话已经失败了百分之五十。当然，另外的百分之五十掌握在对方手里，如果对方是个懂得说话的人，即使你说出了这么无聊的话题，他也能很好地接下去，或者灵活地转换到另外一个话题，那么这次交流可以说是成功的。

　　然而，在实际的沟通过程中，我们并没有办法预料到对方的说话态度和说话方式。所以，要想谈话取得有效的成功，我们必须在了解对方兴趣爱好的基础上选择一个共同的话题，这样才会让双方得以顺畅地交流下去。

第四节　统一战线，让对方感到你是自己人

　　一百多年前，林肯引用一句古老的格言，说过一段颇为精彩的话，他说："一滴蜜比一加仑胆汁能够捕到更多的苍蝇，人心也是如此。假如你要别人同意你的原则，就先使他相信，你是他的忠实朋友即'自己人'。用一滴蜜去赢得他的心，你就能使他走在理智的大道上。"所以，"自己人效应"让对方感觉彼此是同一类型的人，你能感受到他的感情，他也能察觉到你的心思，彼此在行为上、思想上都是互相影响的。

　　在日常交际中，交往的双方是互相影响的，这样的一种影响有可能是有意的，也有可能是无意的，通过的途径就是一方对另一方有意识地施加影响，以此改变对方的某种行为，而"自己人"就是其中的一种影响。何谓"自己

人"？顾名思义，就是把对方当作与自己同一类型的人，彼此之间有着亲密的关系，对于你说的任何话、做的任何事情，他都会更容易接受，也更加信赖你。自己人，当然是关系比较好的一种了，它比普通朋友又少了些距离感，也是很值得信任的朋友。所以，要想在人际交往中与他人建立起良好的人际关系，就要强化这种"自己人效应"，把对方当作自己人，你的一份真挚定会换来对方的好感。

　　林肯出身于一个平民家庭，在参加总统竞选时，有一个非常富裕的竞争对手想对他进行人身攻击，对方认为林肯是出生于贫寒的家庭，所以不会有太多的财产，当即提出了"你有多少财产"的问题。然而，林肯却以巧妙的回击争取了主动，赢得了人心。他在一次演讲中说："有人问我有多少财产。我告诉大家，我有一位妻子和一个儿子，都是无价之宝。此外，也租了一个办公室，室内有一张桌子，三把椅子，墙角还有一个大书架，架上的书值得每个人一读。我本人既高又瘦，脸蛋很长，不会发福。我实在没有什么可依靠的，唯一可依靠的就是你们。"

　　1858年，林肯在竞选美国上议院议员的时候，在伊利诺伊州南部进行演说。那时蓄养黑奴的恶霸们平时对废奴主义者就非常仇恨，但在演讲中，林肯说："南伊利诺伊州的同乡们，肯塔基的同乡们，听说在场的人群中有些人要和我作对，我实在不明白为什么要这样做，因为我也是一个和你们一样爽直的平民，那我为什么不能和你们一样有着发表意见的权利呢？好朋友，我并不是来干涉你们的人，我也是你们中间的一人，我生于肯塔基州，长于伊利诺伊州，正和你们一样是从艰苦的环境中挣扎出来的，我认识南伊利诺伊州的人和肯塔基州的人，也想认识密苏里州的人，因为我是他们中的一个……"

　　在这里，林肯两次运用到了"自己人效应"，并取得了巨大的成功。当林肯对"有多少财产"进行回复的时候，他最后一句"我实在没有什么可依靠的，唯一可依靠的就是你们"就很好地统一了战线，告诉人们：你们是我唯一的财富，我离不开你们。这样，选民就更加信任他、爱戴他。当面对仇视自己的人作演讲时，他也依据听众的情况，在演讲的过程中不断地提到"我"与"你们"之间的关系，使听众形成一种"认同感"，让那些敌对怒视变成了喝彩声。

心理启示：

　　生活中，要想让对方接受自己的观点、情感，那么就必须把自己与听者视为一体，或把自己视为听者，这样来拉近彼此之间的距离。

　　也许有人会问，如何在人际交往中统一战线，将对方变成自己人？这就需要你自己作出努力了：首先，你应该强调彼此一致的位置，让对方认为你是"自己人"，你可以在语言里加入"我们"，这样对方会更容易接受你提出的建议；其次，你应该尽可能地使自己与对方处于平等的位置，要想取得对方的信任就应该缩小你们之间的心理距离；最后，你还应该提高自己的品质，一个有着良好的个性品质修养的人，他的影响力绝对是不容小视的，所以，提高自己的个性品质修养，使自己成为一个受欢迎的人。

第五节　适当暴露自己的某些缺点，消除对方戒心

　　据说，刺猬背上的刺可以保护自己，但柔软的腹部是致命的弱点，如果它的天敌知道了它的弱点，它的寿命就会进入倒计时……其实，人跟刺猬一样，都是害怕受伤的动物，竭力保护着那些致命的弱点，不敢暴露出来，在人前显示出自己最好的一面。但是，每个人都有自己的弱点，在对手眼里，这是可以击破的缺口；但在其他人眼里，这却是一种坦诚的方式。心理学家认为，适时暴露自己的缺点，会让你受到更多人的亲近。

小李研究生刚刚毕业就来到了这所中学，当时，在这所偏远的中学里，小李是唯一的高学历，大多数同事都是年纪一大把的"老古董"。虽然他们有很多年的教学经历，但真正的学历并不高。小李刚开始不以为然，觉得自己应该表现得更优秀一点，这样，才会受到学校领导的重视。

在学校待了一段时间，小李认识到了那一群"老古董"的力量。由于小李的清高，以及所展现出来的"完美教学"模式，使得他在学校受到了排挤。不仅仅是"老古董"同事，甚至就连学校的领导也觉得小李太难以亲近了。小李感到很难过，没想到，优秀的自己也会受到如此的待遇。于是，他决定藏起自己的才华，在教学上，不时露出一些小缺点，时而向老同事请教，他还常常谦虚地说："我一个刚毕业的学生，什么都不懂，还需要你们多多指教呢。"这样一转变，小李一下子就成为了学校最受欢迎的老师，而且，那些老同事也不再为难他，而是想办法来亲近他。

在交际场合中，如果你总是想方设法地掩盖自己的缺点，不敢袒露真实的自己，那么，你下意识的行为会逐渐地影响你与他人之间的关系。因为你给别人的感觉，就是不够真实。人与人之间的交往是建立在真实的基础之上的，这样的真实就包括显示真实的自我。

乐乐今天和朋友去逛街，虽然她个头有163cm那么高，这在南方也不算矮了，但可"恨"的是那位朋友个头比自己还要高。乐乐为了不让人们觉得自己比她矮，硬是穿了一双高跟鞋，刚开始的时候，还没有什么。但是，一个小时以后，乐乐觉得自己的脚已经吃不消了，脚是越来越痛，腿也开始觉得疼起来了。

乐乐的朋友好像察觉到她的痛苦，把她引到了一个鞋店，笑着跟她说："我看你还是买双休闲鞋吧，这样穿起来就没有那么痛苦了，像你这样的个子应该不必穿高跟鞋的。"乐乐一脸苦笑，朋友笑着："该不会是和我比高吧。"乐乐不好意思低下头去了，朋友拉着乐乐坐了下来："咱们是这么多年的朋友，我又不会因为比你高那么一点点而看扁了你，你呀，在我心中，是永远不可替代的好姐妹。"乐乐心情很激动，她后悔自己不该穿高跟鞋来逛街，不过，她怎么也不后悔有这样一位朋友，因为，朋友才是自己的财富。

每个人都有自己的缺点，这是很正常的，在恰当的时候，需要暴露自己的缺点，让对方觉得"原来他跟我一样，也是有缺点的人"，这样一想，他自然会愿意亲近于你。在现实生活中，许多人总是想树立一个"完美"的形象，他所展现出来的全部是优点，没有缺点，自以为这样的形象可以使更多的人亲近自己。结果却是出人意料，所谓"高处不胜寒"，或许，你表现出来的"完美"形象会成为你交往的障碍，更多的人，他们只愿意与一个再普通不过的人做朋友，而不是与一个没有缺点的"圣人"做朋友。

心理启示：

> 每个人都有弱点、强项，这是均衡的，没有必要在他人面前故意掩盖。你大胆地暴露了自己的缺点，别人并不会瞧不起你，而是看见了一个真实的你，这并不是一件坏事。或许，你的真诚可以换来一份难得的友谊，获得他人的认可，这样，赢得人心自然就容易了。有的人不敢向朋友表现自己的弱点，认为那是一件难为情的事情，事实上，当你大胆地暴露出自己的缺点时，同时也战胜了内心的胆怯，这对于你来说，也是一个良好的开始。

第六节　谦逊为人多请教，让对方感到被重视

在生活中，我们发现，那些言语谦虚诚恳的人很容易获得他人的认同，因为谦逊为人，会让对方感到自己备受重视。而那些言辞激烈的人却难以获得他人的肯定，这是为什么呢？其实，前者所使用的就是"以退为进"，表

现得格外谦虚诚恳，以此能打动对方，自然对方也就能够认同自己了，而后者太急于表现自己，反倒惹人厌。通常情况下，人们对于那些谦逊的人总是怀有一种莫名的好感，会觉得其人品值得信赖，在交往中过程中，就会对其产生好感，并且认同对方。而那些说话嚣张、不懂礼貌的人，往往给人一种骄傲的感觉，于是，人们在心理上就对其有了距离感，更别说要认同这个人了。在日常交际中，如果我们想获得他人的认同，赢得人心，就不宜表现得太嚣张，而是适时懂得退步，以谦虚诚恳的品质，赢得对方的认同，达到打动人心的目的。

章老师是一所高校有名的教授。有一天，一位隔壁学校的同学来找章教授，要章教授做他校外的论文评阅人。因为当时规定，论文答辩时要请一个校外的专家来指导。

这位同学一进门，见章老师的屋里坐了好几位老师在商讨什么问题。他也搞不清哪位是章教授，张口就问："谁是章炳山呀？"章老师听到这个学生直呼自己的名字，脸色微微一变，几位老师也面面相觑。不过，章老师回答道："我就是，找我有什么事吗？"那位同学大大咧咧地说："噢，你就是章炳山呀，我可早就听说过你了，我是某某教授的学生，我的论文你就给我看一下！"章教授到底是有涵养的人，虽然看到这个学生说话太嚣张，也不过随口说道："那你就放那里吧！"

没想到，这名学生就把自己的论文往章老师的桌子上一扔，似乎在吩咐章老师："你快点看呀！后天我们要论文答辩，你可别耽误我的事！"章老师这么有涵养的人也忍受不了了，火气顿时上来，他对这位同学说："这位同学请留步。请问一下是谁找谁办事呀？你的论文拿走，我没有时间给你看！"

一向很有涵养的章教授怎么会忍不住生气呢？原因在于那位同学表现太过嚣张，不谦虚，更别说诚恳了，在其话语中，透露出"目中无人、随意指使"的无礼行为。如果急于想获得章老师的认同，但却不懂得适时"退步"，不仅得不到章老师的认同，反而惹老师生气。试想，如果那位同学说话能够谦虚一点、诚恳一点，那么，章教授一定不会为难他，反而会认同他，对其产生好感。

有位士兵骑马赶路，到黄昏了还找不到客栈，这时他看见前面来了位老农便高喊："喂，老头儿，离客栈还有多远？"老人回答："五里！"士兵策马飞奔十多里，仍不见人烟。"五里！五里！"他猛地醒悟过来，"五里"不是"无礼"的谐音吗？于是他掉转马头赶回来亲热地叫了一声"老大爷"。话没说完，老农说："你已经错过路头，如不嫌弃，可到我家一住。"

刚开始的时候，士兵表现得太无礼，以至于老人不愿意搭理他，斥之"无礼"。后来，士兵为了获得帮助，适时退却，亲热地叫了一声"老大爷"，没想这一招真管用，老人一下子就改变了之前的态度，打心眼里认同了那位士兵，还发出了"到我家一住"的邀请。从这里不难看出，当我们在需要他人帮助或想赢得他人认同的时候，不宜过度表现，不宜锋芒毕露，而应以谦逊的品质赢得人心。

1. 谦逊的态度

大多数人都希望自己能得到他人的尊重，而你的谦逊将是对他人最大的尊重。即使你很有能力，但在他人面前也应该表现得谦逊一点，这样，才能够很好地打动他人，获得他人的认同。

2. 礼貌性的语言

在交谈中，我们要使用礼貌性的语言。有一些最常见的礼节语言惯用形式，比如，问候语"您好"，告别语"再见"，致谢语"谢谢"，致歉语"对不起"，回敬语"没关系""不要紧""不碍事"，等等。

另外，养成使用敬语、谦词、雅语的习惯。我们常用的敬语，比如"请"，第二人称"您"，还有"阁下""尊夫人"等；谦语是向人表示谦恭和自谦的一种语言，比如称自己为"愚"，对别人称自己的父亲"家父"等；雅语是指一些比较文雅的语言，比如你端茶招待客人，应该说"请用茶"。

心理启示：

  在生活中，很少有人会喜欢一个争强好胜、锋芒毕露的人。我们越是炫耀自己的优势，就越是贬低了对方。反之，如果我们能保持谦逊的品质，做人做事保持低调的风格，那就有助于使对方获得优越感，从而对我们产生好感。人们总是青睐那些品质谦逊、不会威胁到自己的人，而那些太嚣张的人，则无一例外地都被他们当成了竞争对手或敌人。因此，如果想要赢得对方的认同，让对方感到备受重视，那我们就要谦逊为人，时刻以请教的口吻说话。

第21章 策略博弈，巧施计谋让对方 对你言听计从

在日常交际中，我们应该巧施计谋，或欲擒故纵，或虚张声势，或化敌为友，或假意沉默，等等，这样一些心理策略，会让对方对自己言听计从，从而达到自己的交际目的，顺利掌控他人心理。

第一节 欲擒故纵，让对方自己"入网"

在生活中，如果别人有存在问题的地方，我们需要灵巧地提出建议，让对方自己入网，发现自己的问题所在，从而通过思考来解决所出现的问题，这样既帮助了别人，同时也不露痕迹地达到了自己的目的。泰勒是著名的工程师，他曾经对自己的雇员使用这种方法，他说："让他们以为是他们自己构思出了那些别人逐渐灌输给他们的思想。"这样既达到了成功给别人建议的目的，又很好地维护了他人的自尊心，从而增强了他的成就感和自豪感。

人与人之间交往，当我们发现他人的决策、意见有错误和失误的时候，这时候不妨向他人提出一些建议、忠告。最高明的技巧是既提出自己的见解能够让他采纳，又让他觉得这个见解其实是他自己的想法。换而言之，也就是让对方自己"入网"。要让他人觉得正确结论是他自己得出来的，就不能直接去点破错误、失误之所在，而是要用征询意见的方式，向他人讲明其决策、意见本身与实际情况不相吻合，使他人在参考你所提出的许多意见时，自己得出你想要说出的正确结论。这样一来，我们仅仅提出意见，就能使他人得出正确想

法，我们也会因为他人正确的决策而受益，他人也会因为这个想法是他自己的而自豪不已。

赫斯特年轻的时候，在旧金山开了一家规模比较小的报社。一次，适逢著名漫画家纳斯特来到旧金山，赫斯特就想请他帮助自己完成一个非常重要的计划：为了保险起见，他想发动人们敦促电车公司在电车前面装上保险杠。于是纳斯特按赫斯特的构思画了一幅漫画，可这幅画却不能令赫斯特满意。纳斯特是著名的漫画家，自己又很难说动他，如何才能让纳斯特心甘情愿地为他重画一幅漫画呢？

一天晚上，在他们共用晚餐时，赫斯特大大夸赞了那幅漫画。接下来，赫斯特又说：“这里的电车已经造成许多孩子或死或残。有时候，我觉得那些开车的司机就像吃人的妖精一样，根本不像人。他们好像从来不会思考，总是直接冲向那些那些在街上玩耍的孩子们。”纳斯特立即跳了起来，惊讶地嚷道：“天啊，先生，我保证可以画出一张出色的漫画，请把原来的那张撕掉吧，我重新再画一张。”

于是，纳斯特兴高采烈地在宾馆挥舞着画笔，按赫斯特提供的思路，一直忙到深夜。第二天，他果然送来了可使电车公司屈服的杰作。

纳斯特是在赫斯特的巧妙诱导下主动请求重画的，还按照赫斯特的想法辛苦了大半夜，重新画了一幅漫画，这无疑是他自己“入网”。在纳斯特自己看来，他甚至以为是自己无意中有了一个绝妙的构思。聪明的赫斯特就是这样不动声色地用这种暗示的方法把自己的思路放入纳斯特的头脑中去的。每个人总是尽可能地去表达自己的思想，如果你想让他愉快地接受你的意见和计划，最好是让他觉得这一切都是他自己的想法，相信一切都源自他自己的创作，巧妙地让他自己“入网”。也就是说，不露痕迹地把自己的思想植入他人的脑中，使得他完全心甘情愿地为你效力，最后他还会以为这个想法是他自己的。

心理启示：

> 孙子云："不战而屈人之兵。"孙子认为，能够百战百胜，还不算是最高明的将帅；只有不战而使敌人屈服，那才称得上是高明中之最高明者。同样的道理，在交际中以智取胜，巧妙提出自己的建议，让对方自己"入网"，发现问题，并通过思考来解决出现的问题，让他觉得那个想法是他自己的。这既容易达到建议的目的，又会最大限度地保护他人的自尊心。

第二节　虚张声势，让对方在心理上先输给自己

有时候，在生活中我们会用到"虚张声势"的心理策略。也就是假装出强大的气势，假以吓人。比如，有人一掷千金盖了一栋楼房，但他却对朋友宣称："这都是向人借钱盖的，害得我现在每天只能吃咸菜过日子。"确实，在现代社会，除了继承一大笔遗产，在没办法借款的情况下，怎么可以盖一栋价值几千万的楼房呢？现在，他既然坚持说是全部借款盖的房子，那听者会想："全靠借款根本不可能！"继而联想到："最起码头款是相当巨大的，这个人一定很有钱。"至于他所说的"每天吃咸菜过日子"，那根本没人会相信。这就是一种虚张声势的心理策略，制造一番假象给对方，让对方在心理上先输给自己。

三国里，张飞是出了名的猛将，不过，他也是一个有勇有谋的大将。刘备起兵之初，与曹操交战，多次失利。刘表死后，刘备在荆州，势孤力弱。这时曹操领兵南下，直达宛城，刘备慌忙率荆州军民退守江陵。由于老百姓跟着撤退的人太多，所以撤退的速度十分慢。曹兵追到当阳，与刘备的部队打了一仗，刘备不敌，只得狼

狈败退，令张飞断后，阻截追兵。

当时，张飞只有二三十个骑兵，怎么敌得过曹操的大队人马呢？谁料，那张飞临危不惧，临阵不慌，顿时心生一计。他命令所率的二三十名骑兵都到树林子里去，砍下树枝，绑在马后，然后骑马在林中飞跑打转。张飞一人骑着黑马，横着丈八蛇矛，威风凛凛地站在当阳桥上。

追兵赶到了，见张飞独自骑马横矛站在桥中，好生奇怪，又看见桥东树林里尘土飞扬。追击的曹兵马上停止前进，以为树林之中定有伏兵。张飞只带二三十名骑兵，阻止住了追击的曹兵，让刘备和荆州军民顺利撤退，靠的就是"虚张声势"。

在军事上，"虚张声势"这个心理策略经常用到，所指的是，由于自己的力量比较小，却可以借友军势力或借某种因素制造假象，使自己的阵营显得强大，也就是说，在战争中要善于借助各种因素来为自己壮大声势。其实，在现实生活中，何尝不是这样呢？当我们无法占据绝对的优势时，那就要善于借助周围的各种因素，虚张声势，制造出假象，以此迷惑对方，取得心理上的绝对优势。

心理启示：

不过，值得注意的是，在生活中也有许多人用此策略来行骗。比如一个骗子想诈取另外一个人的巨款，他就会开着豪车去找那个人，劈头就说："我已经债台高筑，周转不灵，连开奔驰的油钱都没有了，所以，我想向您借一笔钱。"那个人听他这样一说，反而想："他若真的周转不灵，理应设法隐瞒才对，哪有这般大声嚷嚷的事情？再说，手头真那么紧，还能开得起奔驰车吗？"就这样，骗子顺利地骗到了钱。在日常交际中，我们往往是为了赢得优势位置而虚张声势，如果仅仅是为了虚荣而虚张声势，就很容易被人看出破绽。

第三节　灵巧化敌为友，与其成为同类

敌和友，本来是水火不相容的。其实，许多敌友都是在各自的利益争夺中产生的，有时甚至是人为地制造出来的。为了某个人、某个团队的利益需要而故意制造一些对立面以便达到自己的目的。所以，敌人和朋友是可以互相转化的，没有天生的不可逆转的敌人，也没有牢不可破的朋友。

渑池之会结束后，蔺相如功劳大，被封为上卿，位于廉颇之上。廉颇很是不服："我是赵国的大将，有攻城野战的大功，而蔺相如只凭言辞立下功劳，他的职位却在我之上。况且相如本来是卑贱的人，我感到羞耻，不甘心自己的职位在他之下！"甚至扬言说："我遇见相如，一定要羞辱他。"相如听到这些话后，不肯和他碰面，每逢上朝时常常推说有病，不愿跟廉颇争位次。过了些时候，相如出门，远远看见廉颇，就掉转车子避开他。

蔺相如对门客说："你们看廉将军与秦王相比哪个厉害？"门客回答说："廉将军不如秦王厉害。"相如说："以秦王那样的威势，我蔺相如却敢在秦国的朝廷上呵斥他，羞辱他的群臣。相如虽然才能低下，难道害怕廉将军吗？但是我想到，强大的秦国不敢轻易对赵国用兵的原因，只是因为有我们两个人在啊！现在如果两虎相斗，势必不能共存。我之所以这样做，是以国家之急为先而以私仇为后啊！"

廉颇听到这话，就脱去上衣，露出上身，背着荆条，由门客引导到蔺相如家的门前请罪，说："我这个粗陋卑贱的人，想不到您宽容我到这样的地步啊！"两人终于相互交欢和好，成为生死与共的朋友。

在《水浒传》里，宋江可以说是一个善于化敌为友的人，在每一次对敌作战结束以后，捕获了敌人的将领，宋江总会有这样一番举动：喝退军士，亲解其索，请坐厅上，殷勤相待。对于一些名气比较大的将领，宋江甚至要让出自己的宝座。结果，这一招让敌人十分感动，许多敌人面对这样的礼遇，原本紧张、敌对的心情立即瓦解了，马上表示愿意归降。因此，那一大批杰出的人才就是这样聚集到宋江旗下，成了宋江的朋友，最后死心塌地地为宋江出生入死。

1.以真心感动对方

我们想要与对方化敌为友，就应首先摒弃自己心中的成见，拿出一颗真心，以心换心，才能真正地消除对方内心的敌意。这样，彼此之间才有成为朋友的可能性。

2.说相同的话

在交际中，如果对方对我们产生了敌意，那我们应该适时说一些相同的话，也就是能真正达到对方心里的话。这些话可以是共同的话题，可以是嘘寒问暖的话，但其出发点在于站在对方的角度上想问题，这样才能很好地打动对方。

心理启示：

　　我们应该记住这样一句话：朋友并不是好人的代名词，敌人也不能与坏人画等号。在生活中，朋友可以变成敌人，那敌人也可以变成朋友。其实，在某个程度上，敌人才是最了解自己的知己。对此，我们在交际中，如果因为某些利益或交际需要与敌人成为朋友，那就应先付出真心，适时以灵巧的策略，赢得对方的好感，并与之成为朋友。

第四节　假意沉默，让对方拿不准你

　　在生活中，有时候需要我们假装沉默，让对方摸不准我们心中所思所想。所谓"言多必失"，真正的成功者要善于沉默，不管在什么场合，说话都应该有的放矢，不该说的时候一句话也不要说。口齿伶俐，在各种场合口若悬河、滔滔不绝，这是很多人所向往的场景，但如果自己在不适当的时机口无遮拦，说了错话，说漏了嘴，这也是难以弥补的过失。著名作家大仲马说过："不管一个人说得多好，你要记住，当他说得太多的时候，终究会说出蠢话来。"确实，当你说得太多，那关于自己的一些信息就会源源不断地传递给对方，这样你很容易就被对方看穿了。对此，我们要学会假意沉默，让对方拿不准你。

有一个经营印刷业的老板，在经营了多年之后萌发了退休的念头。他原来从美国购进了一批印刷机器，经过几年使用后，扣除磨损费应该还有250万美元的价值。他在心中打定主意，在出售这批机器的时候，一定不能以低于这250万美元的价格出让。有一个买主在谈判的时候，针对这台机器的各种问题滔滔不绝地讲了很多缺点和不足，这让印刷业的老板十分恼火。但是他在自己刚要发作的时候，突然想起自己250万美元的底价，于是又冷静了下来，一言不发，看着那个人继续滔滔不绝。结果到了最后，那人再没有说话的力气，突然蹦出一句："嘿，老兄，我看你这个机器我最多能够给你350万美元，再多的话我们可真是不要了。"于是，这个老板很幸运地比计划多卖了整整100万美元。

正所谓"静者心多妙，超然思不群"，一些习惯于滔滔不绝的人往往是最沉不住气的人，一旦遇到了冷静的对手，他们就最容易失败，因为急躁的心情让他们没有时间考虑自己的处境与位置，也不会静下心来思考有效的对策。而在上面这个案例中，那位啰唆不停的买主正好中了老板无意设下的"陷阱"，不等对方发言，就迫不及待地提出建议价格，等于自己拿空子让别人钻。

在生活中，我们如何假意沉默呢？

1. 占据优势时少说话

在谈话过程中，我们完全占据了优势的位置，这时候需要少说话，正所谓"言多必失"，对方在无措之时自会露出破绽。

2. 不了解情况时少说话

有时候，在不了解对方的情况时不要盲目地乱说，这有可能会给对方提供可乘之机，使自己遭受很大的损失。所以，在不了解对方情况的时候，不要轻易把话说出口，需要谨慎用语。

3.气氛紧张时少说话

当自己或对方的情绪正在激烈的时候最好少说话，这时候一旦开口不慎就会引发一场争执。最佳的说话时机是等双方都冷静下来，能够心平气和地谈话才安排时间交谈，只有这个时候，双方的交流才能顺利进行下去。

心理启示：

言不在多，假意沉默可以使自己有更多的时间思考，经过思考之后，再找准说话时机，这样说出的话会更精彩。更关键的是，假意沉默会让对方摸不着头脑，猜不透我们的心理。在日常交际中，我们应该学会假意沉默，特别是当一个比自己更有经验的人在场的时候，如果自己说得太多了，就无疑于自曝其短，这样继续下去的结果将对自己很不利。

第五节　巧用移情，"迷惑"对方的心智

在心理学中，"移情"指的是情感的转移，除了将感情迁移到与情感对象相关的人、事、物上，还可以迁移到不相关的对象上，比如在谈话中，有些人的某些话语会让你容易对他人产生移情，将生活中的一些情感转移到对方身上。不仅仅如此，平日我们所说的"伤春悲秋、纵情山水"等也是移情的一种，这样很容易把情感转移到自然物体上。

在现代社会中，几乎随处可见"移情"，比如利用名人做广告，就是希望引起移情效应。这样的行为是希望把公众对名人的情感迁移到自己的产品或自己组织的知名度上来，比如我们喜欢某个明星，就会不自觉地关心其代言的商品，对其代言的产品也会有一种好感，会在这样的情感引导下购买产品，这就是典型的移情。

　　小王是一个推销员，经常是天南海北地跑。有一次，他出差到了杭州，到了那边已经是晚上了，他不得不找了一间旅馆住了下来。由于是在车站边上找的旅馆，条件比较差，只有两个人住一间了，但天性乐观的小王觉得这没有什么，哼着歌就进了房间。进了房间放下自己的旅行包，却看见房内已经有一位客人了，他正躺在床上看报纸。

　　小王收拾完了自己的东西，也坐到了床上，他觉得比较闷，就主动向那位客人打招呼："请问师傅来多久了？"那位客人头也不抬，冷漠地回答："刚到。"小王并没有放弃想交流的欲望，他继续问："听口音您不是本地人吧？""噢，山东枣庄人。"那位客人抬起头来，警觉地看了小王一眼。"啊，枣庄是个好地方！读小学的时候，我就在《铁道游击队》的连环画上知道了。两年前去了一趟枣庄，还在那边玩了两天呢，很不错，真是个好地方。"听了这话，那位枣庄人精神为之一振，马上起床放下报纸，先是递烟，又与小王互赠名片。两人越聊越高兴，晚上相约一起进餐。就在当天晚上，双方就谈成了互惠互利的一笔生意。

　　当小王尝试着与客人打招呼的时候，对方还是一副冷漠的表情，但当小王一提到"枣庄是个好地方"的时候，那位客人表情融化了，他对人的态度也随之来了个一百八十度大转弯。究其根源，就在于小王用了"移情效应"，迷惑了对方的心智。试想，如果小王谈起了另外一件事"我这次来杭州是出差，顺便推销我们公司的产品，希望你能对此感兴趣"，那么，估计他这笔生意就做不成了，反而会惹得客人十分生气。

　　在这里，小王所使用的就是"移情"策略。谁都会对自己的家乡有一种特别的情结，当小王无意中发现对方的家乡是哪里，再适时提出这个地名，那就会赢得对方的好感，彼此之间的交流也会如同一条山涧的小溪，哗哗地向前流，即便路途中有阻碍，但因"移情"带来的作用，也会将那些阻碍一一扫开，绝不断流。

🔑 **心理启示：**

> 在人际交往中，移情是一种投其所好的行为，以对方所喜欢的人或物作为媒介，让对方把这些人或物的情感转移到自己身上，从而建立双方的良好关系。比如我们想获得对方的好感，假如我们知晓对方很喜欢某个品牌的衣服，那我们就去买这个品牌的衣服来穿，而且"无意"中让对方发现自己的这个行为，自然就能给对方留下一个很好的印象。

第六节　草船借箭，巧用他人之力成事

从小我们就被教育要个人奋斗，自己的事情需要自己去做，不要把希望放在别人的身上，凡事都是自力更生。虽然，这么多年以来，我们从来没有否定个人奋斗的重要性，但当我们个人付出了很多的努力却难以得到回报的时候，就会难免产生一种忧闷的情绪，甚至灰心丧气、一蹶不振、自暴自弃。实际上，假如我们从另外一个角度去想，想想如何借力行事，从而永远保持着积极向上的心态，这无疑是一条通往成功之路的蹊径。

美国"旅店大王"康拉德·希尔顿正在达拉斯建造一座耗资数百万美元的新旅店，以实现自己的"以得克萨斯州为基地，每年增加一家旅店"的发展计划。但由于资金短缺，逼得他不得不中途下马。

希尔顿想出来一个计策，便毅然去找卖给他地皮的达拉斯大商人杜德，并直截了当地告诉杜德："旅店工程因缺乏资金，已经被迫停工，无法继续了。"杜德开始不以为然，认为希尔顿没钱盖旅店与自己毫无关系。但想不到希尔顿接着说："杜德先生，我来找你是想告诉你，旅店停工对我的确不是什么好事，但你的损失会比

我更大。"

杜德被希尔顿的话惊呆了，连忙追问："我不明白你在说什么。"希尔顿便向他解释其中的道理："如果我向公众透露，旅店停工是因为我想换一个地方盖旅店，那么旅店周围的地价必然暴跌。这样的情况显然对你更加不利，你看是不是这样呢？"杜德想了想，觉得事实确实如此。于是，共同的利益使杜德不得不同意希尔顿提出的要求：由杜德出钱将那家旅店盖好，然后交给希尔顿，待赚了钱后再分期偿还杜德的借款。

结果，由商人杜德出钱盖成的达拉斯希尔顿大旅店终于如期建成营业了，这使希尔顿的"旅店王国"又向前迈进了一大步。

当然，这样的借力行事，并不是说我们完全摒弃了个人奋斗，任何事情都需要依靠外力来帮忙。真正的借力行事，就是在我们原有的努力基础之上，巧妙外借他人之力，顺应天势，以此来达到我们所想要的结果，这就是人生中的大智慧。孙中山曾说过："世界潮流，浩浩汤汤，顺之者昌，逆之者亡。"世间的任何事物都有其规律可循，只有顺势而为，才能事半功倍，即使是伟人，他们也不能逆势而为。而且，自古以来人们就讲究"天时、地利、人和"，方能成就大事。实际上，这都是借外力而为，顺势成事才是真正的大智慧。所以，当我们直接向前行却难以取得大的成就的时候，不妨舍弃坚持，借力行事，顺势而为之，必将成大事。

心理启示：

荀子在《劝学》中就说道："假舆马者，非利足也，而致千里；假舟楫者，非能水也，而绝江河。君子生非异也，善假于物也。"寥寥数语就道出了人生的大智慧，君子其实与其他人并没有大的差别，就是因为他们善于借助和利用外物而已，这就是一种善于借助外力的大智慧。因为一个人的能力往往是有限的，你必须借助外界的力量来达成自己的目的，借他人之力来促使自己成功。

第七节　贝勃定律：先用大事刺激，然后成就小事

贝勃定律是一个社会心理学效应，说的是当人经历强烈的刺激之后，再施予的刺激对他而言就会变得微不足道。对人们的心理感受而言，第一次的大刺激可以冲淡第二次的小刺激，比如，本来一块钱一份的报纸变成了十块钱一份，你肯定是没办法接受的，但原来价格一千元的电脑涨了一百元，那你一定不会感觉到。对此，有人做了这样一个实验：一个人右手举着300克的砝码，这时在其左手放305克砝码，他并不会觉得有多少差别，直到左手砝码的重量加至306克时才会觉得有些重。假如右手举着600克，这时左手上的重量达到612克才能感觉重了。换而言之，本来的砝码越重，后来就一定要加更大的量才能感觉到其中的差别，这种现象就是"贝勃定律"。

　　安安是一家服装店的老板，她常常会习惯地把衣服的价格标得很高，比如一件成本400元的衣服，她会标价1000元。面对朋友的疑惑，她解释："如果我标价1000元，顾客可能会想砍价成800元；如果我标价700元，顾客想砍价成500元，比较这两种方式，自然是前者带来的利润更大。"

安安的标价就是贝勃定律，先用不合理的高价格来"引诱"顾客砍价，经过一番"谈判"，再提出"合理"的价格对顾客妥协，让顾客觉得很容易接受，从而愿意购买。

对此，心理学家还曾做过一个实验。在距情人节还剩下两个月的时间里，一位意大利的心理学家曾在两队具有大体相同的成长背景、年龄阶段和交往过程的恋人之中做了这样一个送玫瑰花的实验：心理学家让其中一对恋人中的男孩，每个周末都给自己心爱的姑娘送一束红玫瑰，而让另一对恋人中的男孩，只在情人节那天向自己心爱的姑娘送去一束红玫瑰。结果每个周末都收到红玫瑰的姑娘，表现得很平静，甚至颇有微词；而从来没收过红玫瑰的姑娘，当她在情人节那天捧着男朋友送来的红玫瑰时，却表现得异常兴奋。这也就是贝勃定律所带来的效应。

1. 满足对方的"对比心理"

一开始就提出苛刻的条件，然后再妥协，其实就是满足对方的对比心理。谈判的一方如果事先给出十分苛刻的条件，然后再提出一个妥协的条件，即便这个妥协条件也很苛刻，对方也会很容易接受。

2. 以大事促成小事

当你提出的要求对方很难接受的时候，在这之前你不妨试着先提出一些他更不可能接受的要求，或许你会有意外的收获。

心理启示：

实际上，我们的感觉是很敏感的，也是有惰性的，它会蒙骗我们的眼睛，也会加重我们的感受而迷失理性。因此，我们不能太自以为是，而是应该带着谦卑的心对待万事万物，这样才可以积累智慧。贝勃定律告诉我们，在人际交往中，我们要多做雪中送炭的事情，少做锦上添花的事情，尽量不做画蛇添足的事情，善待身边的人，这样才能真正地赢得人心。

第22章 情感驭人，巧用感情与人情
打赢心理战

在与人相处的过程中，情是最能触动人心的，它就像一把钥匙，可以打开一个人的心门。在生活中，以情动人，无疑是最好的心理策略。以情感驭人，巧用感情与人情打赢心理战，我们才能适时达到自己的目的。

第一节　动之以情晓之以理地说服对方

情感，是人类最薄弱的地方，却也是难以开启的心灵之门。一位心理学家曾经说过："情感如同肥沃的土地，道理就好比种子，没有情感的沃土，道理的种子再好，也发不了芽。"所以，人们才会有"欲晓之以理，必先动之以情"这一说法。足以见得，情感在每个心里所占据的重要位置。实际上，在现实生活中，无论你是求人办事，还是劝说别人，都必须以情动人，才能容易说服对方，从而达到自己的预期目的。因为当你打开了情感那扇门，无疑就是攻破了一座坚实的城堡，而你也会取得你所需要的东西。有的人面对他人，习惯于讲大道理，以直接的谈话方式企图打动对方，其实，最愚笨的办法就是直接的说话方式，这无形之中是给了对方一个可以拒绝你的机会。

每个人都有的软肋，那就是情感了。如果你以情打动了对方，就很容易从中获得你所想要的东西，或者是帮助，或者是成功地劝说了别人。因此，当你觉得与对方进行直接交流，难以促成事情时，就不妨舍弃这一直接的方式，转个弯，以情感动人，也许会取得意想不到的效果。

　　20世纪80年代初，引滦入津工程因为炸药供应不足，始终面临停工、延误工期的困难处境。负责这一工程的领导者心急如焚，于是派李连长到东北某化工厂，希望能得到对方的援助。李连长接到任务后，昼夜兼程千余里赶到化工厂供销科，可只得到这样一句答复：眼下没货！于是他连忙找厂长，可无论自己怎么样劝说，厂长始终不为所动，硬邦邦地对他说："眼下没货，我也无能为力。"

　　这时，厂长劝李连长不要再磨了，并给他倒了一杯茶水。李连长并不死心，他喝了一口茶，就在这时，他脑袋里突然有了主意，于是开口说道："这水真甜啊！天津人可是苦啊，喝的是海河槽、各洼淀中集的苦水，不用放茶就是黄的。"这时候，他又一眼瞥见厂长戴的是天津产的手表，于是又说道："您戴的也是天津表？听说现在全国每10块表中就有1块是天津的，每4个人里就有1个用的是天津的碱，您是办工业的行家，最懂得水与工业的关系。造一辆自行车要用一吨水，造一吨碱要160吨水，造一吨纸要200吨水……，引滦入天津，解燃眉之急！没有炸药，工程就得延期……"

　　李连长的语言很动情，同时也十分有道理。厂长理解了他的急切心情，便与他聊了起来，问："你是天津人？""不，我是河南人。也许通水时，我也喝不上那滦河水！"经过这一番对话，厂长彻底折服了。只见他抓住电话立即下达命令："全厂加班3天！"3天后，李连长拉着一车炸药胜利返程了。

　　李连长无论怎么劝说，厂长都不为所动，眼看自己这一次任务就要面临失败。这时候，聪明的李连长放弃了直接表达想法的方式，他知道自己再说下去，厂长肯定会恼火的，所以，他独辟蹊径，开始借题发挥起来：先是对茶水细细地评价一番，又说到了正在饮用黄水的百姓。然后，他看到了厂长手上所佩戴的天津手表，适时地以手表联系了天津的企业，阐述了水与工业的关系，一句"引滦入天津，解燃眉之急！没有炸药，工程就得延期……"不仅说得十分动情，而且也很有道理。厂长理解了他的心情，主动与李连长攀谈起来，经过了一番对话，厂长折服了，而李连长也顺利完成了任务。

心理启示：

正所谓"精诚所至，金石为开"，只要你付出真诚的情意，一定会打动对方。无论是虚伪奸诈的人，还是凶恶残暴的人，你都可以用真诚的情谊来打动他。所以，也有人说"以情动人，不仅仅适合君子，也同样适合小人"，因为每个人的内心深处都隐藏着一份美好的情感，只要你能以你的真诚触碰到那柔软的部分，就一定会打动对方，也能达到自己的目的。以情动人，这时候情感就会转化为巨大的、永恒的、不可估量的力量，它能化解人与人之间的隔阂，能拉近彼此之间的距离，能感人肺腑。另外，情通则理达，以情"动"人更有助于以理"服"人，让对方更容易接受你的想法和建议。所以，当道理说不通的时候，我们就要舍弃这一方法，以情动人，更容易成事。

第二节　巧用亲人的话题，来打赢人情心理战

在生活中，如果我们无法说服对方，没办法用别的方法去打动对方，我们还可以巧妙借助亲人的话题，以此打赢这场人情心理战。情是最容易打动人心的，尤其是人世间的亲情、友情、爱情。在这三种感情之中，亲情最为感人，那是因为每个人都有亲情。只要这份感情是真挚的，那就是最容易打动人心的。在劝说别人的过程中，如果我们没办法说服对方，不妨借助一些亲人的话题，以自己与亲人之间真挚的感情打动对方。

林肯竞选总统前夕，在参议院演说时，遭到一个参议员的羞辱，那位参议员说："林肯先生，在你开始演讲之前，我希望你记住自己是个鞋匠的儿子。"林肯没生气，而是说道："我非常感谢你使我记起了我的父亲，他已经过世了，我一定记住你的忠告，我知道我做总

统无法像我父亲做鞋匠那样做得好。"参议院陷入了一片沉默。

他转过头来对那个傲慢的参议员说："据我所知，我的父亲以前也为你的家人做过鞋子，如果你的鞋子不合脚，我可以帮你改正它。虽然我不是伟大的鞋匠，但我从小就跟我的父亲学会了做鞋子的技术。"然后，他又对所有的参议员说："对参议院的任何人都一样，如果你们穿的那双鞋是我父亲做的，而他们需要修理或改善，我一定尽可能地帮忙。但有一点可以肯定，他的手艺是无人能比的。"瞬间，会场里许多议员的眼眶红了，所有的嘲笑化作了真诚的掌声。

当有人嘲笑自己父亲是鞋匠的时候，林肯知道不管自己怎么去辩解，都是无法打动别人的。如果自己想要掩饰父亲是鞋匠的事实，反而会弄巧成拙，让人看轻了自己的品性。与其掩饰，不如坦诚地说出自己对父亲的感情，即便父亲的职业卑微，但在自己心目中一样伟大。通过语言描述，林肯向在场的人们传递出一种真情，恰恰是这样一份发自内心的真情，感动了所有在场的人。

心理启示：

在日常交际中，有时候我们会在说服对方的过程中出现一些阻碍，不管我们说什么，都难以打动对方，这时我们就应该想办法用点心理策略。每个人与亲人之间的感情都是有故事的，在言语交流中，我们随便挑选其中的一二事，就足以达到我们的目的了。当我们满含深情地讲述自己与亲人之间的故事时，即使铁石心肠的人也会感动得涕泪交流，而我们自然赢得了对方的好感，再顺势引导，自然可以掌控其心理了。

第三节　用回忆让对方在温情中"软化"

在生活中，当两个人处于安静的状态时，你可以开始慢慢回忆你们共同经历过的事情。它可以是某一次你们心血来潮跑到很远方的一次旅行，你可以带领着他再次回味旅途的兴奋感觉。假如彼此之间一起经历的事情很多，那记忆估计连一节车厢都装不下。所以，在你们都已经无话可说的时候，你能用你们曾经的那些美好的、宝贵的记忆来重新唤起心里的温情。不管现在处于何种关系，如果我们善于"回忆"过去，那就会唤起我们心中久违的温情，自然会倍加珍惜现在的感情。回忆总是美好的，即便是过去的一些冲突和矛盾，如果我们能以温柔的语调诉说出来，那也将会是一串美丽的音符。

　　周末，莉莉一边打扫屋子，一边哼着快乐的歌，她总是一个开朗的人。等把屋里都收拾好了，她来到卧室，看见志刚还无聊地躺在床上，眼睛空洞地盯着天花板。莉莉突然想起来，他们两人已经好久没有沟通了。于是，莉莉坐在床沿上，把自己的腿在那里晃啊晃。

　　"志刚，你还记得我们第一次回你们老家吗？"莉莉突然发问。

　　"记得啊，怎么了？"志刚无精打采的样子。

　　"哈哈，那你记得你们村里的人看见我的乞丐牛仔裤的那种表情吗？哈哈，那表情，简直就是以为我是个穷姑娘，我现在还记得。"莉莉兴奋地拽着志刚的胳膊。

　　"嘿嘿，那是他们见的东西少，可不，连我妈还把我拉到旁边，悄悄地问：'你在哪认识的闺女，咋能穿着一条破裤子乱跑呢，多丢人。'哈哈，哎，没有想到你也有被说成乞丐的时候。"志刚回忆起往事也显得高兴起来。

　　"哎，你们家那头大黄牛怎么样了？上次听你爹说是生病了，也不知道现在好了没？那时候回去，我还坐在牛背上唱歌呢，现在想起来多带劲。"

　　"它还结实着呢，就是显得比你老，嘿嘿。"志刚诙谐地说。

　　"要不，咱们今天自己开车回去吧，明天再回来，在你们家住一宿，我已经怀念你妈做的红烧肉了。"莉莉已经兴奋得站起来了，她拉着志刚。

　　志刚想了想，马上翻身下床，搂着莉莉向门外走去了。

莉莉巧妙地把志刚引入回忆，他们一起想着第一次回老家遇到的那些趣事。当他们你一句我一句地说开了，才发现彼此的心挨得更近。共同的体验让他们搭起了沟通的桥梁，共同的记忆唤醒了他们沉睡的心。当那些一起走过的日子在他们的脑海中一一浮现时，他们重新打开了心扉，没有什么能比真心更能增加彼此的感情的了。

心理启示：

当然，我们所描述的回忆应该是两人一起经历过的，比如："想当年我们一起进公司的时候，真像个啥事都不懂的愣头青，我记得你比我机灵……"或许，在过去你们之间也并没有多深的感情，但你所描述的记忆有一部分是属于他的，这样一说，自然能唤起他心中的温情，然后再适时表示自己的同感，那定会让对方对自己心生好感，之前的不愉快也就成为过眼云烟了。

第四节　用宽容之心赢得对方的尊敬

维克多·雨果曾说："最高贵的复仇是宽容。"宽容是一种生存的智慧、生活的艺术，是看透了人生以后所获得的那份从容、自信和超然。宽容，本身就是一种圆融通达的智慧。懂得宽容的人，往往能够洞明世事，凡事看得深、想得开、放得下，因为他们懂得"处世让一步为高，退步即是进步；待人宽一分是福，利人实是利己"的道理。而这份宽容的智慧，让他人心存敬意。美国前总统林肯在别人批评他与敌人做朋友而不是消灭他们的时候，只是温和地说："当他们变成我的朋友时，难道我不是在消灭敌人吗？"所以，那些懂得宽容、能够宽容的人总是给人以成熟与自信的力量，让他人心生敬佩之意。

有一天，七里禅师正在蒲团上打坐，突然，一个强盗闯出来，拿着一把又明又亮的刀子对着他的脊背，说："把柜里的钱全部拿出来！否则，就要你的老命！"七里禅师缓缓说道："钱在抽屉里，柜里没钱，你自己拿去，但要留点，米已经吃光，不留点，明天我要挨饿呢！"那个强盗拿走了所有的钱，在临出门的时候，七里禅师说："收到人家的东西，应该说声谢谢啊！"强盗转过身，说："谢谢。"霎时间，他心里十分慌乱，几乎从来没有遇到这样的事情，这使他失去了意识，愣了一下，才想起不该把全部的钱拿走，于是，他掏出一把钱放回抽屉。

没过多久，这个强盗被官府捉住，根据他所提供的供词，差役把他押到七里禅师的寺庙去见七里禅师。差役问道："几天之前，这个强盗来这里抢过钱吗？"七里禅师微微一笑，说道："他没有抢我的钱，是我给他的，临走时也说声谢谢了，就这样。"强盗被七里禅师的宽容感动了，只见他咬紧嘴唇，泪流满面，一声不响地跟着差役走了。

这个人在服刑期满之后，便立刻去叩见七里禅师，求禅师收他为弟子，七里禅师不答应。这个人长跪三日，七里禅师终于收留了他。

即使面对抢掠的强盗，七里禅师也没有说任何指责、辱骂的话语，反而宽容待之。当差役问道"这个强盗来这里抢过钱吗？"七里禅师只是说"他没有抢我的钱，是我给他的，临走时也说声谢谢了"。听了这样的话，有了这样的宽容，再凶狠、再无药可救的强盗也流泪了，他终于醒悟了。在服刑期满了以后，他去叩见七里禅师，长跪三日，七里禅师答应收留了他。原谅与宽容，令奇迹也遍地开花。

心理启示：

宽容是一种智慧，是一种博大的情怀。当我们试着去宽容了他人的时候，其实，受益的是我们自己。宽容是做人的大度和涵养，同时，也是一种积极的生活态度和高尚的道德观念，因为，它不仅体现着人性的仁爱，更体现着一种智慧的技巧。在任何时候，宽容都是一种智慧的境界，宽容体现着非凡的气度，那种对人对事的包容和接纳，是精神的成熟，是心灵的丰盈。

第五节　博得同情，描述自己痛苦的现状

每个人的内心都有最柔软的地方，那里遍地盛开的都是同情心。实际上，人心都是肉长的，我们在日常的言语交流中，不失时机地说一些自己痛苦的经历，这样就可以调动对方的同情心，使彼此之间在情感上靠近，并产生共鸣，这就为顺势掌控人心奠定了基础。为了博得同情，描述自己痛苦的现状，这也是一个赢得人心的心理策略之一。像这样一种心理策略，其目的在于使整个话题重心不偏不倚，从而使对方获得一种心理上的满足，以此达到影响他人的效果，这样一来，自己的目的也就顺利达到了。

汽车巨头亨利·福特公司的贸易业务繁忙，他的桌子上总是堆满了各种催账单。福特每次都是大概看一眼后，就把账单扔在桌子上，对经理说："你们看着办吧，我也不知道该先付谁的好！"但是有一次，他从一大堆的催账单中抽出一张对财务经理说："马上付给他！"这是一张传真来的账单，除了列明货物标的、价格、金额外，在大面积空白处还画着一个头像，头像正在滴着眼泪。"看看，人家都流泪了，"福特说，"以最快的方式付给他吧！"

我们谁都明白，这个催账人并非真的在流泪，他之所以急着催账，有可能是另有隐情或者急需资金，但是，通过催账单上的那几滴泪珠来描述自己痛苦的现状，这样可以快速地引起他人的重视，以最快的速度要回大笔的货款。由此可见，"装可怜"的威力实在是不能小看啊！

人们总是不由自主地同情弱者，不愿意袖手旁观置之不顾，比较容易答应弱者的请求。当对方不愿意帮忙或者正犹豫不决的时候，我们不妨开口就"描述自己的困境"，激起对方的保护欲，一旦对方觉得你的说法真实可信，他很有可能就会作出让步，答应你的请求。说话做事，要放得下面子，做个可怜人，以情乞悯，以达到自己的目的。

心理启示：

在日常生活中，当人们在讲述自己的经历，比如幼年丧父、生活艰苦等不幸的事情时，旁边的人都会不由自主地宽慰，并给予一定的帮助。描述自己的困境虽然并不是被人们常用的一种方法，但却是非常有效的一种方法。所以，我们在说话、做事的过程中，应该巧妙地运用这一方法，开口"装可怜"，激起对方的保护欲，达到影响他人心理的目的。

第六节　巧用眼泪功效，让对方为之感动

在任何时候，因无助而流下的眼泪都是有利而无害的。当我们遭遇困境的时候，当我们哭诉的时候，适时掉几滴眼泪，也许会很容易就将对方打动，因为你的眼泪是真情的表现，会打动所有的人，即便是一个陌生人。虽然，眼泪代表着委屈和示弱，但人们却常常利用它得到别人的同情。眼泪，可以说是一把结结实实的软刀子，大部分人对这样的"软刀子"都容易忽视，以为这样的方式打动不了自己。但事实却恰恰相反，软刀子往往具备相当大的杀伤力。比如，韩信四面楚歌，吹散了项羽十万兵，最后逼得堂堂西楚霸王乌江自刎，这其实就是"眼泪"的功效。

曹翰，太宗年间因罪被罚到汝州。他怎么会安心一直在小城中待着呢？所以苦思返京之策。终于有一天，机遇来了。这天，宫里派来了使者到汝州办事，曹翰当然不肯放过这个机会。他想办法见到了使者，流着泪说："我的罪恶深重，就是死也赎不情，真不知如何才能报答皇上的不杀之恩，现在只想在这里认真悔过，来日有机会一定誓死报效朝廷。只是我在这里伏罪，家里人口太多，缺少食物活不下去了，这里还有几件衣服，请您帮忙抵押一万文钱，以此来换点粮食，

使家里大小暂且糊口。"说到伤心之处，就越发止不住眼泪。

这个使者也是个老实人，回宫后他如实向宋太宗做了汇报。太宗拿过包袱，打开一看，里面原来是一幅美丽的画，画题为《下江南图》。画的是当年曹翰奉宋太祖旨意，任先锋攻南唐时候的情景。太宗看到此图时便想起了曹翰当年的功勋，心里也是十分难过，怜悯之情油然而生，决定把曹翰召回京城。于是，曹翰以眼泪打动人心的做法奏效了，再度被任用。

有人说："刘备的江山是哭出来的。"所谓人心都是肉长的，谁也不是铁石心肠。因此，在说话做事的关键时刻，学会不失时机可怜兮兮地滴下几滴眼泪，相信这样会很容易调动起对方的同情心。彼此在感情上靠近，产生共鸣，这就为自己掌控人心打下基础。

心理启示：

在生活中，以泪赚怜是一种有效的心理策略。俗话说："人非草木，孰能无情？"仁慈心、同情心是人类情感世界中最基本的组成部分，世界上每个人差不多都具有同情弱小和怜悯受难者的慈悲情感。在交际中，我们可以利用人们的这一菩萨心肠，适时掉几滴眼泪，用自己的坎坷遭遇和凄凉的眼泪，让对方的感情融化，这样，即便铁石心肠也会网开一面，向我们伸出热情之手。

第七节 "雪中送炭"更能温暖人心

他人有了难处，该怎么办呢？在现实生活中，我们经常会碰到这样的情况，有的人唯恐避之不及，担心殃及自己，早就躲得远远的；有的人则表现得十分仗义，主动提出帮忙，倾力相助。于是，前者的朋友越来越少，而后者的朋友却越来越多。其实，人与人之间关系是相互的，今天你帮了他，明天反过来，他也会帮助你。

　　小军与张亮是一对好朋友，小军从事导演工作已经十几年了，但是，最近这些年总是走下坡路。前不久，小军踌躇满志地策划了一部新戏，投入了大量启动资金，这个作品就像是自己的孩子一样，积聚了他无数的心血。可是，谁也没有想到，从创作、筹备、策划到挑选演员，眼看着就快要开拍了，可是，投资方却突然撤资了。剧组所有工作陷入了困境，小军整日沉浸在痛苦中。因为自己执意从事导演工作，前几年已经欠下了千万的账款，这次好不容易找到了肯投资的公司，准备打个漂亮的翻身仗，却没有想到不知投资方在哪里了解到自己的经济状况，而选择了撤资，这对他简直是毁灭性的打击。

　　朋友张亮不知道从哪个朋友嘴里听到了这个信息，马上放下手上的工作，开车来到小军家，一进门就说："我来给你的新戏投资。""什么？"小军满脸惊讶。张亮不懂演艺事业，以前还经常开玩笑说："那玩意挣不了什么大钱。"现在，竟然愿意投资。张亮笑了，说道："我是不懂表演，甚至，直到这一刻，我也不是喜欢它的，但是，你是我的朋友，好哥们。你现在遇到了困难，我不能袖手旁观。我相信你的眼光，我马上就将资金转过来。"听了这话，小军心里暖暖的。由于资金及时到位，小军的作品被如期搬上了大屏幕，并取得了巨大的成功。在庆功宴上，小军举起酒杯向张亮敬酒："你是我这辈子的恩人，我是不会忘记你的。"张亮颔首微笑，并没有说话。

　　在生活中，我们都不能保证自己将顺顺利利地度过一生，在生命的旅途中，我们或多或少都会遇到一些困难。这时，你当初怎么对别人的，他也将一并还在你身上，甚至，会加倍地偿还给你。别人有难，应该鼎力相助，如此才能使彼此间的友谊越来越深厚，也才能打动人心。而且，我们要知道，虽然锦上添花会给对方带来欣喜之情，但唯有"雪中送炭"才更能温暖人心。

1. 与其被求助，不如主动帮忙

别人有了困难，有的人虽有心帮忙，但总觉得对方还没开口，不如就等着他来向自己求助，有的人甚至觉得只有对方开口求助了，自己才会帮忙，似乎其中考虑到自己的面子问题。其实，对待对方，与其被求助，不如主动帮忙，前者是"勉强"，后者才是真正的出于内心的。让对方感到自己的一片真心，他定会对你充满感激。

2. 倾力相助

他人有难，应该倾力相助，而不是有所保留。虽然，凡事想到自己，这是人之常情，但是，若你总是为自己私利着想，即使在面对朋友困难的时候，也想到有所保留，那就显得对不住朋友了，而朋友对你的感激也会大打折扣。

心理启示：

人生不如意十之八九，在这个世界上，凡事不可能顺顺当当、安安乐乐，总是会出现一些挫折与困难。这相对于每个人来说也是一样的，在你每天的生活中会发生一些不愉快的事情，这是极其正常的，没有什么值得抱怨的。有时候，我们身边的朋友或同事会遭遇困难，那也是情理所在的事情。朋友落难了，千万不要落井下石，而是要"雪中送炭"，及时帮助，这样才可以真正地赢得人心。

第23章　柔化人心，以柔制刚的的攻心之法

在生活中，若是想柔化人心，那就应该学会以柔克刚的心理策略。在交际中，彼此之间尚未熟悉的时候，都会怀着一份戒备的心理。这时我们就应该以"柔和"的方式去了解对方，和对方进行沟通，这样才能瓦解其内心的戒备心理，从而达到我们自己的目的。

第一节　以柔克刚，令对方不禁收起锋芒

老子有一次讲学，问他的学生，是小草强大还是大树强大。学生说大树强大。老子又问，那大风来了是小草先倒还是大树先倒。学生说大树先倒。老子问是牙齿坚硬还是舌头坚硬，学生说牙齿比较尖利。老子说：我这个年龄牙齿不在了舌头犹存。"我这个年龄了牙齿不在了舌头犹存"，老子阐述出"以柔克刚"的深刻道理。其实，我们在进行言语沟通的过程中，也需要运用"以柔克刚"。当我们在使用强硬语言的时候，需要考虑对方是否能听进去，语言的威慑力再大但对方听不进去也是枉然。这时候，不妨使用柔和的语言，适应对方让对方听进去，这样才能有效地影响他人心理，令对方不禁收起锋芒。

魏征在朝廷上与唐太宗争得面红耳赤。"总有一天，我非杀了这个乡巴佬不可！"太宗回到后宫后愤愤地说。"这个乡巴佬是谁？"长孙皇后连忙问道。"当然是魏征！他总是当着众臣的面侮辱我，实在是让我难堪！"长孙皇后听后立即退了下去。过了一会儿，她换了一身上朝的礼服，走到太宗面前叩拜道贺。"你这是什么意思？"太

宗疑惑地问。"我听说，只有明君之下才会有忠直的臣子，"长孙皇后认真地说，"现在魏征敢于直言进谏，是因为陛下贤明之故，我怎能不庆贺呢？"太宗听后转怒为喜，决定重用魏征。

《墨子·贵义》中有："以其言非吾言者，是犹以卵投石也，尽天下之卵，其石犹是也，不可毁也。"太宗正在气头之上，硬碰硬地为魏征求情显然是没有用的，长孙皇后从另外一个角度出发，通过柔和的语言，以柔克刚的劝谏，及时说服了太宗，挽救了忠臣魏征的性命。

那如何才能说达到"以柔克刚"的目的呢？

1. 放低姿态

我们在进行语言表达的时候，需要把自己的姿态放低，这样才能表达出"柔和"的语言。比如："我只不过是个小科长，还是个副的，手里能有多大的权力？"降低对方的警惕性，以柔克刚，影响其心理，达到说服对方的目的。

2. 语气谦逊

我们在交谈中使用敬语谦词，礼貌用语，以表示对对方的尊重；语气谦逊，以赢得对方的好感。比如："您好，我已学了不少电器方面的知识，您看哪个方面还有差距，我一项项来弥补。"

3. 声调恳切

柔和的语风还需要恳切的声调，这样才更容易打动对方。比如："天气这么热，我花大价钱办一笔赔本的买卖，我也担不起这个责任，还希望你能够高抬贵手。"这样柔和的表达，对方很难拒绝。

心理启示：

　　在日常沟通中，有时最忌讳的就是直来直去，以刚硬的语言来表达自己的意见，这样即便自己真的占住了道理，也往往得不到妥善的解决。这时我们就需要以柔和的语言来应对他人锐不可当的气势，使其收敛锋芒，从而达到影响他人的目的。

第二节　平和沟通，了解对方内心后再行事

在日常交流中，我们要学会平和沟通，先了解对方内心之后再行事，这会让我们所说的话暗合对方的心理，从而达到影响他人心理的目的。每个人都想把话说到对方的心里去，但如何才能说出正中对方心理的话呢？关键是对他人足够了解，我们才能将话说到对方的心坎里。在生活中，不同的场合、不同的对象，每个人都有自己的心理，他们有着不同的心理需求。当我们在与他们进行语言交流的时候，需要从对方的言语中明白其心理需求，或通过察言观色来洞悉对方的心理，再通过适当的语言表达来暗合对方的心理，这样定会让我们办好事情。

安东尼·提莫克只是一个办公室的小工，他希望能向纽约银行行长推销一些公债券。他是新英格兰穷牧师的儿子，刚刚从菲利浦斯学院毕业，18岁的他还处于人生事业的起步阶段。他在替一个商人干点杂货，挣着一个星期一块半的工资。老板觉得他是个十分聪明的小伙子，就让他去销售铁路公债券。所以，安东尼·提莫克希望能与纽约银行行长摩西·泰勒说几句话，他知道泰勒对铁路很有兴趣。但自己怎么做才能引起这位银行行长的注意呢？

那天，当安东尼·提莫克走到泰勒的办公桌面前时，泰勒正烦躁地对一个饶舌的人说："说正题！说正题！"不一会儿，泰勒就摇了摇头，把那个人赶了出去了。接着，他向安东尼·提莫克点头，示意他过去。安东尼·提莫克把公债券放在了办公桌上说："97。"泰勒很奇怪地看了他一眼，拿过他的支票簿问："你的老板叫什么名字？""伯兰克先生。"提莫克回答。签好了支票后，泰勒又问："伯兰克先生给你多少回扣？""0.25％。"提莫克继续回答。"太少了，你管他要1％的回扣，如果他不付给你，我就替他付。"泰勒开玩笑。就这样，提莫克成功地把公债券卖掉了，同时，他也成功地使行长注意到了他，3年后，他就成了百万富翁。

提莫克在正式与对方交流之前，已经了解到泰勒是一个有着烈脾气的人，他喜欢使用简洁的语言，讨厌那些不必要的繁文缛节。因此，当提莫克了解到

泰勒的心理要求之后，他就一直用简洁的语言，不多说一句话，这些话正好说中了泰勒的心理。于是，泰勒再也不会大声说"说正题"，也不会在嘴上为难提莫克。提莫克之所以能成功，是因为他懂得这样一个心理策略的重要性，那就是：了解一个人之后再行事。

心理启示：

> 在生活中，每个人都比较自我，当我们的言语触碰到了对方的心理禁忌的时候，他们就会像被攻击的刺猬一样，用尖锐的语言反击我们，甚至处处为难我们。当然，我们没了解对方之前，是没办法了解对方喜欢听什么，不喜欢听什么。因此，为了获得对方的好感与信任，我们需要及时细致地了解对方的心理需求，同时，还需要将话说到对方心坎里，这样就可以有效地影响对方心理。

第三节　投其所好，送礼送到对方的心坎里

送礼，看上去是一件很简单的事情，但同时，它却是一门学问。为什么会送礼？原因无非有两方面的：一是办事，二是沟通感情。有了送礼的理由，接下来就应该选择该送什么样的礼物了。其实，送礼最难的就是在选择礼物这一关上。送礼并不是简单地到商店买点东西，再送给别人，送礼也需要花点心思，既要别出心裁，又要合人心意。在送礼之前，你应该了解收礼人及其家人的喜好，一般情况下，我们在送礼时除了考虑收礼人本身外，还需要考虑其家人的喜好，通过送礼使一家人都开心，这样，无形中就提高了送礼的满意度。礼物是人与人之间感情的载体，任何礼物都表示自己的特有心意，因此，你所选择的礼物应该与自己的心意相符合，这样对方会觉得你的礼物是非同寻常的。

王先生去拜访一位委员，他只带了一张笑脸就去了，他说："本

来在您休息的时候打扰您，这是很不礼貌的，请您原谅。这次拜访您，是办学申请学历的事情，申请已经交上去了，可是没等到消息，教委那边我没熟人，朋友就介绍我到您这里来，希望您关照一下。如果申请不够充分，希望您在审批时指点一下，我再重新申请。"那位委员却回答得模棱两可："如果你具备了各方面的条件，应该会批准的。"这时，王先生留意了一下，他发现委员客厅里有几十块砚台，凭着自己的直觉，感觉这位委员应该对"砚墨"有特别喜好。

王先生第二次拜访时，带来了一件礼物，那是用唐朝砖头制成的一块"砚台"。见面寒暄后，王先生从皮包里掏出了报纸裹好的砖头，对委员说："上周我回了一趟老家，在废石堆里发现了这块带字的砖头，就带了回来，我也不懂得，今天带来，您给看一下。"那位委员接过了砖头，左看右看，又拿起了放大镜仔细观察，惊讶地说："这是墨砚，看来是精雕细琢过的，这肯定是哪位名人用过的，真是宝贝啊！"王先生回答却很随意："不过是块烂砖头，如果您不嫌放在家里碍事，您就垫花盆用吧，我就不打扰您了，告辞了。"没过几天，王先生接到了通知，自己学校的学历问题解决了。

王先生所送的"墨砚"既别出心裁，同时，也很符合对方的心意，这样一来，办事焉有不成功之理呢？所以，在日常交际中，我们选择礼物也需要考虑其艺术性、趣味性、纪念性等多方面的因素，这样看起来就显得别出心裁，不落俗套。当然，选择礼物的首要条件需要考虑其兴趣爱好，如此投其所好，才能打动对方。

心理启示：

在生活中，要想送礼得当，办事成功，我们就应该详细了解对方的身份、爱好，以及民族习惯，以免送出麻烦来。比如，在上海，"苹果"跟"病故"两个词语的音相同，如果你朋友是上海人，而他又生病住院，那么，就要避免送苹果这样的礼物。在送礼的时候，一定要考虑周全，比如，不能送钟，因为钟与终谐音，很不吉利；对于一些知识分子，不要送蹩脚的书画。

第四节　库里肖夫效应：让对方与你感同身受

库里肖夫效应是一种心理效应，库里肖夫是一位前苏联电影工作者，他在十九岁时发现了一种电影现象。库里肖夫因此看到了蒙太奇构成的可能性、合理性和心理基础，他认为造成电影情绪反应的并不仅仅是单个镜头的内容，而是几个画面之间的系列。单个镜头仅仅只是素材，而只有蒙太奇的创造才是一种电影艺术。延伸在心理学上，也就是在日常沟通中，我们要善于制造一些蒙太奇的效果，让对方与自己感同身受。

雨下得特别大，王先生撑着伞等公交车。这时一个浑身湿漉漉的姑娘走了过来，语无伦次地说："先生……帮……帮忙……好吗？"说话间，浑身不停地颤抖。王先生打量了她，发现她在这么冷的天只穿了件薄薄的外套，还光着脚丫，雨水顺着眼角流入眼睛里，好似眼睛都睁不开了。王先生毫不犹豫脱下自己的外衣给她披上，把自己的雨伞递给她，又从皮夹里抽出几张钞票塞到她手里。

有时候，能够使人产生情绪反应的并不仅仅是某句话或某个场面，也可能是几句话与几个场面的并列。一句话或一个场面只是触点，它可以使人通过联想达到我们想要表达的效果。

1. 用语言传递求助信息

在说话做事的时候，必然会使用语言，但是，如何巧妙地通过语言来表现自己的处境，这才是最关键的。比如"这次机会对我来说真的很重要，希望你能帮帮我"。

2. 无助的神态

如果你在说话做事时还一副漫不经心或者高傲的神态，那相信大部分的人都会拒绝你的。所以，在求人办事的时候，首先要保持谦虚的低姿态，尽量让自己看起来比较无助，这样才能让对方看了之后有感同身受的感觉。

3. 举出与自己类似的经历

如果你正处于某种困境中，为了形容自己的处境，你可以举出类似的经历。比如"我现在的状况可能就跟当初咱们来城市那会儿是一样的，一无所有"，最好你所举出的事情是对方曾经历过的，这样他的感触会更深。

心理启示：

> 　　许多电影或电视剧为什么会那么感人？那是因为库里肖夫效应。电影所制造出来的蒙太奇效果，使得观众感同身受，他们的心跟电影中的人物一起跌宕，因此才会随着人物的情绪而波动。在现实生活中，当我们需要求得对方的帮助时，也可以适时制造出蒙太奇的效果，让对方感同身受，这样自然比较容易打动对方了。

第五节　恭维有道，让对方得以再"借力打力"

　　心理学家威廉·杰尔士说："人性最深切的需求就是渴望其他人的欣赏。"在日常生活中，或许，我们每个人都曾得到过别人的恭维，恭维的话就如同润滑剂，可以和谐彼此之间的关系，让对方感受到话语里的温情。在做事的时候，需要适当说出恭维的话，对方会迅速对你产生好感与信任。一个人受到了恭维后的行为更合理、更有效，同时，也更容易按着你的心理来行事，这样一来，你将有机会掌控对方的心理，以此促成大事。要想办事能够成功，在说话上，就要学会恭维对方，因为我们需要承认这一点，几乎所有的人都爱好虚荣，你所求助的那位也不例外，在很多时候，一句恭维的话将决定这件事是否可以成功。

　　成功大师戴尔·卡耐基曾做过二流推销员，那确实是一段难忘的经历。当时，卡耐基对发动机、车油和部件设计之类的机械知识毫无兴趣，这样一来，他完全无法掌控自己推销产品的实质。

　　有一次，店里来了一个顾客，卡耐基立即走上去向他们推销货车，不过，他说的话却往往连货车的边都沾不上。顾客觉得卡耐基是一个疯子，这时，老板气愤地走过来，大声吼道："戴尔，你是在卖货车还是在演说？告诉你，明天再卖不出去东西，我会让你滚蛋。"这下，卡耐基着急了，如果丢失了这份工作，将意味着自己无法生存了。

于是，卡耐基立即说："老板，你是最仁慈的老板了，是你让我吃上了面包。你放心，为了你让我可以吃上面包，我会好好干的，而且，瞧你今天穿得多精神啊，相信你今天的生意会一帆风顺的。"被恭维了几句，老板的气也消了，也再没说解雇的事情了。

几句恭维的话帮助戴尔·卡耐基赢得了一份工作，不难想象，恭维所释放出来的力量是巨大的。其实，在当时，卡耐基的工作成绩并不算理想，而这位成功大师正是运用了恰到好处的恭维，使得他奇迹般地在那个公司待了下来。从心理学的角度说，在这个世界上，每个人都渴望得到别人的恭维，这是一种心理诉求。在说话做事的时候，如果我们满足了对方的心理诉求，自然就能赢得他的信任和好感，顺势也就能有效影响对方心理了，那么，在这个过程中，所有的问题都能够得到解决了。

心理启示：

　　不过，恭维的话并不是像说几句好话这样简单，真诚的恭维是需要发自内心的。任何的虚伪和做作听起来都显得那么苍白无力，只有真诚的恭维才能打动对方，虚情假意的恭维通常有讽刺挖苦之嫌，令人感到恶心。俗话说："心诚则灵。"只有来自内心深处的恭维才是真诚的，这样才能使对方受到感染，从而产生心灵上的共鸣。另外，恭维还需要准确，恰到好处，既不过分，也不要不及。

第六节　不强攻，用"忍耐力"赢得胜局

荀子说："君子贤而能容罢，知而能容愚，博而能容浅，粹而能容杂。"

在求人办事的过程中也一样，不管对方的态度如何恶劣，心中都不要责怪，而是应以宽厚的态度对待。如果软磨硬泡都没有办法赢得对方的信任，不妨先做后说，也就是先做些一些事情取得对方的信任，再大方提出自己的请求。一般情况下，只要你拥有足够的忍耐力，坚持将事情做下去，那么，最后，肯定是对方的势头先软化下来，而你自然就顺势掌控了事情的走势。

　　有一天，小万到一家餐厅拜访店老板，老板一听是保险公司的人，笑脸立即收了起来，他气冲冲地说道："保险这玩意儿，根本就没有用，为什么呢？因为必须等我死了以后才能领钱，这算什么呢？"小万笑呵呵地说："我不会浪费您太多的时间，您只要花几分钟的时间，我就可以给您解释清楚了。"店老板满脸不屑地说："我现在很忙，没工夫听你瞎吹。"说完，忍不住奚落了一句："如果你的时间太多，就帮我洗洗碗盘吧！"

　　店老板原本是开玩笑的，没想到，小万真的脱下了西装外套，卷起袖子就开始洗碗盘了。小万的这一举动，把一直站在旁边的老板娘也吓了一跳，她大喊："你用不着来这一套，我们实在不需要保险，所以，不管你怎么说、怎么做，我们绝不会投保的，我看你还是别浪费时间和精力了！"

　　没想到，小万没有就此放弃，反而每天准时到餐厅报道，都是来帮老板洗碗盘。但是，店老板依旧是铁石心肠："你再来几次也没用，你也用不着再洗了，如果你够聪明，趁早到别家去吧！"面对店主的奚落，小万忍住了，他依然天天来店里洗盘子，丝毫不减当初的低姿态。

　　就这样，十天、二十天、三十天过去了，到了第四十天，原先讨厌保险的店老板，终于被小万的忍耐力打动了。最后，老板心甘情愿地投了高额保险，而且，还帮小万介绍了不少客户。

　　刚开始，小万试着先说，结果三两句就被店老板堵住了。这让小万意识到自己之前的那一套根本行不通。既然你不听，那我就先做好了。接着，小万这位保险业务员以强大的忍耐力来做一件事，那就是每天都到餐厅里洗盘子，不仅如此，还要遭受老板的奚落戏谑。对此，小万都忍了下来，继续保持谦虚低调的姿态，最后，不仅打动老板，还为此多出了好几桩生意。

1. 不怕丢面子

在做事的时候，并不一定什么事情都能够水到渠成，对方面露难色或态度冷淡甚至表示拒绝都是有可能的。这时，你千万不要就觉得自己丢了面子，受了侮辱，就失去了忍耐力。许多人知道这个道理，要想办大事，必须要有耐心，如果没有足够的忍耐力，是难以办成大事的。

2. 说不行，就"做"

一旦遭了冷遇，已经说不动对方了，那么，干脆就用做的吧，什么事情让对方能够信服，什么事情能够打动对方，我们就做什么事情。当然，先做事情，并不是做一些无用的事情，我们需要仔细思量，什么事情能打动对方，我们才做，以做事情的决心来表现自己的忍耐力，你的忍耐力越强，胜算就越大。

心理启示：

在日常生活中，不乏一些态度强硬的人，他们常常是将拒绝挂在嘴边，如果我们在办事时遇到这样的人，无疑是最令人头疼的，不容自己解释，不容自己开口，他就直接拒绝了。其实，面对这样的人，也并不是就没有方法，可以先做事后请求，将你的忍耐力发挥到极致，对方一定会在势头上败下阵来。

参 考 文 献

[1] 吴文铭.受益一生的心理学启示[M].北京：中国纺织出版社，2008.

[2] 成果.心理学的诡计[M].北京：中国纺织出版社，2010.

[3] 姜振宇.微表情[M].南京：凤凰出版社，2011.

[4] 徐谦.微表情心理学[M].北京：北京理工大学出版社，2012.